Die Herausgeberinnen

Dr. Stefanie Köb ist akademische Rätin im Fachbereich Pädagogik und Didaktik im sonderpädagogischen Schwerpunkt Geistige Entwicklung am Institut für Sonderpädagogik der Pädagogischen Hochschule Heidelberg. Zu ihren Arbeitsschwerpunkten in Forschung und Lehre gehören Schriftspracherwerbsprozesse im Kontext einer kognitiven Beeinträchtigung und deren didaktische Modellierung für den Unterricht.

Dr. Hanna Sauerborn ist Professorin für deutsche Sprache und ihre Didaktik an der Pädagogischen Hochschule Heidelberg. In Forschung und Lehre beschäftigt sie sich u. a. mit dem Schriftspracherwerb und dem sprachlichen Lernen von Kindern, die Deutsch als Zweitsprache sprechen.

Stefanie Köb/Hanna Sauerborn (Hrsg.)

Schriftspracherwerb in heterogenen Lerngruppen

Verlag W. Kohlhammer

Dieses Werk einschließlich aller seiner Teile ist urheberrechtlich geschützt. Jede Verwendung außerhalb der engen Grenzen des Urheberrechts ist ohne Zustimmung des Verlags unzulässig und strafbar. Das gilt insbesondere für Vervielfältigungen, Übersetzungen, Mikroverfilmungen und für die Einspeicherung und Verarbeitung in elektronischen Systemen.

Die Wiedergabe von Warenbezeichnungen, Handelsnamen und sonstigen Kennzeichen in diesem Buch berechtigt nicht zu der Annahme, dass diese von jedermann frei benutzt werden dürfen. Vielmehr kann es sich auch dann um eingetragene Warenzeichen oder sonstige geschützte Kennzeichen handeln, wenn sie nicht eigens als solche gekennzeichnet sind.

Es konnten nicht alle Rechtsinhaber von Abbildungen ermittelt werden. Sollte dem Verlag gegenüber der Nachweis der Rechtsinhaberschaft geführt werden, wird das branchenübliche Honorar nachträglich gezahlt.

Dieses Werk enthält Hinweise/Links zu externen Websites Dritter, auf deren Inhalt der Verlag keinen Einfluss hat und die der Haftung der jeweiligen Seitenanbieter oder -betreiber unterliegen. Zum Zeitpunkt der Verlinkung wurden die externen Websites auf mögliche Rechtsverstöße überprüft und dabei keine Rechtsverletzung festgestellt. Ohne konkrete Hinweise auf eine solche Rechtsverletzung ist eine permanente inhaltliche Kontrolle der verlinkten Seiten nicht zumutbar. Sollten jedoch Rechtsverletzungen bekannt werden, werden die betroffenen externen Links soweit möglich unverzüglich entfernt.

1. Auflage 2025

Alle Rechte vorbehalten
© W. Kohlhammer GmbH, Stuttgart
Gesamtherstellung: W. Kohlhammer GmbH, Heßbrühlstr. 69, 70565 Stuttgart
produktsicherheit@kohlhammer.de

Print:
ISBN 978-3-17-044309-9

E-Book-Formate:
pdf: ISBN 978-3-17-044310-5
epub: ISBN 978-3-17-044311-2

Vorwort

Der Erwerb schriftsprachlicher Kompetenzen ist für die Teilhabe an unserer von Literalität geprägten Gesellschaft fundamental und deren Förderung ist nicht zuletzt seit der Ratifizierung der UN-Behindertenrechtskonvention 2009 auch integrale Aufgabe inklusiver Lernsettings. Dies gilt für inklusives Lernen im engeren und im weiteren Sinne.

Im schulischen Kontext wird beim Schriftspracherwerb oft zunächst auf den Ausbau der basalen Lese- und Schreibfertigkeiten fokussiert. Dabei kann die Komplexität der Anforderungen an Lernende leicht übersehen werden, ebenso ist es für einen umfassenden Ausbau (schrift-)sprachlicher Kompetenzen wichtig, den Blick für andere Aspekte des Lesens und Schreibens, welche mit diversen literalen Praktiken zusammenhängen, zu weiten. Im Hinblick auf ein inklusives Bildungssystem erscheint die Frage nach differenzierten didaktischen Umsetzungsmöglichkeiten im Kontext des Deutschunterrichts als unbedingt erforderlich, gleichzeitig jedoch ausbaufähig. Entwicklungen in Sonderpädagogik und Fachdidaktik scheinen aktuell eher parallel zu verlaufen. Verzahnungen etablierter, disziplinspezifischer Konzepte im Hinblick auf einen inklusiven Schriftspracherwerbsunterricht sind äußerst wünschenswert, stellen oftmals aber noch eine Leerstelle im wissenschaftlichen Diskurs dar. Daraus ergeben sich entsprechend Leerstellen für den Unterricht. Denn Lehrkräfte sehen sich mit diversen Fragen konfrontiert, wie sie den inklusiven Deutschunterricht adaptiv auf die Voraussetzungen und Bedürfnisse ihrer Schüler:innen abstimmen, um den Erwerb schriftsprachlicher Kompetenzen *aller* Lernenden zu unterstützen.

Das vorliegende Buch nimmt sich diesem Thema an. Nach einigen grundlegenden Überlegungen zur Funktion von Schrift und zu gängigen Modellierungen des Schriftspracherwerbs werden zunächst zentrale Teilbereiche des Schriftspracherwerbs anhand des KOMET-Modells (s. u.) fachdidaktisch differenziert dargestellt. Im weiteren Verlauf des Buchs werden auf der Basis des KOMET-Modells spezifische Besonderheiten und Bedürfnisse verschiedener Lerngruppen identifiziert (DaZ-Lernende, Lernende aus den sonderpädagogischen Schwerpunkten Sehen, Geistige Entwicklung, Sprache oder Lernen, sowie hochbegabte Lernende). Eine Synthese fachdidaktischer sowie sonder- und grundschulpädagogischer Perspektiven ermöglicht es, individuelle Lernverläufe nicht nur umfassend, sondern auch gezielt zu betrachten und darauf aufbauend entsprechend bedarfsorientiert passgenaue Angebote zu entwickeln.

Wir bedanken uns bei Katharina Schottorf für ihre Unterstützung bei diesem Band.

Dieses Buch wird mitherausgegeben von der Deutschen Gesellschaft für Lesen und Schreiben (DGLS). Es ist ein Resultat der an der Pädagogischen Hochschule in Heidelberg stattgefundenen DGLS-Jahrestagung 2023. Wir bedanken uns bei der DGLS für die Unterstützung im Zusammenhang mit der Tagung und der Erstellung des Buches.

Mit großem Bedauern haben wir vor Veröffentlichung des Buches vom Tode der geschätzten Kollegin Prof. Dr. Katharina Farkas erfahren. Umso mehr schätzen wir, Katharina Farkas wertvollen Gedanken zur Förderung hochbegabter Kinder in diesem Buch festgehalten und mit ihr auf der Tagung und wegen des Buchkapitels in diesem Band zusammengearbeitet zu haben.

Heidelberg, im Februar 2025
Stefanie Köb und Hanna Sauerborn

Inhalt

Vorwort 5

1 **Schriftspracherwerb. Das große Ganze und die kleinen Details: Ein kombiniertes Modell zum Erwerb schriftsprachlicher Kompetenzen (KOMET-Modell)** 9
   Hanna Sauerborn & Stefanie Köb

2 **Schriftspracherwerb bei Lernenden mit Deutsch als Zweitsprache (DaZ)** 55
   Hanna Sauerborn

3 **Schriftspracherwerb vielperspektivisch: Impulse und Perspektiven aus der Pädagogik bei Blindheit und Sehbeeinträchtigung** 87
   Markus Lang & Agnes Unterstab

4 **Grundlagen und Perspektiven des Schriftspracherwerbs im sonderpädagogischen Schwerpunkt Geistige Entwicklung** 113
   Stefanie Köb & Karin Terfloth

5 **Schrift*sprach*erwerbsstörungen aus der Perspektive der Sprachheilpädagogik** 141
   Andreas Mayer

6 **Schriftspracherwerb – eine Perspektive des sonderpädagogischen Schwerpunkts Lernen** 160
   Lilli Flad, Annette Elsaesser & Birgit Werner

7 **Hochbegabung und sprachlicher Anfangsunterricht** 177
   Katarina Farkas

Abbildungs- und Tabellenverzeichnis 199

Autor:innenverzeichnis 203

1 Schriftspracherwerb. Das große Ganze und die kleinen Details: Ein kombiniertes Modell zum Erwerb schriftsprachlicher Kompetenzen (KOMET-Modell)[1]

Hanna Sauerborn & Stefanie Köb

1.1 Funktionen von Schrift

Lesen und Schreiben lernen, schriftsprachliche Kompetenzen erwerben ist ein großer Schritt in der Entwicklung eines Kindes, der ganz neue Horizonte eröffnet. In Orientierung an den Funktionen von Schrift nach Coulmas (1991) sowie Brügelmann und Brinkmann (2016, S. 64) wird die Handlungserweiterung durch Schrift an einigen Beispielen deutlich: Mit Hilfe von Schrift kann sich das Kind auf weiteren Kommunikationskanälen äußern wie z. B. in Briefen, geschriebenen Nachrichten bei Messengern auf dem Handy, es kann E-Mails usw. eigenständig verfassen und empfangen (u. a. kommunikative Funktion von Schrift). Das Kind kann Schrift nutzen, um Gedanken und Ideen durch die Materialität von Schrift zeitüberdauernd festzuhalten und wieder abzurufen (u. a. Distanzierungsfunktion mit Überwindung von räumlicher und zeitlicher Distanz bei zerdehnter Kommunikationssituation (Ehlich 1994). Auch die mnemonische Funktion von Schrift wird erlebbar, z. B. beim Aufschreiben und der Nutzung von Erinnerungshilfen (wie das Notieren der Hausaufgaben, Einkaufszettel usw.). Schließlich wird im schulischen Kontext zudem die epistemische oder heuristische Funktion von Schrift relevant, indem Schrift z. B. genutzt wird, um Gedanken zu präzisieren und beim Schreiben weiterzuentwickeln (Fix 2008, S. 7, der von *Lernen durch Schreiben* spricht). Außerdem dient Schrift der Erreichung von Erkenntnisgewinnen (ebd.), was auch durch die Informationsentnahme beim Lesen von Texten stattfindet. Gerade in der Grundschule ist zudem die ästhetische Funktion von Schrift bedeutsam, nämlich beim Schreiben von Geschichten oder anderen kreativen Schreibanlässen, ebenso beim Lesen literarischer Texte. So lässt sich konstatieren, dass der Erwerb und die Erweiterung schriftsprachlicher Kompetenzen Lernende in die Lage versetzen soll, kritisch reflektiert für »schriftkulturelle Erfordernisse adäquate Lösungen zu finden, die den jeweiligen sprachlichen, situations- und interaktionsspezifischen Erwartungen entsprechen« (Böhm & Hohenstein 2023, S. 8).

---

[1] Wir bedanken uns bei unseren Kolleg:innen an der Pädagogischen Hochschule in Heidelberg für ihre kritische und konstruktive Rückmeldung zu diesem Beitrag. Der Dank geht an Dr. Christina Bär, Prof. Dr. Hans Lösener und Prof. Dr. Birgit Mesch.

Auf dem Weg zur Beherrschung der Schrift vollzieht das Kind zahlreiche Entwicklungsschritte und baut seine Kompetenzen auf vielen verschiedenen Ebenen aus. Was bei geübten Schreibenden und Lesenden wie von selbst abläuft, stellt im Erwerb die Integration unterschiedlicher, komplexer Teilkompetenzen dar, die wiederum voneinander abhängen und deren Entwicklung und Koordination sich in einem langwierigen Prozess vollzieht.

1.2 Phasen des Schriftspracherwerbs

Viele Modelle beschreiben den Prozess des Schriftspracherwerbs in mehreren Phasen (z. B. Günther 1986, Scheerer-Neumann 2001 und 2003, Spitta 1996, Valtin 1997). Diverse dieser Modelle (z. B. Scheerer-Neumann 2001 und 2003) beziehen sich u. a. auf das von Frith (1986) für den englischsprachigen Raum entwickelte sechsschrittige Modell zum Lese- und Schreiberwerb.

Nach Frith (1986) ist der Zugriff der Kinder zunächst ein *symbolischer*, bei dem ein erstes Verständnis davon entsteht, dass Schrift überhaupt eine bestimmte Bedeutung trägt (Frith 1986, S. 76). Ein Beispiel dafür ist die Aussage eines Kindes über den Namenszug PUKY an seinem Fahrrad: *Da steht Raphael.* Das Kind hat also bereits verstanden, dass Schrift für etwas anderes steht, auch wenn es die tatsächliche Bedeutung nicht so benennt (Sauerborn 2015a, S. 4). Auf den symbolischen Zugriff aufbauend entwickelt sich das *logographische Lesen*, bei dem die Kinder Wörter bzw. Logos anhand markanter Merkmale erkennen. Es folgt das *logographische Schreiben*, bei dem ein Wort wie ein Bild notiert (»gemalt«) wird und zunächst noch kein Bezug zwischen Buchstaben und Lauten vorliegt, wobei die Kinder am Ende dieser Phase z. B. den Anfangsbuchstaben benennen und auch bei anderen Wörtern wiedererkennen können (z. B. M wie Mathilda und M wie Mara). Durch das Schreiben gewinnen Kinder folglich erste Buchstaben-Laut-Korrespondenzen und können Schrift schließlich in der alphabetischen Phase phonographisch nutzen.

Daran schließt sich das *alphabetische Lesen* an, bei dem buchstabenweise Wörter *er*lesen werden. Hierbei erschließen Kinder zunehmend größere schriftstrukturelle Einheiten (z. B. Silben oder Morpheme) und lesen mit mehr und mehr Lesepraxis schließlich *orthographisch*. Shares Self-teaching-Hypothese (1995, S. 151) besagt, dass Lernende beim phonologischen Rekodieren auf der alphabetischen Stufe ein orthographisches Lexikon im Gedächtnis aufbauen, das es ihnen ermöglicht, zunehmend mehr Wörter durch das häufige Lesen sicher abzurufen. Eine Repräsentation der Wörter ist also im Gedächtnis abgespeichert. Der Weg zum *orthographischen Schreiben* vollzieht sich langsamer als beim orthographischen Lesen und steht nach Frith am Ende der Entwicklung (Frith 1986, S. 79).

Friths Modell wurde für das Englische entwickelt. Bei der englischen Orthographie handelt es sich im Vergleich mit dem deutschen um ein tieferes Schriftsystem (Nübling & Dammel 2006, S. 172). Flache Schriftsysteme (z. B. Spanisch) sind stark phonographisch determiniert, es gibt daher regelmäßige Phonem-Graphem-Korrespondenzen (Eisenberg 1996, S. 86). Das Deutsche ist »durch silbenstrukturelle wie morphologische Einflüsse systematisch überformt« (ebd.), hat aber auch einige unmarkierte Graphem-Phonem-Bezüge. Demnach lässt sich das Modell von Frith nicht eins zu eins auf das Deutsche übertragen. Modelle aus dem deutschsprachigen Raum beschreiben aber ebenso sehr ähnliche Phasen (z. B. Günther 1986; Scheerer-Neumann 2001).

Die logographische Phase ergibt sich bei Kindern im Kleinkind- bzw. Vorschulalter aus der Auseinandersetzung mit Schriftzeichen und Logos im Alltag auch ohne schulische Instruktion: Kinder nehmen z. B. das Logo eines Einkaufsladens wahr und können dieses dem jeweiligen Geschäft zuordnen (z. B. »Da ist ein Edeka!«). Auch bei der vorschulischen Beschäftigung mit Schrift (wie beim Schreiben von Namen) können Kinder schon vor der Einschulung den Code der Schrift knacken, was Lenel (2005, S. 66 f.) als Buchstabenkonzept bezeichnet. Damit meint sie die Einsicht, dass es einen Zusammenhang von Lauten und Buchstaben gibt. Manche Kinder erreichen auch schon im Vorschulalter die alphabetische Phase, was einzelne Fallbeispiele (z. B. Sauerborn 2015a) zeigen. Der Schritt zur alphabetischen und erst recht zur orthographischen Phase ist jedoch bei den meisten Kindern kein natürlicher Verlauf (im Gegensatz zu den Entwicklungen beim Spracherwerb), sondern Ergebnis schulischer Instruktion.

Die in den genannten Modellen beschriebene Entwicklung von einem logographischen zu einem alphabetischen Zugriff auf Schrift spiegelt die Entwicklung von Kindern ohne einen festgestellten sonderpädagogischen Förderbedarf wider. Bei Schüler:innen der einzelnen sonderpädagogischen Schwerpunkte können sich teilweise beträchtliche Unterschiede ergeben. So können beispielsweise blinde Kinder im Vorschulalter Schwarzschrift nicht wahrnehmen und haben folglich andere Zugänge zur Schrift (▶ Kap. 3). Hörgeschädigte Kinder wiederum sehen zwar die sie umgebenden Schriftzeichen, haben jedoch einen anderen oder keinen lautbasierten Zugang zur Schrift, je nach Grad der Hörschädigung. Im Hinblick auf Kinder mit einer kognitiven Beeinträchtigung kann es wiederum sinnvoll sein, den überwiegend literal verankerten Zeichenbegriff der dargestellten Modelle um ikonische, also bildhafte Zeichen zu erweitern (▶ Kap. 4).

Auch wenn Modelle zum Schriftspracherwerb einige Kernerkenntnisse der Lernenden in Bezug auf Schrift aufgreifen wie z. B. den Schritt von einem logographischen zu einem alphabetischen Zugriff auf Schrift, bei dem die Kinder einen Buchstaben-Laut-Bezug herstellen können, müssen die Modelle in ihrer Relevanz für die Schulpraxis und vor allem im inklusiven Deutschunterricht angemessen eingeordnet werden. Neben den bereits genannten Limitationen besteht die Gefahr einer Zirkelschluss-Argumentation. So wird der in den Modellen skizzierte Entwicklungsverlauf oft als Begründung für ein bestimmtes methodisches Vorgehen verwendet, nach dem Kinder zunächst einfache Buchstaben-Laut-Beziehungen (Anlautposition als lautliche Realisierung des jeweiligen Buchstabens, beispielsweise /r/ für <r> wie in Rabe; der Buchstabe <r> taucht aber auch in anderen Positionen im Wort auf und hat dann eine andere lautliche Entsprechung: [ˈʁaːbə] (Rabe), [hɛɐ̯t͡s] (Herz), [ˈfaːtɐ] (Vater)) lernen und durch Synthese bzw. Analyse lesen bzw. schreiben. Erst in einem zweiten Schritt werden dann orthographische Aspekte vermittelt – deklariert als Abweichung der bereits gelernten lautbasierten Regel (zur Kritik daran siehe Bredel & Röber 2011, S. 5). Der Verlauf des Schriftspracherwerbs ist jedoch nicht natürlich, sondern von (schulischer) Instruktion geprägt. Die Entwicklung spiegelt folglich, welche Sicht auf Schrift im Anfangsunterricht vermittelt wird: Ein lautorientiertes Vorgehen (»Schreib, wie du sprichst/hörst!«) führt zunächst zu einem lautbezogenen Verständnis von Schrift. So sind die Schreibungen in Abbildung 1.1 auch Resultat des Unterrichts, den das Kind erfährt (▶ Abb. 1.1).

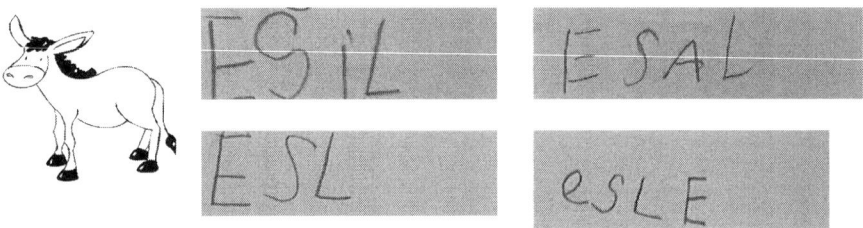

Abb. 1.1: Vier Schreibvarianten des Wortes *Esel* von vier Kindern (Klasse 1 nach vier Monaten Schule; Vorlage gezeichnet von Manuela Ostadal)

Gerade die beiden linken Schreibungen (*ESiL und *ESL) weisen einen starken Bezug zur gesprochenen Sprache auf. Bei den rechten Schreibungen zeigt sich, dass das Kind noch keine Einsicht in den Aufbau von Reduktionssilben gewonnen hat, aus welchem sich die Schreibung des Vokalgraphems <e> am Beginn des Silbenreims ergibt. Bei einer Analyse des Prozesses beim Schreiben könnte möglicherweise auch beobachtet werden, dass das Kind alle Laute identifiziert, jedoch beim Schreiben dann die Reihenfolge vertauscht.

Ein weiteres Beispiel für die Bedeutung der Prozessebene ist das Folgende: Ein Junge schreibt Ende Klasse 1 das Wort *Kühe* auf. In früheren Schreibungen verwechselt er auf der Buchstabenformebene das *j* mit dem *l*. Er lautiert das Wort *Kühe* als [ˈkyːjə] und möchte diese Wortform notieren. Da er jedoch für den Buchstabennamen *j* die Lautgestalt /jə/ abgespeichert hat und damit wiederum die Buchstabenform des *l* verknüpft hat, schreibt er schließlich *kül, was in seinem Denken jedoch die Form für [ˈkyːjə] ist (▶ Abb. 1.2).

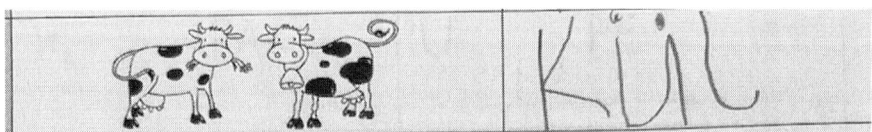

Abb. 1.2: Schreibung des Wortes *Kühe* (Ende Klasse 1; Datenerhebung Annika Greiss, Datenauswertung Lea Hartmann; beide Masterstudentinnen an der Pädagogischen Hochschule in Heidelberg 2024)

Würde nur das Produkt analysiert werden, wäre die Wortform eindeutig falsch. Mit dem Wissen um den Prozess und die Gedanken des Kindes ergibt sich eine neue Interpretation des Geschriebenen und entsprechend auch ein anderer Ansatz zur Förderung. An den Beispielen wird eine weitere Limitation von Modellen zum Schriftspracherwerb deutlich, die nur das Produkt als Basis der Analyse heranziehen können: Aus der Beobachtung des Prozesses beim Schreiben von Wörtern oder beim Sprechen über die Wörter mit dem Kind lassen sich oft weitere Schlüsse über die Denkprozesse der Kinder ziehen.

Eine andere Modellierung des Anfangsunterrichts zum Lesen und Schreiben kann im Vergleich zu einem lautorientierten Vorgehen zu einem in bestimmten Aspekten abweichenden Lernverlauf führen. So kann beobachtet werden, dass Kinder, bei denen von Anfang an die Aufmerksamkeit auf bestimmte schriftstrukturelle Phänomene (u. a. abhängig vom Aufbau der betonten bzw. unbetonten Silbe in trochäischen Simplizia) gelenkt wird, schon früh im Verlauf der ersten Klasse Wörter, die das jeweilige Phänomen enthalten, richtig schreiben bzw. die richtige Schreibung herleiten können. Dabei geht es z.B. um die gerade genannte Schreibung der Reduktionssilbe mit dem Graphem <e>, wie die eigenständig in die Wörterburg notierte Beispielschreibung des Wortes *Maler* einer Schülerin der ersten Klasse mit dem sonderpädagogischen Schwerpunkt Lernen (▶ Abb. 1.3) zeigt.

Abb. 1.3: Eigenständige Schreibung mit Reduktionssilbe einer Schülerin mit dem Förderschwerpunkt Lernen, Ende Klasse 1 (Vorlage gezeichnet von Manuela Ostadal)

Die Schülerin verschriftet den a-Schwa in der Reduktionssilbe bereits mit <e> und <r>, da sie gelernt hat, dass im kleinen Tor immer ein <e> stehen muss und der a-Schwa entsprechend verschriftet wird. Ebenso gewinnen Kinder bei einem graphematisch orientierten Unterricht noch im ersten Halbjahr der ersten Klasse Einsicht in die <ie>- oder <ß>-Schreibung (▶ Abb. 1.4, ▶ Abb. 1.5).

Abb. 1.4: Eigenständige Schreibung des Wortes *Biene* (Junge, sieben Jahre, Herkunftssprache Türkisch) Mitte Klasse 1

Abb. 1.5: Eigenständige Schreibung des Wortes *Füße* (Junge, sieben Jahre alt, Herkunftssprache Albanisch) Ende Klasse 1

Die Einordnung der Leistungen von Kindern bei der Schriftproduktion in ein gängiges Phasenmodell ist bei einer graphematisch orientierten Schriftvermittlung daher nur zum Teil möglich, da orthographische Elemente viel früher zu erwarten sind. Wie und wann sich die in den Phasenmodellen beschriebenen Phasen ausgestalten, hängt folglich unter anderem vom Unterricht ab.

Bei der Einordnung von Schreibungen in ein Modell muss zudem die Komplexität des Wortes selbst mitberücksichtigt werden, um die Leistung des Kindes entsprechend einordnen zu können. In Abbildung 1.6 sind Schreibungen eines Kindes zu vier Zeitpunkten im ersten Schuljahr abgebildet (▶ Abb. 1.6). Die Schreibungen wurden in das Stufenmodell nach Valtin (1997) eingeordnet.

	T0 Oktober	T1 November	T2 Dezember	T3 Januar
eigener Name	LUCIA	-	-	-
 (Junge)	0	P	NAS	NASE
(Esel)	0	0	EZ	ESEL
(Ufo)	0	0	O	UFU
 (Wal)	0	0	W	WAL
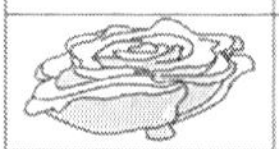 (Salat)	-	R	L	SALAt
Stufen nach Valtin 1997, S. 83	2: Kenntnis einzelner Buchstaben anhand figurativer Merkmale	2: Kenntnis einzelner Buchstaben anhand figurativer Merkmale	3: Beginnende Einsicht in den Buchstaben-Laut-Bezug, Kenntnis einiger Buchstaben/Laute	4: Einsicht in die Buchstaben-Laut-Beziehung 5: Verwendung orthographischer bzw. sprachstruktureller Elemente (z.B. -en)

Abb. 1.6: Einordnung von Schreibungen eines Kindes in das Stufenmodell von Valtin (1997), Darstellung von Marie Müller, Masterstudentin an der Pädagogischen Hochschule in Heidelberg (WS 2023/24)

Wenngleich die Einordnung der isolierten Schreibungen von T3 in Anlehnung an die Kategorisierung von Valtin durchaus plausibel ist, ergeben sich für andere Schreibungen des Kindes zum gleichen Messzeitpunkt deutlich weniger Hinweise auf Stufe 5 bzw. 4 (▶ Abb. 1.7).

Abb. 1.7: Schreibung weiterer Wörter zum Messzeitpunkt T3

Möglicherweise entstanden manche Unsicherheiten beim Schreiben der Wörter dadurch, dass das Kind bestimmte Buchstaben zu diesem Zeitpunkt noch nicht gelernt hatte. Bei dem Wort *Sonne* ist der Vokal der Hauptsilbe jedoch bereits bekannt (siehe Schreibung T1 und T2 für *Ufo*), im Vergleich zum Wort *Ufo* handelt es sich allerdings beim Wort *Sonne* um eine betonte Hauptsilbe mit Kurzvokal, die Buchstaben-Laut-Zuordnung ist in diesem Fall anspruchsvoller. Die Schreibungen aus Abbildung 1.7 wären eher auf Stufe 3 oder 4 zu verorten. Eine eindeutige Zuordnung des Entwicklungsstands des Kindes in das Modell ist folglich kaum möglich. Gerade auf der alphabetischen Stufe bzw. bei Valtin auf Stufe 4 und 5 ist eine deutlich detailliertere Sichtweise nötig, die auch die Struktur der zu schreibenden Wörter berücksichtigt.

Wie in diesem Abschnitt deutlich wird, versuchen Modelle zum Schriftspracherwerb vor allem das Schreiben auf Wortebene abzubilden, es geht also um die Entwicklung eines orthographischen Bewusstseins. Auch wenn sich die Modelle auf das Lesen übertragen lassen (z. B. Scheerer-Neumann 2001), wird dabei auch nur das Lesen auf der Wortebene berücksichtigt (ebd., S. 72). Durch die stark wortbezogene Orientierung der Modelle kann in der Rezeption derselben zudem eine eingeschränkte Sicht auf den Schriftspracherwerb und auf das, was Kinder beim Lesen- und Schreibenlernen leisten, stattfinden. Schriftspracherwerb ist weitaus mehr als das Lesen und Schreiben von Wörtern.

Gerade die frühen Zugänge zur Schrift werden in vielen Modellen zum Schriftspracherwerb vor allem mit dem Erkennen von Symbolen und dem logographischen Lesen beschrieben (z. B. Scheerer-Neumann 2001, S. 72). Wie die Forschung zur Early Literacy zeigt (z. B. Sauerborn 2015 a/b), beinhalten diese frühen Zugänge zur Schrift jedoch weitaus mehr: u. a. ein Verständnis davon, dass das Geschriebene z. B. Vorstellungen abbildet, dass aus dem Geschriebenen Gedanken eines Senders vom Empfänger entschlüsselt werden können usw.

Für die Schule relevant ist außerdem die Frage, welcher Nutzen sich aus den Modellen für förderdiagnostische Zwecke ergibt. Die Feststellung, ein Kind befände sich in der alphabetischen Phase, ist, wie gerade dargestellt, zu grob, um daraus unmittelbare Ziele für die weitere Förderung abzuleiten. Zwar gibt zum Schreiben auf Wortebene die Darstellung von Dehn (2000) eine relativ differenzierte Sicht, zum Lesen leistet dies Scheerer-Neumann (2001). Allerdings gibt es diverse weitere Herausforderungen beim Schriftspracherwerb im weiteren Sinne, die sich aufgrund verschiedener Dispositionen bzw. Vorerfahrungen und ebenso aus der Erwerbsaufgabe an sich (z. B. eine Geschichte schreiben, einen Text lesen usw.) ergeben können und einen über die Modelle hinausgehenden Blick auf den Schriftspracherwerb erforderlich machen. Aus didaktischer Sicht bedarf es folglich einer weiteren Ausdifferenzierung der Modellierung des Schriftspracherwerbs (Hoffmann-Erz 2024, S. 103). Dies gilt umso mehr, wenn man den Schriftspracherwerb von Kindern begleitet, bei denen der Lernverlauf in einem oder mehreren Bereichen anders verläuft. Zu nennen sind z. B. Kinder mit Sehbehinderung oder hörgeschädigte Kinder oder Kinder mit einem Anspruch auf ein sonderpädagogisches Förderangebot im Bereich Lernen oder Geistige Entwicklung sowie Kinder, die die Unterrichtssprache Deutsch gerade erwerben oder noch nicht so beherrschen wie andere Kinder. In diesen Fällen müssen Ressourcen sowie mögliche Hürden bei allen Erwerbsfacetten identifiziert werden, um angemessene Lernangebote unterbreiten zu können. Eine differenziertere Darstellung der verschiedenen Teilbereiche bildet dafür die Basis und wird im folgenden Kapitel erläutert.

1.3 Teilbereiche des Schriftspracherwerbs

Im *KOMET*-Modell (*ko*mbiniertes *M*odell zum *E*rwerb schrif*t*sprachlicher Kompetenzen) werden verschiedene Teilbereiche des Schriftspracherwerbs stark vereinfacht aufgeschlüsselt.

Kernaspekte schriftsprachlicher Kompetenzen (*Schriftproduktion*, *Textproduktion*, *Leseverstehen* und *Lesefertigkeiten*) werden im oberen Bereich des Modells dargestellt. Lesen und Schreiben sind dabei getrennt aufgeschlüsselt, dennoch können beide Kompetenzbereiche weder im Erwerb noch in der Ausführung zwangsläufig getrennt betrachtet werden. Im Hinblick auf das Lesen- und Schreibenlernen zeigt sich dies daran, dass beide Kompetenzbereiche eine gemeinsame Basis haben (z. B. Erwerb der Phonem-Graphem- bzw. Graphem-Phonem-Korrespondenzen, Einsicht in das Schriftsystem etc.), zudem begünstigen sich die beiden Tätigkeiten im Erwerb (Frith 1986) und auch bei der automatisierten Ausführung (Graham 2020). Mesch (2017) skizziert verschiedene Studien zum Verhältnis von Lese- und Schreibfähigkeit und schlägt vor, beim Lesen prototypische Muster zu aktivieren und durch Analogiebildung auch beim (Recht-)Schreiben nutzbar zu machen (ebd., S. 17).

Innerhalb der Bereiche des Schreibens und des Lesens wird im KOMET-Modell jeweils eine weitere Unterteilung vorgenommen: Beim Schreiben wird in Anlehnung an Bachmann und Becker-Mrotzek (2017, S. 28) zwischen Schrift- und Textproduktion, beim Lesen zwischen Lesefertigkeit und Leseverstehen (Richter & Müller 2017) unterschieden. Im Hinblick auf den Schriftspracherwerb ist die Unterscheidung von Schrift- und Textproduktion gewinnbringend: Bereits im Vorschulalter können Kinder oral Texte produzieren und z. B. einer schreibenden Per-

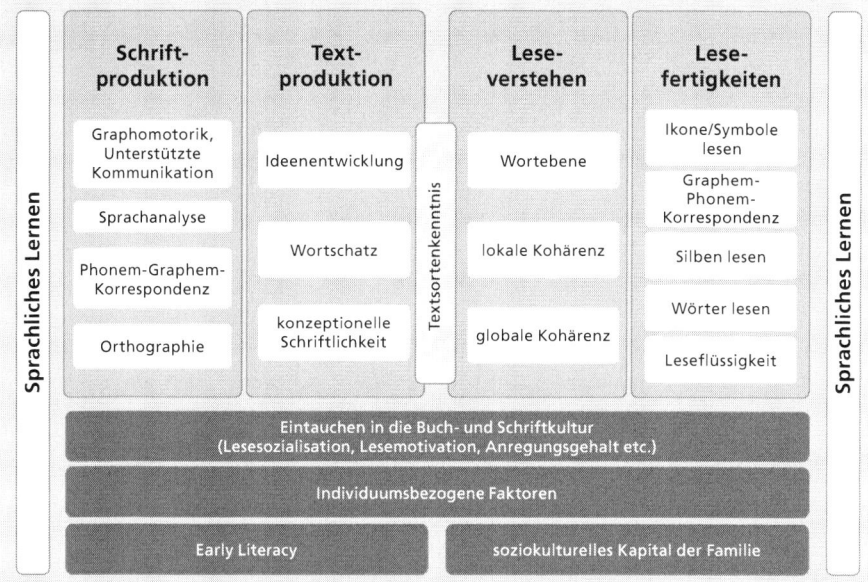

Abb. 1.8: Kombiniertes Modell zum Erwerb schriftsprachlicher Kompetenzen (KOMET-Modell, aufbauend auf Sauerborn 2023, S. 51)

son (Merklinger 2011; Sauerborn 2015b) oder mit Hilfe eines Geräts mit Spracherkennung Texte diktieren (Köb et al. 2023), im Sinne einer Textproduktion ohne Schriftproduktion (s. u.). Außerdem sind viele Übungen in der frühen Phase des Anfangsunterrichts reine Schriftproduktionsaufgaben, wie z. B. beim Schreiben einzelner isolierter Wörter. Dennoch sollte der Schriftspracherwerb nicht auf den Erwerb von Wörtern beim Lesen und Schreiben beschränkt werden.

Auch beim Lesen liegt in den frühen Phasen des Anfangsunterrichts der Fokus vor allem auf dem Ausbau der Lesefertigkeiten. Das Leseverstehen auf der Wort- und Satzebene ist dabei durchaus relevant, Textverstehen auf der globalen Kohärenzebene beim Lesen hingegen erst nach Erwerb der basalen Lesefertigkeiten (auf der Textebene Leseverstehen nicht ohne Lesefertigkeit, auf der Wortebene wäre dies z. B. bildunterstützt bzw. mit einem logographischen Zugriff auf Schrift durchaus möglich). Dennoch spielt der Ausbau des rezeptiven Sprachverstehens durch das Zuhören von Anfang an eine große Rolle, ebenso das Eintauchen in fiktive Welten usw.

Neben einer Beschäftigung mit den Teilbereichen des Schriftspracherwerbs ist es für didaktische Zwecke ebenso wichtig, individuumsbezogene Faktoren in den Blick zu nehmen, welche im unteren Bereich des Modells grau aufgeführt werden. Marx (2007, S. 38; ▶ Tab. 1.1) unterscheidet zwischen internalen und externen Faktoren: Zu den externen Faktoren zählt er »den Umgang mit Schrift in der Familie, die im Kindergarten erfahrenen Anregungen oder auch den Erstleseunterricht« (ebd.). Es handelt sich also um Faktoren, die die Umwelt des Kindes betreffen. Bei den internalen Faktoren berücksichtigt Marx wiederum z. B. die Sprachentwicklung oder

Gedächtnisentwicklung (ebd.), dies sind also Kompetenzen bzw. Kapazitäten, die beim Individuum selbst liegen. Die Early Literacy setzt sich nach dem dem KOMET-Modell zugrunde liegenden Verständnis (s. u.) sowohl aus internalen Faktoren (Dunst et al. 2006; Sauerborn 2015a/b) als auch externalen Faktoren zusammen (Hurrelmann et al. 1993; Muratović 2015) und weist zudem Zusammenhänge mit dem soziokulturellen Kapital der Familie auf (Hertel et al. 2010).

Gerahmt werden die Teilbereiche des Schriftspracherwerbs im oberen Bereich des Modells sowie die individuumsbezogenen Aspekte (unten im Modell) vom sprachlichen Lernen, das Bezüge zu allen Elementen des Modells aufweist. Innerhalb der Begriffstrias *Sprachkompetenz, sprachliche Bildung* und *sprachliches Lernen* kann der Begriff des sprachlichen Lernens als Aneignung, Weiterentwicklung und Ausdifferenzierung von Sprachkompetenz im Rahmen von expliziter (schulischer) und impliziter (nonformaler) sprachlicher Bildung verstanden werden, die jedoch auch im schulischen Kontext stattfinden kann. In Anlehnung an Becker-Mrotzek und Roth (2017, S. 20) wird Sprachkompetenz als dynamisches Konstrukt aus Entwicklungs- und Bildungsprozessen aufgefasst, innerhalb derer dispositionell verfügbare Fähigkeiten entfaltet und von sprachlicher Sozialisation und sprachpädagogischen Einwirkungen beeinflusst werden, so dass Sprachkompetenz immer »sowohl ein Sein und demnach – je nach Entwicklungs- und Bildungsstand unterschiedlich – immer schon vorhanden als auch […] ein Sollen, d. h. ein Bildungsziel« darstellt (ebd.). Sprachliche Bildung kann sowohl gezielt und systematisch angelegt im Kontext schulisch-institutionalisierter Prozesse (ebd.) als auch implizit, beispielsweise im familiären Alltag (Topalovic & Settinieri 2023, S. 16), aber auch in nonformaler Interaktion in der Schule verortet werden.

Der Begriff des *sprachlichen Lernens* unterstreicht, dass die Auseinandersetzung mit Sprache in ihrer Vielfältigkeit zu einem dynamischen Ineinandergreifen stetiger Entdeckungen und neuer Erkenntnisse führt und als lebenslanger Prozess verstanden wird (Becker-Mrotzek et al. 2023, S. 10), der von hoher Bedeutung ist, beispielsweise auch für das literarische Lernen (Topalovic & Settinieri 2023, S. 9) bzw. für das Lernen in vielen anderen Bereichen, in denen das Lernen ohne Sprache nicht denkbar wäre.

Die folgenden Ausführungen greifen die einzelnen Bereiche des KOMET-Modells auf und diskutieren diese entlang aktueller fachwissenschaftlicher und -didaktischer Perspektiven, wobei zunächst weitgehend vom Schriftspracherwerb eines Regelgrundschulkindes ausgegangen wird. Unter dem durchaus diskutablen Konzept des Regelgrundschulkinds verstehen wir ein Kind, das die Anforderungen in der Schule, die sich z. B. in den Aufgaben der Lehrwerke spiegeln, altersangemessen bewältigen kann. In der Regel sind damit Anforderungen eines Unterrichts gemeint, der auf Kinder ausgerichtet ist, welche die Unterrichtssprache Deutsch so beherrschen, dass keine sprachlichen Schwierigkeiten auftreten (vgl. muttersprachlicher Deutschunterricht im Sinne von Hildebrand 1954, S. 32 ff.). Dass das Bild vom Regelgrundschulkind auf eine Klasse übertragen weder zeitgemäß noch praxistauglich ist, ist den Autorinnen bewusst. Ebenso sollte der Deutschunterricht nicht muttersprachlich deutsch konzipiert sein, sondern an der sprachlichen Vielfalt der Lernenden ausgerichtet werden (Mesch & Sauerborn 2024). Die Schablone eines Regelgrundschulkindes wird dennoch verwendet, um im weiteren Verlauf des Buchs eine

Ausdifferenzierung auf Kinder mit unterschiedlichen Lernvoraussetzungen vorzunehmen. Die hier vorgenommene Beschreibung dient demnach auch als Grundlage dafür.

Die Darstellung der einzelnen Bereiche des KOMET-Modells erfolgt aus didaktischen Gründen separierend, wie jedoch erläutert, laufen die Prozesse im Erwerb und bei kompetenten Lesenden bzw. Schreibenden nicht unabhängig voneinander ab. Zunächst wird auf die Rahmenaspekte des Schriftspracherwerbs eingegangen, welche den Erwerbsprozess mitbeeinflussen.

1.3.1 Rahmenaspekte des Schriftspracherwerbs

Innerhalb der Aspekte, die in einem engen Zusammenhang mit dem Erwerb schriftsprachlicher Kompetenzen stehen, lässt sich nach Marx (2007) zwischen internalen und externalen Faktoren unterscheiden. Aspekte der externalen Faktoren werden im KOMET-Modell separat angeführt (u. a. soziokulturelles Kapital der Familie, Lesesozialisation usw., s. u.). Bei den internalen Faktoren lassen sich für den Schriftspracherwerb eher spezifische Faktoren und eher unspezifische Faktoren ausmachen, wobei die Zuordnung in diese beiden Kategorien nicht immer ganz eindeutig ist, da einzelne Faktoren auch mit anderen Leistungsbereichen zusammenhängen können (ebd., S. 38).

Individuumsbezogene Faktoren

In Anlehnung an Marx (2007, S. 39) können die folgenden internalen Faktoren als besonders relevant für den Schriftspracherwerb erachtet werden (▶ Tab. 1.1).

Tab. 1.1: Internale Faktoren unterschieden in eher spezifisch und eher unspezifisch in Anlehnung an Marx (2007) mit Erweiterungen der Autorinnen

eher spezifisch		eher unspezifisch
(schrift-)sprachbezogen (vgl. Early Literacy)	kognitiv	
• (phonologische) Sprachentwicklung (Grammatik, Wortschatz, Hörverständnis) • Wissen über Schrift	• Arbeitsgedächtniskapazität • Zugriff auf das Langzeitgedächtnis • visuelle und auditive Informationsverarbeitung	• Konzentrationsfähigkeit • Intelligenz • Exekutive Funktionen • Aufmerksamkeit und Wahrnehmungsprozesse • Lernfreude • Leistungsmotivation • Selbstkonzept
Phonologische Informationsverarbeitung (vgl. Wagner & Torgesen 1987, S. 192): • phonologische Bewusstheit • phonologisches Rekodieren im Arbeitsgedächtnis • phonologisches Rekodieren beim Zugriff auf das semantische Lexikon		

Im Vergleich zu Marx ist eine weitere Unterscheidung der eher spezifischen internalen Faktoren in *schriftsprachbezogene*, welche mit der Early Literacy gleichzusetzen sind (s. u.), und *kognitive Faktoren* für didaktische Zwecke sinnvoll, da z. B. bei Kindern mit DaZ oder mit einem sonderpädagogischen Förderbedarf im Bereich Sprache möglicherweise andere eher spezifische Faktoren hemmend wirken als bei Kindern mit einem Förderbedarf im Bereich Geistige Entwicklung. Die phonologische Informationsverarbeitung wird von Marx nicht explizit genannt, deren Bestandteile sind jedoch in seiner Darstellung in manchen Aspekten enthalten. In der Übersicht zu den internalen Faktoren (▶ Tab. 1.1) wird die phonologische Informationsverarbeitung separat aufgeführt und sowohl als sprachbezogen als auch von den kognitiven Ressourcen dependent verstanden, da gerade das phonologische Rekodieren stark von kognitiven Ressourcen innerhalb des Arbeitsgedächtnis abhängt (Wagner & Torgesen 1987, S. 192).

Auf die eher spezifischen (schrift-)sprachbezogenen Faktoren soll im Folgenden noch genauer eingegangen werden. Eine genauere Betrachtung der kognitiven Aspekte erfolgt im Beitrag von Köb und Terfloth (▶ Kap. 4), Komponenten der phonologischen Informationsverarbeitung greift Mayer (▶ Kap. 5) auf.

Early Literacy

Unter anderem im Unterkapitel zur Sprachanalyse (s. u.) wird auf eine Vorläuferfertigkeit des Schriftspracherwerbs, die phonologische Bewusstheit, eingegangen, welche auch in Tabelle 1.1 genannt wird. Während in der Literatur zum Schriftspracherwerb oft eine Fokussierung auf diesen kleinen Teilbereich festzustellen ist (Kritik siehe Sauerborn 2015b, Valtin 2010 und Valtin 2020), stellt diese Sichtweise einen verengten Blick auf den Schriftspracherwerb dar, denn Schriftsprache zu erwerben umfasst weitaus mehr, als sich durch die phonologische Bewusstheit entwickeln kann (Sauerborn 2015b).

Im englischen Sprachraum wird zur Beschreibung der vorschulischen Schrifterfahrungen und der relevanten Kompetenzen in diesem Bereich der Begriff der *Early Literacy* verwendet, welchen man synonym zu *vorschulischen Schrifterfahrungen* oder zu *Vorläuferfertigkeiten zum Schriftspracherwerb* verwenden kann. Das Konstrukt der Early Literacy wird für didaktische Zwecke im englischen Sprachraum oft als Set von Teilfertigkeiten beschrieben (U. S. Department of Health and Human Service 2010). Sauerborn (2015a) beschreibt in Anlehnung als ein solches Verständnis Teilfertigkeiten der Early Literacy (mit Modifikationen aufgeführt ▶ Tab. 1.2).

Kinder kommen mit ganz unterschiedlichen schriftsprachlichen Vorerfahrungen in die Schule (Hanke & Hein 2008). Für den Anfangsunterricht hat dies weitreichende Konsequenzen: Neben einer umfassenden Einschulungsdiagnostik zu den verschiedenen Bereichen der Early Literacy, die es Lehrkräften erlaubt, den Entwicklungsstand der Lerngruppe von Anfang an beurteilen zu können, sollte der Unterricht allen Kindern ein Lernen in der Zone der proximalen Entwicklung (Wygotski 1977) ermöglichen. Dafür müssen die an Schulen tätigen Pädagog:innen auch das unterschiedliche soziokulturelle Kapital (Bordieu 1983) der Familien berücksichtigen, da dies auch Einfluss auf das schulische Lernen und insbesondere den Schriftspracherwerb hat.

Tab. 1.2: Aspekte der Early Literacy (Sauerborn 2015a, mit Modifikationen durch die Autorinnen)

Gesprochene Sprache	Umgang mit Sprache im Hinblick auf Rezeption und Produktion
Visuelle Konzepte geschriebener Sprache	Vorstellung von den visuell sichtbaren Eigenschaften geschriebener Sprache
Unterschiedliche Arten zu schreiben, zunehmendes Bewusstsein für die Konventionen der Schrift	Vertrautheit mit Schreibwerkzeugen und -konventionen, zunehmende Fähigkeiten, durch Geschriebenes, Symbole und Buchstaben zu kommunizieren
Wissen über Bücher und deren Wertschätzung	Interesse an Büchern und deren Eigenschaften und die Fähigkeit, die Bedeutung von Geschichten und anderen Texten zu verstehen
Verständnis vom Nutzen von Schrift	Gebrauchswert von Schrift für sich selbst entdecken
Phonologische Bewusstheit	Bewusstsein, dass gesprochene Sprache in kleine Einheiten wie Silben und kleinere Laute zerlegt werden kann
Zunehmende Buchstabenkenntnis	Kenntnis von Namen und Laut von einzelnen Buchstaben
Graphomotorische Aspekte	Stifthaltung, Umgang mit dem Stift

Soziokulturelles Kapital der Familie

Im Hinblick auf die Lesekompetenzentwicklung spielen innerhalb eines komplexen Wirkmodells neben den individuumsbezogenen Faktoren auch familiäre Strukturmerkmale wie beispielsweise der sozioökonomische Status oder die (formale) Bildung der Eltern – vermittelt vor allem über lesebezogene familiäre Prozessmerkmale (z. B. kulturelle Ressourcen, kulturelle Praxis) – eine zentrale Rolle (McElvany et al. 2023, S. 135). Ein Zugang zu Textualität wird zudem auch beim mündlichen Erzählen vermittelt, nicht nur beim Vorlesen geschriebener Texte. Die Frage, inwiefern alle Schüler:innen unabhängig von ihrem sozioökonomischen Hintergrund die gleichen Chancen haben, ihr volles Potenzial auszuschöpfen, sollte eine der Grundfragen eines jeden Bildungssystems und letztlich jeder Schule sein.

Erklärungsansätze für Bildungsungleichheiten in Abhängigkeit der sozialen Herkunft finden sich bereits in den Arbeiten von Bourdieu (1983, 1984) und Boudon (1974), die im Wesentlichen davon ausgehen, dass Kindern und Jugendlichen aus unterschiedlichen sozialen, kulturellen und ökonomischen Verhältnissen unterschiedliche bildungsbezogene Ressourcen (z. B. Unterstützungsmöglichkeiten im Elternhaus, häusliche Lerngelegenheiten etc.) zur Verfügung stehen (Niemietz et al. 2023, S. 262). Eine zentrale Rolle spielt bei Bourdieu (1983) dabei das kulturelle Kapital, das als erworbenes Wissen und Fähigkeiten (inkorporiert), als Besitz kultureller Güter (objektiviert) oder institutionalisiert in Form von Zertifikaten, Zeugnissen oder Abschlüssen vorhanden sein kann (ebd.). Die bildungsbezogenen Ressourcen einer Familie sind in vielen Fällen von der Passung zwischen der in einer Gesellschaft vorherrschenden Kultur und dem jeweiligen kulturellen Kapital einer Familie abhängig (ebd.). Wie gerecht ein Bildungssystem ist, lässt sich demnach (auch) daran messen, ob und wie sehr die Lernerfolge von Schüler:innen von ihrem sozioökonomischen Status abhängen. In Deutschland wissen wir nicht zuletzt durch die großen Ländervergleichsstudien wie PISA oder IGLU, dass sich in den vergangenen 25 Jahren

> »im Hinblick auf die Bildungsgerechtigkeit in Deutschland praktisch nichts verändert [hat]. Weiterhin gilt, dass sowohl der sozioökonomische Status als auch der Migrationshintergrund von Familien einen deutlichen Zusammenhang mit dem Bildungserfolg ihrer Kinder aufweisen. Im internationalen Vergleich fallen diese für Deutschland beobachteten Disparitäten durchschnittlich oder sogar leicht überdurchschnittlich aus« (Stubbe et al. 2023, S. 172).

Im IQB-Bildungstrend wird ebenfalls konstatiert, dass die von Schüler:innen in Deutschland erreichten sprachlichen Kompetenzen stark an Merkmale der sozialen Herkunft ihrer Familien gekoppelt sind und soziale Disparitäten zwischen den Jahren 2015 und 2022 in allen untersuchten Fächern und Kompetenzbereichen signifikant zugenommen haben (Niemietz et al. 2023, S. 295). Die Ergebnisse der aktuellen PISA-Studie zeigen, dass Jugendliche aus sozioökonomisch benachteiligten Familien ein mehr als fünfmal so hohes Risiko aufweisen, das Grundkompetenzniveau im Bereich der Lesekompetenz nicht zu erreichen (OECD 2023, S. 53). Ähnliches lässt sich laut der internationalen Grundschul-Lese-Untersuchung (IGLU) auch für den Grundschulbereich verzeichnen; hier sind Vorsprünge innerhalb der Lesekompetenz von Viertklässler:innen aus sozial privilegierteren Familien gegenüber Schüler:innen aus sozial weniger privilegierten Familien weiterhin stark ausgeprägt (Stubbe et al. 2023, S. 173).

In anderen Ländern wird versucht, der Benachteiligung von Schüler:innen aufgrund des sozioökonomischen Status der Familie z. B. mit sogenannten Family-Literacy-Programmen entgegenzuwirken. Je nach Land setzen die Programme bei Klein- oder Kindergartenkindern an oder umfassen Angebote für verschiedene Altersgruppen. Die Programme verfolgen unterschiedliche Ziele, bei denen man zwischen defizitorientierten und ressourcenorientierten Programmen unterscheiden kann (Auerbach 1989, S. 165). Ein ausgereiftes Programm bietet in diesem Kontext das ORIM-Framework (Nutbrown et al. 2005) aus England, das sich auch auf den schulischen Kontext übertragen ließe. Im Kern geht es darum, Literacy-Förderung als Teil des täglichen Lebens zu verstehen und Eltern einerseits Möglichkeiten aufzuzeigen, wie sie mit ihren Kindern in der Schriftkultur handeln können (opportunities), wie sie Lernfortschritte ihre Kinder einordnen können (recognition), wie sie mit ihren Kindern interagieren können, um die Literacy-Entwicklung der Kinder zu unterstützen (interaction), und wie die Eltern selbst zu wirkungsstarken Vorbildern werden können (model) (ebd., S. 50 ff.). Die Eltern zu unterstützen und ihnen zu zeigen, wie sie wiederum ihre Kinder unterstützen können, scheint im Hinblick auf die Förderung der Lese- und Schreibkompetenz von Kindern aus sozial benachteiligten Bevölkerungsschichten seit langem ein erfolgsversprechender Ansatz zu sein (Franzmann 2002, S. 186). In Deutschland bilden diese Programme eine Ausnahme. Ein Beispiel für Angebote im Bereich der Family Literacy ist das Programm FLY aus Hamburg (Rabkin 2012).

Nachdem in diesem Unterkapitel auf die Rahmenbedingungen des Schriftspracherwerbs eingegangen wurde, werden im Folgenden die verschiedenen Säulen des KOMET-Modells erläutert. Im Rahmen dieses Beitrags wird einerseits versucht, einen Überblick zu verschaffen und einzelne wichtige Aspekte etwas genauer darzustellen, gleichzeitig werden andere Facetten nur in ihren Grundzügen thematisiert.

1.3.2 Schriftproduktion

Für die Produktion von Schrift spielen sowohl motorische (Graphomotorik, Unterstützte Kommunikation) als auch auditiv-analytische Prozesse (Sprachanalyse) eine grundlegende Rolle. Zudem sind Einsichten in das Schriftsystem maßgeblich, um einerseits systematisch Schreibungen aus dem Kernbereich der Schrift herleiten zu können und andererseits von Schreibungen aus dem Peripheriebereich unterscheiden zu können.

Graphomotorik

Graphomotorische Kompetenzen stellen als periphere Schreibprozesse eine fundamentale Grundlage für die Produktion von Schrift dar. Insbesondere zu Beginn der Grundschulzeit lassen sich jedoch oftmals große Unterschiede im Hinblick auf die grob- und feinmotorischen Fähigkeiten der Schüler:innen beobachten. Für die Entwicklung der Handmotorik – die sich in Form von Meilensteinen über die Nutzung des (a) Scheren-, (b) Pinzetten- und schließlich des (c) Zangengriffs als Voraussetzung für den dynamischen Dreipunktgriff (▶ Abb. 1.9) operationalisieren lässt – ist die stabilisierende Motorik der Schulter von großer Bedeutung.

Die Motorik der Hände und Finger zählt zu den ausdifferenziertesten und komplexesten Bewegungen, die der menschliche Körper vollziehen kann (Geraedts 2020). Graphomotorische Prozesse basieren auf subtil nuancierten und rhythmischen Bewegungen der Hand, die eine höchst differenzierte Integration und Koordination von grob-, fein- und visuomotorischen Fähigkeiten voraussetzt (ebd.). Neben dem Zusammenspiel von Auge und Hand ist hierbei zusätzlich die mentale Repräsentation der graphischen (Ziel-)Form ausschlaggebend (Sägesser et al. 2018). Die Harmonisierung der genannten Prozesse stellt eine hohe Anforderung für das Arbeitsgedächtnis dar. Gelingt diese Feinabstimmung nicht vollumfänglich, ist der Schreibvorgang erheblich verlangsamt, die Schrift ist unleserlich und kann in den meisten Fällen nicht auf einer vorgegebenen Linie gehalten werden (Geraedts 2020). Der Blick auf die graphomotorischen Kompetenzen von Lernenden ist demnach für Lehrkräfte zentral, nicht zuletzt weil auch Zusammenhänge von graphomotorischen und orthographischen Schwierigkeiten vermutet werden (Corvacho del Toro

Abb. 1.9: (a) Scheren-, (b) Pinzetten- und (c) Zangengriff im Vergleich

2023). Konkrete diagnostische Anhaltspunkte für Lehrkräfte stellen sowohl das Schriftprodukt (z. B. Formwiedergabe, Strichführung etc.) als auch der Prozess des Schreibens (Stifthaltung, Bewegungsfähigkeit, Motivation, Ausdauer etc.) dar (Sägesser & Eckart 2016).

Im Hinblick auf das Handschreiben können in Anlehnung an Reichardt et al. (2021) wichtige Eckpunkte festgehalten werden: Die Handschrift muss leserlich und flüssig sein (Zieldimension). Flüssigkeit wird erreicht durch Bewegungen, die motorisch günstig und effektiv verbunden sind (Verbundenheit). Dabei zeigt sich Verbundenheit vor allem in der Bewegung, nicht notwendigerweise auf dem Papier.

Die in der Schule nach einer unverbundenen Erstschrift eingeführte Ausgangsschrift entwickelt sich im Laufe der Zeit zu einer individuellen Handschrift. Unterschieden wird dabei zwischen verschiedenen Ausgangsschriften (▶ Abb. 1.10), wobei je nach Bundesland nicht alle Schriften zugelassen sind.

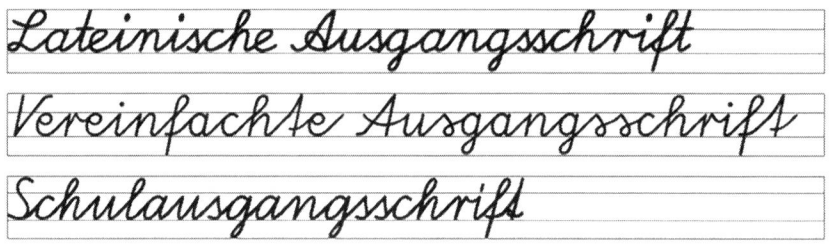

Abb. 1.10: Verschiedene Ausgangsschriften

In der Diskussion um das Handschreiben wird auch immer wieder argumentiert, die Schüler:innen sollten nur *eine* Schrift lernen (nicht die Druckschrift und anschließend eine Schreibschrift), welche sich dann zu einer verbundenen Handschrift ausbauen lasse, wobei Verbundenheit – wie dargestellt – nicht zwangsläufig in den Schreibspuren sichtbar werden muss (Menzel 2014). Ein solches Vorgehen ist z. B. ausgehend von der Grundschrift (▶ Abb. 1.11) möglich, da alle Kleinbuchstaben, die auf der Grundlinie enden, Wendebögen aufweisen, die auf mögliche Verbindungen von Buchstaben vorbereiten.

Das ist die Grundschrift.

Abb. 1.11: Grundschrift als unverbundene Erstschrift zum Ausbau einer verbundenen Handschrift

Durch die Thematisierung der Verbindungsmöglichkeiten, das Experimentieren mit der eigenen Schrift und den Austausch der Schüler:innen untereinander über unterschiedliche Strategien bei der graphomotorischen Schreibhandlung können effiziente Routinen entdeckt und in das eigene Schreibinventar aufgenommen werden (Bartnitzky et al. 2016). Allerdings braucht die Entwicklung zu einer flüssigen Handschrift auch in diesem Fall Zeit und Übung.

Unterstützte Kommunikation

Im schulischen Alltag wird die konkrete Schriftproduktion in aller Regel zunächst händisch mit (Blei-)Stift und später ggf. mit Füllfederhaltern anvisiert. Da dies im Kontext einer körperlichen und/oder kognitiven Beeinträchtigung nicht immer entsprechend realisiert werden kann, finden sich im Bereich der Unterstützten Kommunikation unterschiedliche (technische) Zugänge zur Schriftproduktion, die im Beitrag von Köb und Terfloth (▶ Kap. 4) näher dargestellt werden.

Sprachanalyse

Wenn Kinder in die Schule kommen, bringen sie im besten Fall bereits gut entwickelte Fähigkeiten im mündlichen Sprachgebrauch mit: Sie können sich verständigen und nutzen Sprache vor allem für ihre kommunikativen Zwecke. Zwar äußern sich Kinder bereits im Vorschulalter auch schon metasprachlich, allerdings sind sie beim schulischen Schriftspracherwerb mit neuen sprachanalytischen Anforderungen konfrontiert (Andresen 1985, S. 112). Wenn man z. B. das Wort *Esel* aufschreiben möchte, muss der Fokus zunächst ganz auf die lautliche Gestalt des Wortes gelenkt werden. Diese Form der Sprachanalyse setzt die Fähigkeit zur Dekontextualisierung (die Form von Sprache losgelöst vom Inhalt betrachten zu können) und phonologische Bewusstheit voraus. Man unterscheidet dabei zwischen phonologischer Bewusstheit im weiteren und im engeren Sinn (Skowronek & Marx 1989). Bei der phonologischen Bewusstheit im weiteren Sinne geht es auf der Ebene der sprachlichen Einheit um Silben und den Silbenonset bzw. -reim und bei der sprachlichen Operation um das Identifizieren und Segmentieren sprachlicher Einheiten (ebd., S. 42). Die phonologische Bewusstheit im weiteren Sinne gilt als eine Voraussetzung für den Schriftspracherwerb (Marx & Weber 2006, S. 252). Kinder sollten folglich zu Beginn der ersten Klasse in der Lage sein, Silben wahrzunehmen, den Anlaut eines Wortes zu identifizieren und Reimwörter zu finden. Im Hinblick auf die Identifikation des Anlauts ist dessen auditive Wahrnehmbarkeit entscheidend: Da bei Wörtern wie *Mama* der Anfangslaut gedehnt artikuliert werden kann, kann man diesen kognitiv besser greifbar machen als den Anlaut bei dem Wort *Tafel* (siehe Ausführungen unten zum Lesen). Beginnt ein Wort vokalisch, ist der Anlaut bei Wörtern mit einem langen Vokal (*Oma, Esel, Uhr*) aufgrund der Dehnbarkeit des Anlauts leichter zu identifizieren als bei Wörtern mit Kurzvokal (*Ordner, Ente, Unterhose*).

Die phonologische Bewusstheit im engeren Sinne umfasst auf der Ebene der sprachlichen Einheiten die gezielte Wahrnehmung einzelner Laute (In- und Endlaute). Im Hinblick auf die sprachlichen Operationen geht es auf den drei genannten Ebenen sprachlicher Einheiten neben dem Identifizieren und Segmentieren zudem um die Synthese und die Manipulation sprachlicher Einheiten (Schnitzler 2008). Die phonologische Bewusstheit im engeren Sinne entwickelt sich primär in der Auseinandersetzung mit Schrift, i. d. R. also beim schulischen Schriftspracherwerb (Wimmer et al. 1991, S. 245).

Bei Übungen zur phonologischen Bewusstheit ist es für Lehrkräfte wichtig, im Hinblick auf mögliche Schwierigkeiten von Kindern bei einer Aufgabe zu berücksichtigen, dass die Kinder ohne Schriftkenntnisse rein lautorientiert vorgehen und nicht mit Schriftwissen wie Erwachsene, die lesen und schreiben können. Aufgaben wie »In welchen Wörtern hörst du ein /i:/, Fisch, Biene und Tomate?« werden von Schriftkundigen oft anders beantwortet als von Kindern am Schulanfang (s. u.).

Phonem-Graphem-Korrespondenz

Die deutsche Schrift ist eine Alphabetschrift, jedoch keine Lautschrift. Das heißt, dass es einen mehr oder weniger regelhaften Bezug von Lauten und Buchstaben gibt, Schreibungen von Wörtern sich jedoch nicht allein aufgrund der Phonem-Graphem-Korrespondenzen erklären lassen. Neben dem phonographischen Prinzip lässt sich das Schriftsystem außerdem durch das silbische, morphologische und syntaktische Prinzip beschreiben (für eine weitere Vertiefung siehe Betzel & Droll 2020). Die Schreibung eines Wortes kann sich ggf. auch auf mehrere Prinzipien zurückführen lassen (z. B. Blätter: <tt>-Schreibung ergibt sich aus dem Silbengelenk → silbisches Prinzip, <ä>-Schreibung folgt aus dem morphologischen Prinzip und die Großschreibung aus dem syntaktischen Prinzip). Besonders das silbische Prinzip hat neben dem phonographischen Prinzip eine zentrale Rolle für die Wortschreibung im deutschen Schriftsystem. Darauf begründet sich bei trochäischen simplizischen Zweisilbern (Wörter, bei denen die erste Silbe betont und die zweite Silbe unbetont ist wie Hase, Hunde, Ratte, Rehe) nicht nur die Schreibung des Graphems <e> in der Reduktionssilbe (unbetonte Silbe), sondern u. a. auch die Silbengelenkschreibung (Doppelkonsonanz), die st/sp-Schreibung am Wortanfang oder auch die Schreibung des silbeninitialen-h oder die ß-Schreibung.

Lernen Kinder am Anfang des Schriftspracherwerbs primär lautbasiert vorzugehen (»Schreib, wie du sprichst/hörst!«), wird der Fokus vor allem auf das phonographische Prinzip gelenkt. Das zeigt sich in der Arbeit mit einer Anlauttabelle, welche in den meisten Lehrwerken gleich zu Beginn der ersten Klasse eingeführt wird. Riegler (2009) definiert Kriterien, anhand derer die Qualität von Anlauttabellen bewertet werden kann. Für eine ausführliche Darstellung wird auf die Autorin verwiesen. Im Hinblick auf den Lerngegenstand Schrift ist es wichtig, welche Buchstaben mit welchen Anlautbildern in Verbindung gebracht werden. So sollen nach Riegler (ebd., S. 17) jeweils Basisgraphemschreibungen abgebildet sein (ebenso Thomé 2000b, S. 118). Ein Basisgraphem ist laut Thomé das Graphem, das für ein bestimmtes Phonem am häufigsten vorkommt (Thomé 2000a, S. 13). Aus graphematischer Perspektive ist diese Sichtweise von Basisgraphemen problematisch: Fuhrhop und Eisenberg (2007, S. 36) weisen darauf hin, dass der rein quantitative Gesichtspunkt linguistisch unzureichend sei.

Bei der Arbeit mit einer Anlauttabelle lernen Kinder zu den eingeführten Buchstaben jeweils den Laut, der dem Buchstaben im Anlaut entspricht (Bsp.: d → /d/ wie Dach oder r → /r/ wie Rabe). Weitere Buchstaben-Laut-Beziehungen werden i.d.R. noch nicht thematisiert (z.B. dass der Buchstabe d am Silbenendrand stimmlos mit /t/ artikuliert wird, wie bei Hund, oder dass der Buchstabe r in Vater oder Herz nicht versprachlicht wird wie bei dem Wort Rabe). Ebenso wird zu einem Laut zunächst nur ein Buchstabe eingeführt (z.B. /k/ nur k wie in Kamel, nicht <ck> wie in Bäcker). Das schriftsprachliche Lernen mit der Anlauttabelle hat aus graphematischer Sicht einige Grenzen, da die Kinder keinen ausreichenden Einblick in die Systematik der Schrift gewinnen können (Bredel & Röber 2011). Die Kinder bauen sogar zunächst eine unzureichende Vorstellung von Buchstaben-Laut-Beziehungen auf, auf deren Basis sie die wenigsten Wörter orthographisch korrekt verschriften können.

Im Hinblick auf die Vokale liegt zwischen geschriebener und gesprochener Sprache ein großer Unterschied vor: Während in der gesprochenen Sprache zwischen Lang- und Kurzvokal unterschieden wird, gibt es diese Unterscheidung in der geschriebenen Sprache im Deutschen regelmäßig nur im Hinblick auf /i/ und /i:/ (Pinsel vs. Biene, hingegen nicht bei Hase – hasten; Oma – Ordner; Esel – Ente). Da beim <ie> – bis auf wenige Ausnahmen wie Igel, Tiger, Biber oder Maschine – eine Regelhaftigkeit vorliegt, bietet es sich an, diese Unterscheidung von Anfang an im Anfangsunterricht aufzugreifen und ausgehend von der Mündlichkeit beide Schreibvarianten für die unterschiedlichen i-Laute zu thematisieren. In vielen Anlauttabellen wird jedoch genau das Gegenteil gemacht: Beim Buchstaben i wird ein Igel (gespannter langer Vokal) abgebildet, was die Ausnahmekorrespondenz und nicht die Regel für diesen Buchstaben ist. Nach einem graphematischen Ansatz würde man die Systematik der Schrift nutzen, um dann beim Lesen auf die richtige Aussprache zu kommen: Die Schrift zeigt die Vokallänge an.

Ohnehin stellt die Unterscheidung von Lang- und Kurzvokal bei der Sprachanalyse keine triviale Aufgabe dar. Dies gilt umso mehr, wenn man bereits – als Produkt der schulisch instruierten Lautanalyse – ein Dehnsprechen ausübt, in dem die Vokale weitgehend lang artikuliert werden. Schwierigkeiten bei der Identifikation des richtigen Buchstabens bei Kurzvokalen werden bei frühen Schreibungen oft sichtbar, wie auch die Beispielwörter in der Abbildung zeigen (▶ Abb. 1.12).

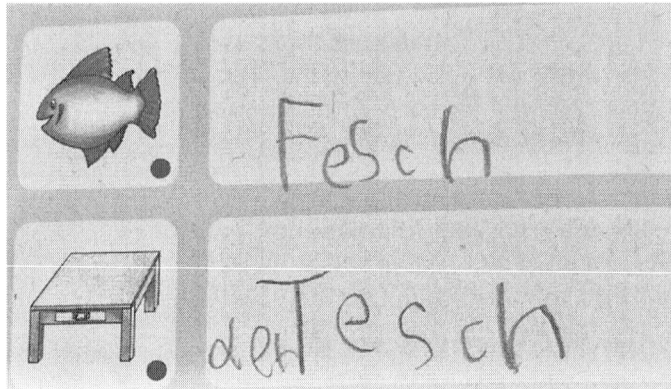

Abb. 1.12: Schreibung von Wörtern mit Kurzvokal /i/ (Sauerborn 2023, S. 54)

Nur wenn man weiß, dass die Wörter Fisch bzw. Tisch mit einem i verschriftet werden, »hört« man auch ein /iː/. Tatsächlich hört man jedoch nicht das Phon /iː/, sondern /i/, was ein anderer Laut ist.

Hinney (2004, S. 78) erklärt, dass die Explizitlautung für eine angemessene Artikulationskontrolle beim Rechtschreiben herangezogen werden müsse. Bei der Explizitlautung werden z. B. die Wortformen »so ausgesprochen, dass alle Silben vorhanden sind und jeder Silbenkern ein Vokal ist« (ebd.). Das Wort *Esel* würde dann nicht [ˈeːzl̩] artikuliert werden, sondern [ˈeːzəl]. Die Explizitlautung setzt jedoch in vielen Fällen Schriftkenntnis oder eine Umgebung voraus, in der sie so praktiziert würde. Für Kinder, die noch nicht lesen und schreiben können, ist eher (wenn überhaupt) die gesprochene Standardlautung zunächst zentraler Bezugspunkt für die Schreibung von Wörtern. Diese ist jedoch bei den meisten Wörtern nicht hinreichend für die Herleitung der richtigen Schreibung. Zudem wird die Standardlautung von vielen Kindern so nicht gesprochen, da die Kinder sich z. B. dialektal ausdrücken oder zweitspracherwerbsbedingt im Deutschen noch nicht zielsprachlich (▶ Kap. 2). Hingegen kann das Lesen bzw. die Auseinandersetzung mit Schrift Kinder zur Standard- und Explizitlautung führen. Ziel sollte es daher sein, dass Kinder von Anfang an eine Einsicht in die Struktur der Schrift erhalten und ein systematisches Wissen darüber aufbauen. Unterricht sollte demnach eine sukzessive Annäherung an den Lerngegenstand ermöglichen (Betzel 2019, S. 406 ff.).

Orthographie

Inwiefern Orthographie beim Schriftspracherwerb im Anfangsunterricht schon eine Rolle spielt, hängt vom jeweiligen Ansatz ab, mit dem das Kind Lesen und Schreiben lernt (▶ Abb. 1.13).

Ein stark phonographisch orientiertes Vorgehen, wie es z. B. von Jürgen Reichen (2006) mit seinem Ansatz *Lesen durch Schreiben* vertreten wurde, berücksichtigt die Orthographie zunächst gar nicht, vielmehr geht es darum, dass Kinder Schrift für ihre kommunikativen Zwecke eigenständig nutzen können, was eine hohe moti-

1.3 Teilbereiche des Schriftspracherwerbs

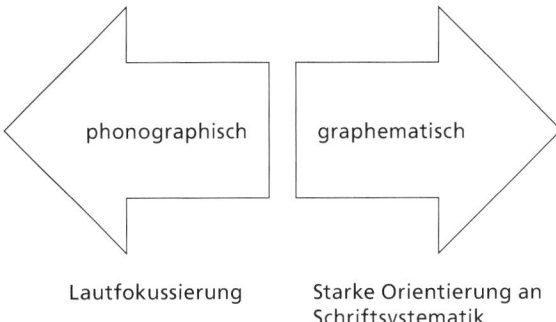

Abb. 1.13: Unterschiedliche Ansätze beim Schriftspracherwerb

vationale Wirkung hat. Die Schüler:innen schreiben mit Hilfe einer (An-)Lauttabelle auf der Basis ihrer Aussprache Wörter bzw. Texte auf. Bei einigen wenigen Wörtern, die nicht die prototypische Wortstruktur des Deutschen repräsentieren, kommen die Lernenden auf diesem Weg zu einer korrekten Schreibung (▶ Abb. 1.14). Bei anderen Wörtern hingegen kann ein lautbasiertes Vorgehen nicht zu richtigen Schreibungen führen (▶ Abb. 1.15).

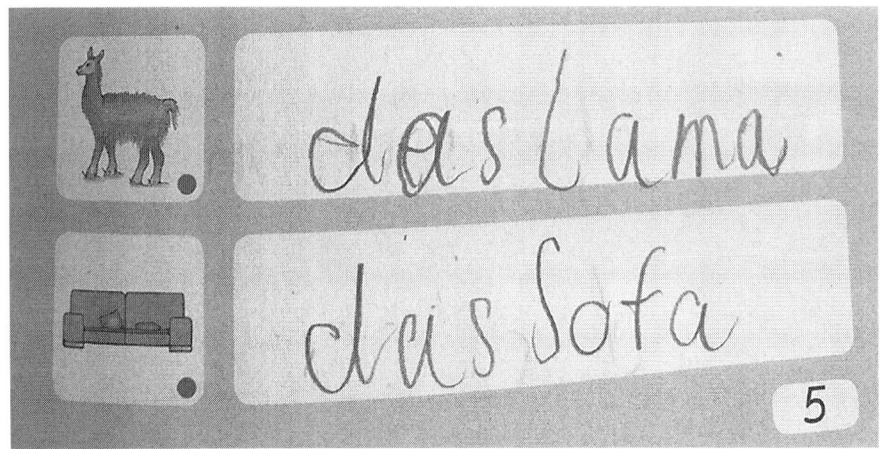

Abb. 1.14: Lautorientierte Schreibung bei nicht prototypischen deutschen Wörtern

Abb. 1.15: Lautorientierte Schreibung des Wortes Bär (Anfang Klasse 2)

Die orthographisch betrachtet fehlerhaften Schreibungen zeigen oft dezidierte lautanalytische Fähigkeiten der Kinder (Röber-Siekmeyer 2001, S. 41), wie die Schreibung des Wortes *Bär* des Kindes Anfang Klasse 2 in Abbildung 1.15 belegt.

Bei einem graphematischen Ansatz (Röber 2013) stellt das Schriftsystem die zentrale Bezugsgröße für den Schriftspracherwerb dar und ist von Anfang an Gegenstand des Unterrichts. In Anlehnung an Röber werden bei Sauerborn (2022) als Visualisierung für zweisilbige Wörter im Unterricht Wörterburgen verwendet, die die Struktur der Silbe repräsentieren, wie Abbildung 1.16 zeigt: Die Wörter bestehen aus einer betonten und einer unbetonten Silbe (größerer und kleinerer Burgteil), in jeder Silbe ist der Vokal obligatorisch (Tor) (▶ Abb. 1.16).

Abb. 1.16: Graphematischer Ansatz (Vorlage gezeichnet von Manuela Ostadal)

Zunächst lernen die Kinder Wörter mit der Silbenstruktur *Hase* kennen (offene erste Silbe mit Langvokal, Visualisierung der Wortstruktur im unteren Wort *Lupe*, bei dem der große Torbogen blau angemalt wird). Auf Basis dieses Silbenstrukturtyps wird auch die Schreibung der Reduktionssilbe thematisiert: Im kleinen Tor muss immer der Buchstabe <e> stehen, der in dieser Position aber anders artikuliert wird, als wenn er im großen Tor stünde. Außerdem werden die verschiedenen Varianten im Reim der Reduktionssilbe nach und nach thematisiert (-e, -el, -en, -er). Von Anfang an lernen die Kinder, dass der /i:/-Laut im blauen Tor mit <ie>- verschriftet wird. Außerdem verstehen sie die <ß>-Schreibung (s-Laut bei Wörtern mit blauem Tor nach Stimmhaftigkeit und Stimmlosigkeit untersuchen), wenn sie die Standardlautung beherrschen. Andernfalls wird die <ß>-Schreibung am geschriebenen Wort erklärt und die Wörter werden dann zunächst als Merkwörter gelernt. Die Kinder wissen zudem bald, bei welchen Wörtern das silbeninitiale-h steht (Burgteil am Beginn der zweiten Silbe darf nicht unbesetzt sein).

Ist die Grundstruktur des trochäischen Zweisilbers verstanden, lernen die Kinder Wörter mit der Silbenstruktur *Hunde* kennen (geschlossene Silben mit Kurzvokal;

Visualisierung der Wortstruktur im oberen Wort *Helme*, bei dem der große Torbogen rot angemalt wird). Werden Wörter dieser beiden Silbenstrukturmuster sicher beherrscht, ist die Silbengelenkschreibung (Baumuster *Ratte*) nur ein kleiner Lernschritt, der bereits in der ersten Klasse vollzogen wird: Im roten Tor steht der Vokal nie allein, sondern immer mit einem Konsonanten. Folglich muss, wenn im roten Tor zunächst nur ein Vokal steht, der Konsonant aus dem kleinen Burgteil ins rote Tor geschrieben werden.

In der Regel findet man in den Schulen Ansätze, die sowohl lautbasiert vorgehen, aber auch zeitnah bestimmte orthographische Phänomene thematisieren, jedoch meist nicht in der Systematik wie bei einem graphematischen Vorgehen. So wird z. B. durchaus von Anfang an vermittelt, dass jede Silbe einen Vokal (= Silbenkönig, Silbenkapitän) hat, weitere systematisch herleitbare Regularitäten werden jedoch erst später eingeführt. Leßmann (2021, S. 2) schlägt daher auch bei einem lautbasierten Vorgehen von Anfang an Rechtschreibgespräche (Geist 2018) zur Auseinandersetzung mit dem Schriftsystem vor. Rechtschreibgespräche bieten sich auch bei einem graphematischen Ansatz an (Sauerborn 2022).

Im Hinblick auf die Orthographie im Anfangsunterricht ist es hilfreich, zwischen der Kernschreibung, die regelhaft ist, auf der einen Seite und nicht regelhaften Schreibungen, die im Peripheriebereich zu verorten sind, auf der anderen Seite zu unterscheiden. Während Schreibungen des Kernbereichs erklärt werden können und der Unterricht demnach, wie bereits dargestellt, früh einen systematischen Einblick in diese Schreibungen ermöglichen sollte, werden Wörter mit nicht regelhafter Schreibung als Merkwörter gelernt und im Verlauf der Grundschulzeit in vertiefenden Übungen (z. B. Arbeit an Wortfamilien) gefestigt. Ebenso können individuell wichtige Wörter von Anfang an als Merkwörter gelernt werden.

1.3.3 Textproduktion

Neben der Schriftproduktion spielt im KOMET-Modell die Textproduktion eine eigenständige und zentrale Rolle für den Auf- und Ausbau schriftsprachlicher Kompetenzen. Entkoppelt von der jeweiligen Schreibkompetenz eines Kindes sind – in Abhängigkeit von der jeweiligen Textsorte – neben der Ideenentwicklung auch der Wortschatz und die Einsichten in das, was konzeptionell schriftliche Texte ausmacht, von großer Bedeutung.

In Texten werden komplexe Handlungen vollzogen (Rezat & Feilke 2018, S. 25) und sie »bestehen aus unterschiedlichen, in wechselseitiger Abhängigkeit stehenden Ebenen« (ebd.). Unter dem aus dem Lateinischen stammenden Begriff *textus* wird ein Gewebe, ein Geflecht verstanden, so dass Texte demgemäß als sprachlich verwobene Gebilde aufgefasst werden können, die über einen (inneren) Zusammenhang (Kohärenz) verfügen und sich von nonverbalen semiotischen Informationsstrukturen (wie Bildern, Rauchzeichen etc.) abgrenzen (Schwarz-Friesel & Marx 2023, S. 152).

Um genauer zu fassen, was Texte ausmacht, lohnt ein Blick auf sogenannte Textualitätskriterien, die sich gemäß der klassischen Definition von de Beaugrande und Dressler (1981) auf die Bereiche Kohäsion, Kohärenz, Intentionalität, Akzeptabilität, Situationalität, Informativität und Intertextualität beziehen können (aber nicht immer müssen). Im Hinblick auf den Bereich des Schriftspracherwerbs scheint uns besonders zentral, dass Texte als sprachliche Gebilde nicht nur in schriftlich fixierter Form, sondern auch medial mündlich geäußert werden können (Koch & Oesterreicher 2007), wie z. B. Gedichte, Gebete, Lieder oder mündlich tradierte Geschichten/Erzählungen und auch Erzähltes. Nicht »das Verschriftlichen des Textes mit Buchstaben steht im Mittelpunkt, sondern die Auseinandersetzung mit dem Inhalt, der auf Erfahrungen und Erlebtem beruht und in Beziehung zu dem aktuellen Schreibanlass gesetzt wird« (Warnecke 2014, S. 134). Neben dieser darstellenden Funktion haben Texte zudem eine appellative und expressive Funktion (Bühler 2019, S. 107 ff.).

Ideenentwicklung und Textsortenkenntnis

Die Anforderungen an ein Kind bei der Textproduktion lassen sich am besten anhand einer konkreten Textsorte verdeutlichen. Soll das Kind z. B. ein Märchen mündlich oder schriftlich verfassen, werden bereits Vorstellungen von Märchen vorausgesetzt, die sich über das Hören von Märchen aufbauen. Dabei geht es u. a. um ein (implizites) Textsortenwissen, welches wiederum mit allen im Modell genannten Teilaspekten der Textproduktion zusammenhängt. (Implizites) Textmuster- und Textsortenwissen gelten als wesentliche Teilkompetenzen von Textmusterkompetenz, die wiederum als Voraussetzung dafür gilt, einen Text einer bestimmten Textsorte verfassen zu können (Rezat & Feilke 2018, S. 24). Textsorten definieren die Autoren als »typische, musterhafte Verbindungen, bestehend aus spezifisch kontextuellen, funktionalen und strukturellen Merkmalen« (ebd., S. 25). Es geht beim Textsortenwissen also um das (implizite) Wissen um bestimmte Gemeinsamkeiten von Texten einer Textsorte, die sich auf verschiedene Ebenen beziehen können, u. a. auf sprachliche Handlungsmuster, die Feilke (2014) auch als Textprozeduren bezeichnet. Diese Handlungsmuster »werden durch typische Ausdrucksmuster [...] realisiert« (Rezat & Feilke 2018, S. 26).

Bei Märchen zeigen sich die Gemeinsamkeiten bei bestimmten Formulierungen und textstrukturierenden Ausdrücken (»Es war einmal«, »und wenn sie nicht gestorben sind«, »eines Tages« sowie u. a. Reime und Zaubersprüche) oder im Aufbau (der:die Held:in befinden sich in einer unbefriedigenden Ausgangssituation, welche durch die Lösung einer schwierigen Aufgabe schließlich überwunden wird). Mit beiden Aspekten hängt der Wortschatz zusammen (z. B. Bezeichnungen für besondere Wesen und Gegenstände bzw. deren Attribuierung wie *garstige Alte*). Das (implizite) Wissen über die Textsorte *Märchen* beeinflusst bereits die Ideenentwicklung.

Konzeptionelle Schriftlichkeit

Viele Textsorten weisen Merkmale konzeptioneller Schriftlichkeit auf. Konzeptionelle Schriftlichkeit meint nach Koch und Oesterreicher (1985) eine Sprachform, die auch als Sprache der Distanz bezeichnet wird. Sie zeichnet sich durch eine große

Informationsdichte, Kompaktheit (z. B. verschachtelte Sätze) und Elaboriertheit (z. B. bestimme Ausdrücke; ebd., S. 23) aus. Das heißt, Spezifika konzeptioneller Schriftlichkeit zeigen sich auf unterschiedlichen Ebenen (lexikalisch-semantisch, morpho-syntaktisch, textuell-pragmatisch), so dass neben dem Wortschatz auch funktional-grammatikalisches Wissen zum Verfassen konzeptionell schriftlicher Texte verfügbar sein muss.

Sind Kinder in der Lage, sich konzeptionell schriftlich auszudrücken, können sie Sprache bereits dekontextualisiert verwenden. Das heißt, allein mit sprachlichen Mittel wird Bedeutung geschaffen. Sprache wird von Kindern jedoch zunächst kommunikativ in Interaktion genutzt. Die dialogische Kommunikationssituation ermöglicht den Verweis auf die Umwelt sowie Nachfragen etc. (Pohl 2013, S. 214 f.). Die Textproduktion hingegen ist monologisch und dekontextualisiert und stellt daher besondere Anforderungen an einen kohärenten Aufbau. Schüler:innen müssen in diesem Zusammenhang beispielsweise Einsichten in die Wirkungsweise von grammatischen Markierungen (Rückverweise mit Hilfe von Pronomen, Verwendung von Konnektoren etc.) erlangen (Mehlem 2024, S. 70). Bereits im Vorschulalter bauen Kinder Kompetenzen im dekontextualisierten Sprachgebrauch aus (Sauerborn 2017) und können sich teilweise schon konzeptionell schriftlich ausdrücken (Sauerborn 2015b).

Den jeweils treffenden Ausdruck für eine sprachliche Äußerung zu finden, der die Textfunktion unterstreicht (z. B. Bericht: sachliche Versprachlichung), ist Teil der Wortschatzkompetenz. Hoffmann (2022) stellt ausführlich dar, wie stark Textkompetenz von Wortschatzkompetenz abhängt. Die Beschaffenheit des Wortschatzes eines Individuums spielt beim Schriftspracherwerb in fast allen Teilbereichen des KOMET-Modells eine Rolle.

Wortschatz

Der Wortschatz eines Individuums ist im mentalen Lexikon einer Person abgespeichert (Ulrich 2022, S. 37). Der Erwerb der Bedeutungen einzelner Wörter ist ein komplizierter Lernprozess (Ulrich 2018, S. 13 f.), der nicht linear verläuft, sondern immer wieder wechselhaften Veränderungen unterworfen ist. Das gilt umso mehr bei komplexen Bedeutungsinhalten eines Lexems: Lexeme weisen eine Kernbedeutung auf, können aber auch mehrere Bedeutungen tragen (ebd., S. 15). Hilfreich ist in diesem Zusammenhang die Unterscheidung von Systemwort und Textwort (Hoffmann 2022, S. 160): *Systemwort* meint das Lexem, die Kernbedeutung eines Wortes (z. B. laufen: man bewegt sich aufrecht auf den Füßen fort). *Textwort* hingegen meint die Bedeutung in einer sprachlichen Äußerung in kommunikativer Funktion (»Ich laufe zur Schule«, »Der Wasserhahn läuft«, »Es läuft gut« usw.).

Des Weiteren wird zwischen einem rezeptiven und einem produktiven Wortschatz unterschieden, wobei der rezeptive Wortschatz immer umfangreicher ist als der produktive. Zahlen zum Umfang des Wortschatzes von L1-Lernenden (Kinder, die Deutsch als Familiensprache sprechen, ebenso sind hier Kinder zu nennen, die Deutsch vor dem 2;6. Lebensjahr gelernt haben) zu Schulbeginn unterscheiden sich teilweise. Rothweiler und Kauschke (2007, S. 43) gehen von etwa 3000 bis 5000

Wörtern im produktiven Wortschatz aus, Oomen-Welke (2023, S. 94) nennt 4000 erwartbare Wörter.

Der Eintritt in die Schule stellt für Kinder eine große Veränderung im Wortschatzerwerb dar, denn in der Schule befinden sich Kinder in sogenannten erweiterten Erwerbskontexten (Steinhoff 2009, S. 36). Dies gilt für alle Kinder, besonders aber auch für Kinder, die Deutsch als Zweitsprache sprechen (▶ Kap. 2). Vor allem der Schriftspracherwerb und das eigenständige Agieren in der neuen »Welt der Schriftlichkeit« (Steinhoff 2009, S. 36) können als »Schlüsselerlebnis für das schulische Wortschatzlernen« (ebd.) verstanden werden. Ältere Studien legen dar, dass Kinder ungefähr 3000 neue Wörter pro Schuljahr lernen, jedoch natürlich nicht ausschließlich schulisch instruiert (Nagy & Herman 1987, S. 21 f.).

Dass der Wortschatz eines Kindes bei der Textproduktion von großer Bedeutung ist, wurde bereits erläutert. Auch bei der Schriftproduktion spielt die Wortschatzkenntnis eine große Rolle: Beim Schriftspracherwerb gilt dies konkret zunächst bei vielen sprachanalytischen Übungen, bei denen ausgehend von einem Bild ein Wort abgerufen und anschließend analysiert werden soll (z. B. Silbenanzahl bestimmen, einen bestimmten Laut identifizieren oder das Wort aufschreiben und dafür alle Laute analysieren). Das jeweilige Wort muss für diese sprachanalytischen Aufgaben folglich sowohl semantisch als auch phonologisch sicher verfügbar sein, es muss also im produktiven Wortschatz abrufbar sein.

Verhältnis von Schrift- und Textproduktion im Anfangsunterricht

Auch schon im Anfangsunterricht können Schrift- und Textproduktion zusammengeführt werden. Das Schreiben eigener Texte motiviert die meisten Kinder. Dennoch liegt bei den Kindern eine Diskrepanz zwischen dem vor, was sie ausdrücken (Textproduktion) und was sie aufschreiben können (Schriftproduktion). Auf allen Ebenen der Schriftproduktion können Hürden auftreten, die wiederum die Textproduktion beeinflussen: Eine langsame Handschrift (Graphomotorik) führt dazu, dass die Ideenentwicklung deutlich schneller verläuft, als der Text auf dem Papier entstehen kann. Die Kinder gewinnen erst nach und nach Einsichten in die Schrift (Orthographie), sie denken beim Schreiben über Wörter nach (Sprachanalyse), auch das bremst die Schreibflüssigkeit. Die geschriebenen Texte, die entstehen, zeigen den schriftsprachlichen Lernstand der Kinder auf verschiedenen Ebenen und sollten für das weitere sprachliche Lernen genutzt werden. Was das genau bedeuten kann, wird an dem hier dargestellten Beispiel deutlich (▶ Abb. 1.17).

Zunächst verfasst der Junge (sieben Jahre, Anfang Klasse 2, lernt Deutsch seit vier Jahren) in der freien Schreibzeit einen eigenen Text. In der ersten Textversion des Kindes werden durch die Lehrkraft keine Korrekturen vorgenommen, um den Text als solchen wertzuschätzen. Daher schreibt die Lehrkraft den Text ab, dabei wird der Text auf verschiedenen Ebenen korrigiert. Ggf. können auch inhaltliche Aspekte im Gespräch mit dem Kind überarbeitet und spezifiziert werden. Im nächsten Schritt schreibt das Kind den Text nochmals ab und liest ihn dann in der Klasse vor.

1.3 Teilbereiche des Schriftspracherwerbs

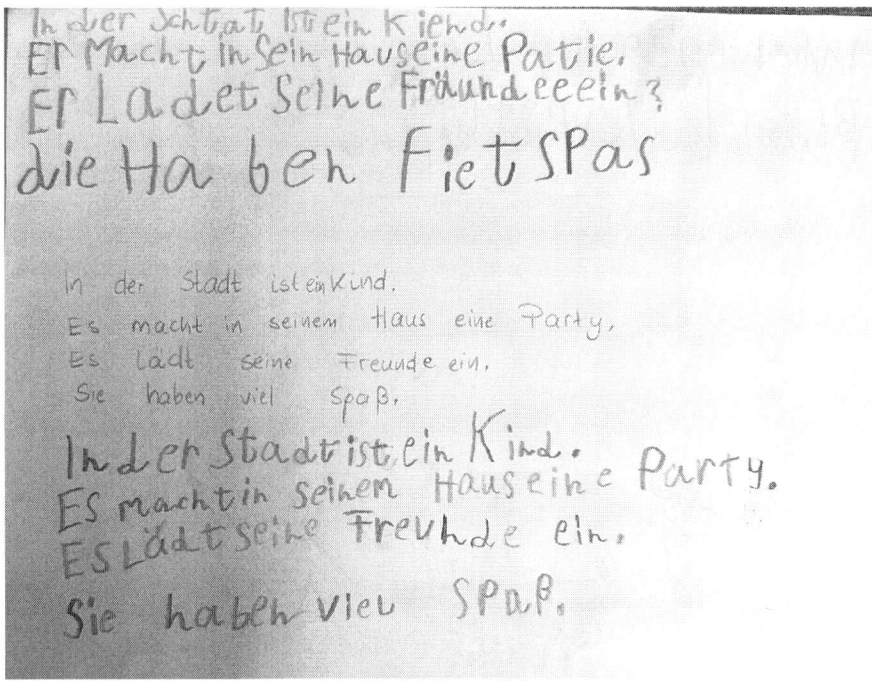

Abb. 1.17: Text aus freier Schreibzeit von Junge, sieben Jahre alt, Anfang Klasse 2

Aus der ersten Textversion gewinnt die Lehrkraft Hinweise auf den Sprachstand in mehrerlei Hinsicht und kann entsprechende Lernangebote unterbreiten:

Tab. 1.3: Darstellung von Kompetenzen und aktuellen Lernbereichen eines Kindes

Das kann das Kind	Das sind die aktuellen Lernbereiche
Der Junge verfasst eine kohärente Geschichte. Auf der Ebene der Ideenentwicklung und des Wortschatzes verfügt er über ausreichende Kompetenzen, um seine Gedanken zu dieser Textidee zu versprachlichen. Im Hinblick auf die Schriftproduktionsebene kann der Junge seine Geschichte verschriftlichen (Graphomotorik, Phonem-Graphem-Bezug, manche Aspekte der Orthografie). Er verfügt über die Lesefertigkeit, seinen Text vor der Klasse vorzulesen.	Es werden jeweils nur die genannt, die nun als unmittelbar nächste Lernziele mit dem Kind besprochen und für weitere individuelle Lernangebote berücksichtigt werden. Orthographie: Unterscheidung i-Laut → Übergeneralisierung bei *kiend st-Schreibung (*Schtat) Buchstabenverwechslungen formähnlicher Buchstaben (*t statt l bei *fiet) Satzschlusszeichen und Großschreibung am Satzanfang (letzter Satz) Morphologie: Genus *Kind* (auch im Vergleich zum biologischen Geschlecht) Dativ *in sein Haus → in seinem Haus Verbform *ladet → lädt

Während der Junge, der den vorangegangenen Text (▶ Abb. 1.17) verfasst hat, bereits Kompetenzen in Schrift- und Textproduktion entwickelt hat, gilt dies nicht für alle Kinder im Anfangsunterricht. Im Hinblick auf weitere Lernangebote bringt die Unterscheidung von Textproduktion und Schriftproduktion für den Anfangsunterricht ein großes didaktisches Potenzial: Denn wenn die Textproduktion nicht an das Schreiben gebunden ist, sondern auch losgelöst von diesem zur Anwendung kommen kann, können Kinder von Beginn an für sie bedeutsame Texte (mündlich) verfassen. In diesem Sinne versteht auch Merklinger (2011) die Textform des Diktierens durch Kinder: Kinder agieren mündlich, reden aber nicht im Register der Alltagsmündlichkeit (konzeptionelle Mündlichkeit), vielmehr verändern sie, wie sie sprechen (Artikulation, Tempo) und wie sie sich ausdrücken (ebd., S. 9). Das gilt natürlich nur, wenn die Kinder über die entsprechende Vertrautheit mit dekontextualisierter bzw. konzeptionell schriftlicher Sprache verfügen (Sauerborn 2017). Inwiefern die Textproduktion losgelöst von der Schriftproduktion evoziert werden kann, wird an folgendem Beispiel deutlich:

> Der Schüler Ali (fast acht Jahre alt) besucht die zweite Klasse (Januar). Die Kinder erhalten die Aufgabe, eine Geschichte zu einer Bildvorlage zu verfassen. Ali hat jedoch aus verschiedenen Gründen große Schreibhemmungen und kann auf der Ebene der Schriftproduktion seine Ideen noch nicht ausdrücken. Er diktiert zu einer Bildvorlage folgenden Text in ein Aufnahmegerät (dekontextualisiertes und monologisches Sprechen), die Lehrkraft notiert später den Text:
>
> *Es war einmal, die Familie, die gang in Zoo. Und dann hat die Familie sich gefreut und dann hat der Junge mit den schwarzen Pullover gesagt. »Da hängt ein Affe auf den Rad.« Und dann, dann hat der Papa zu den Kind gesagt: »Guck mal den Affe an.« Und dann wollte der Affe den Papa den Hut wegnehmen und dann hat der Papa »Oh«, gesagt.*

Der Text beginnt mit einer konzeptionell schriftlichen Einleitung (es war einmal). Auffallend ist außerdem die Präteritumsform im ersten Satz (*gang). In der Geschichte werden die Ideen gemäß der Entwicklungsstufe der verkettenden Texte (Pohl 2013, S. 220) versprachlicht, es entsteht eine chronologische Folge (durch *und dann*). Der Junge baut wörtliche Rede ein, was ein Verständnis der Textsorte spiegelt.

Auf der Basis des diktierten Textes können weitere Aufgaben für den Jungen gestellt werden: Die diktierte Geschichte könnte in einem gemeinsamen Gespräch mit der Lehrkraft inhaltlich überarbeitet werden. Oder einzelne Wörter, Satzbausteine, Sätze oder der ganze Text könnten abgeschrieben werden. Obwohl der Junge u. a. wegen seiner Kompetenzen auf der Schriftproduktionsebene einen eigenen Text noch nicht schriftlich verfassen kann, entsteht sein eigener Text, der auch in der Klasse vorgelesen werden kann. Um einen Text vorlesen zu können, bedarf es einer ausreichenden Lesefertigkeit.

1.3.4 Lesefertigkeiten

Im Unterkapitel zur Textproduktion wurde bereits knapp auf den Wortschatz eingegangen. Auch bei der Worterkennung beim Lesen (Lesefertigkeit) spielt der Umfang des Wortschatzes eine Rolle (Rosebrock & Nix 2017, S. 17). So belegen Röthlisberger et al. (2021) in ihrer Studie einen ausgeprägten Zusammenhang zwischen Wortschatz und Leseleistungen am Ende von Klasse 2. Dabei berücksichtigen sie in ihrer Untersuchung das Wortlesen, Satzlesen und Textlesen (vgl. Leseverstehen im KOMET-Modell: Wortebene, lokale Kohärenz, globale Kohärenz).

In diesem Bereich des KOMET-Modells werden Leserfertigkeiten entlang eines ansteigenden Elaborations- und Abstraktionsgrads operationalisiert und schließlich mit dem Konzept der Leseflüssigkeit verbunden. Als gemeinsame Grundlage der einzelnen Aspekte fassen wir die Fähigkeit des Lesens als Rekonstruktion von Bedeutung, die durch *Zeichen* fixiert und repräsentiert wird.

Ikone und Symbole lesen

Im bereits dargestellten Phasenmodell von Frith (1986) wird der beginnende Schriftspracherwerb an der symbolischen Zugangsweise mit der generellen Einsicht von Schrift als bedeutungstragender Struktur und dem Erkennen von Wörtern und Logos an markanten Merkmalen festgemacht. Eine vergleichbare Systematik ist auch in den Modellen von Valtin (1997) und Brügelmann (1984) zu finden, die somit den oben skizzierten Zeichenbegriff am literalen bzw. symbolischen Zeichen konsolidieren. Zeichentheoretisch lässt sich hingegen mit Charles S. Peirce (1983) argumentieren, dass auch Ikone zu den Zeichentypen gehören und demzufolge eine Bedeutungsrekonstruktion ermöglichen.

Die Erweiterung um die Nutzung ikonischer, also auf Ähnlichkeitsbeziehungen beruhender, Zeichen findet in verschiedenen Modellen zum Schriftspracherwerb Beachtung (Günther 1986; Koch 2008; Köb & Terfloth 2021) und nimmt eine Brückenfunktion im Hinblick auf basal(st)e Lese- und Schreibfähigkeiten ein. Grundlegend für das Lesen ikonischer (und selbstredend symbolischer respektive literaler) Zeichen ist die repräsentationale Einsicht, also die Erkenntnis, dass etwas für etwas anderes steht (mit Verweis auf Aristoteles' »Aliquid stat pro aliquo«). Dieses Zeichenverständnis ist bereits in klassischen Arbeiten, beispielsweise bei Piaget (1970 bzw. 2015) und Wygotski (1977), zu finden, wird aber zunehmend durch aktuellere Publikationen erweitert (oftmals im Sinne einer *visual* bzw. *pictorial literacy*, siehe DeLoache 2004; Drexler 2018).

Im Hinblick auf den Unterricht sind für den Auf- und Ausbau von Kompetenzen im Bereich des Zeichenverständnisses bzw. der Visual Literacy unterschiedliche Aspekte auszumachen: Auf der ersten Ebene geht es um die sprachliche Benennung und damit auch um den generellen Ausbau der sprachlichen Kompetenzen. Im Alltag verankerte Ikone (z. B. Tages- bzw. Stundenpläne, Visualisierungen im Klassenzimmer etc.) spielen wegen der unmittelbaren Relevanz in der Lebenswelt der Schüler:innen ebenso eine wichtige Rolle. Ein steigender Abstraktionsgrad (vom Foto zur Zeichnung zum Symbol) sollte dabei beachtet werden. Ikonische Darstellungen (z. B. Fotos, Wimmelbücher, Bilderbücher – je nach Entwicklungsalter und Interessen auch Graphic Novels und Comics) stellen zudem einen wichtigen Anknüpfungspunkt für das Lernen im Bereich der Visual Literacy dar, wobei natürlich nicht alles verbalisiert werden kann und soll, was bildlich dargestellt ist (Pettersson 2013, S. 2). Dennoch müssen Bilder gelesen/dekodiert und interpretiert werden (Avgerinou 2001, zit. nach Avgerinou & Pettersson 2011, S. 4), dabei spielt auch das Welt- und Kontextwissen eine Rolle (Pettersson 2013, S. 7).

Das frühe Lesen: Graphem-Phonem-Korrespondenz, Silben lesen und Wörterlesen

Als spezifische symbolische Zeichen markiert die Einführung der Buchstaben eine neue Qualität im Schriftspracherwerb und steht für den Übergang zum Lesen im engeren Sinne. Nach dem Zwei-Wege-Modell des Wortlesens nach Coltheart (2005, ▶ Abb. 1.18) wird angenommen, dass Wörter bei kompetenten Lesenden über zwei unterschiedliche Verarbeitungswege gelesen werden können: über den direkten, also lexikalischen Weg oder indirekt über die Herstellung der Graphem-Phonem-Korrespondenzen und deren Synthese (Scheerer-Neumann 2023, S. 62).

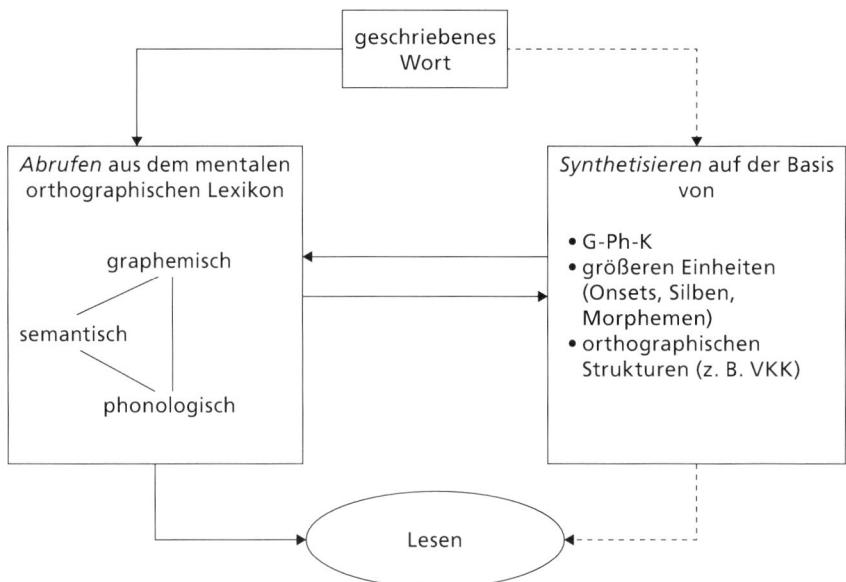

Abb. 1.18: Zwei-Wege-Modell des Wortlesens nach Scheerer-Neumann 2023 und Coltheart 2005

Indirekter Weg

Gerade für den Anfangsunterricht ist es hilfreich, den indirekten Weg, den Kinder als Lesenovizen nach aktuellen didaktischen Modellierungen zum Schriftspracher-

1.3 Teilbereiche des Schriftspracherwerbs

werb nehmen, nochmals genauer zu beleuchten: Bereits beim Unterkapitel zur Schriftproduktion wurden einige Aspekte der Graphem-Phonem-Korrespondenzen im Deutschen erwähnt. Vermittelt man den Kindern zu jedem Buchstaben zunächst nur den Anlaut und bei Vokalen jeweils nur die Langvokalvariante, hat das Auswirkungen auf die Lautketten bzw. Wort(vor)formen (s. u.), die beim Lesen über den indirekten Weg entstehen: Beim frühen Lesen transformieren Kinder Buchstabe für Buchstabe in die gelernten Laute, diese Laute werden dann synthetisiert und dadurch in eine Lautkette umgewandelt. Nur bei wenigen Wörtern entspricht die so entstandene Lautkette der eigentlichen Aussprache (z. B. Salat, Salami, Lama). Bei den meisten anderen Wörtern handelt es sich bei den so entstehenden Formen um sogenannte Wortvorformen, die – je nach Wort – erheblich von der Aussprache des eigentlich intendierten Wortes abweichen (▶ Tab. 1.4).

Tab. 1.4: Wörter, Wortvorformen und Aussprache

Zu lesendes Wort	Wortvorform	Richtige Aussprache
1) Nase	*[ˈnaːzeː]	[ˈnaːzə]
2) Hunde	*[ˈhuːndeː]	[ˈhʊndə]
3) Ratte	*[ˈʁaːteː]	[ˈʁatə]
4) Roller	*[ˈʁoːleːʁ]	[ˈʁɔlɐ]

Beim Wort *Nase* (1) unterscheidet sich die Wortvorform nur in der Reduktionssilbe, hingegen liegt beim Wort *Hunde* (2) zusätzlich zur Langlesung des Vokals in der Reduktionssilbe in der Wortvorform in der ersten Silbe ein gespannter Vokal (Langvokal) statt eines ungespannten Vokals vor. Beim Wort *Ratte* (3) hat die Wortvorform mehr Ähnlichkeit mit dem Wort *rate* als dem intendierten Wort *Ratte*. Die Wortvorform von Wort 4 (Roller) ist weit entfernt von dem zu lesenden Wort.

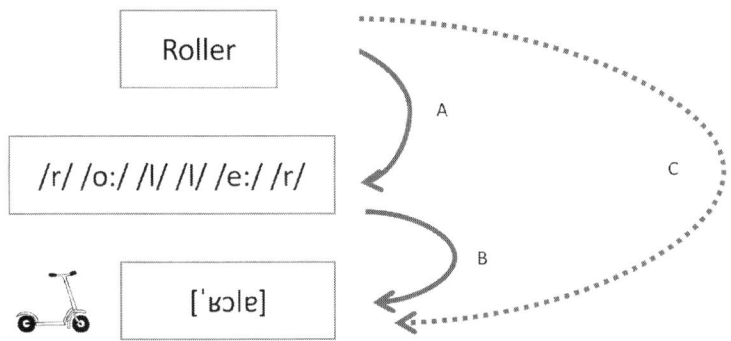

Abb. 1.19: Direkter und indirekter Leseweg

Der Leseweg eines Kindes am Leseanfang erfolgt also zunächst über einen Umweg: Ausgehend vom geschriebenen Wort wird eine Wortvorform gebildet (▶ Abb. 1.19, Schritt A), anhand dieser Form muss eine Verknüpfung zu einem Eintrag im semantischen Lexikon stattfinden (Schritt B). Das Kind versteht erst dann, was es gelesen hat, wenn es diese Verknüpfung hergestellt hat. Schritt B ist umso schwieriger, je weiter die Wortvorform lautlich von der eigentlich intendierten Form entfernt ist (▶ Tab. 1.4).

Der nicht lexikalische, indirekte Weg ist langsam und fehleranfällig (Richter & Müller 2017, S. 53). Mit mehr und mehr Lesepraxis nähert sich die Wortvorform immer mehr und zudem schneller der Zielform an. Der direkte Weg (Schritt C) erfolgt bei geübten Lesenden bei den meisten Wörtern automatisch. Bei Leseanfänger:innen werden zunächst nur Wörter im Sichtwortschatz direkt gelesen.

Die Anforderung beim Lesen verschiedener Wörter lassen sich mit Bezug zur Silbe gut beschreiben. Dabei soll von trochäischen Zweisilbern ausgegangen werden, da diese die häufigste Wortform im Deutschen darstellen. Zunächst werden für diesen Zweck drei Silbenvarianten unterschieden:

- Silbentyp 1: offene betonte Silbe mit gespanntem Langvokal
- Silbentyp 2: geschlossene betonte Silbe mit ungespanntem Kurzvokal
- Silbentyp 3: unbetonte Reduktionssilbe mit e-Schwa (/ə/)

Es gibt auch geschlossene Silben mit Langvokal, wie z. B. Hühnchen oder Mond. Für den Anfang des Leseerwerbs sind die genannten drei Formen jedoch hinreichend.

Bredel (2012, S. 130 f.) nennt insgesamt fünf Silbentypen. Zu den unter 1 und 2 genannten Typen kommen Wörter mit Silbengelenk (Hen-ne), Wörter mit silbeninitialem-h (hohen) sowie Wörter mit Dehnungs-h (Hühner) hinzu. Für die folgende Darstellung wird jedoch zunächst mit den drei genannten Silbentypen (1 bis 3) operiert.

Wie bereits anhand der Wortvorformen der Beispielwörter aus Tabelle 1.4 beschrieben, sind offene Silben (Silbentyp 1) für Kinder einfacher zu lesen als geschlossene Silben, da der gespannte Vokal der offenen Silbe der Vokalaussprache entspricht, welche die Kinder beim Erlernen der Phonem-Graphem-Beziehungen erwerben. Bei geschlossenen Silben mit ungespannten Kurzvokal (Silbentyp 2) sowie beim Lesen von Reduktionssilben (Silbentyp 3) hängt es einerseits vom Kind, andererseits von der schulischen Instruktion ab, wie schnell das Kind diese Silben richtig artikuliert. Oft werden noch in Klasse 2 Vokale in Silbentyp 2 und 3 wie gespannte (lange) Vokale gelesen (Rautenberg & Wahl 2015).

Doch neben der Vokallänge gibt es beim Lesen für Leseanfänger:innen weitere Hürden. Bei Silben mit einfachem Anfangsrand (vor dem Vokal steht maximal ein Konsonant) sind solche Buchstaben, die in sonorante Laute transformiert werden, einfacher zu synthetisieren als nicht sonorante Laute. Bei diesen sonoranten Lauten bzw. den entsprechenden Graphemen handelt es sich um folgende:

- Nasale im Anlaut [m], [n] und die Buchstabenentsprechungen <m> und <n>
- Lateral [l] und die Buchstabenentsprechungen <l>
- Vibranten [r] (und [R]) und die Buchstabenentsprechungen im Anlaut <r>

- Vokale, wobei dies vor allem für Langvokale gilt

Die Obstruenten (Plosive, Frikative und Affrikate) sind nicht sonorant. Die entsprechend zugehörigen Graphem-Buchstaben sind am Silbenanfangsrand – bevor die Silbe automatisiert gelesen wird – oft schwieriger zu lesen als die sonoranten Laute, insbesondere wenn es sich um Plosive und Affrikate handelt. Bei den Frikativen muss eine weitere Unterscheidung vorgenommen werden:

- Plosive [p], [b], [t], [d], [k] und [g] sowie die Buchstabenentsprechungen im Anlaut p, b, t, d, k, g. Diese Laute lassen sich nicht isoliert aussprechen, sondern werden immer mit einem Schwa-Laut und aspiriert artikuliert (z. B. [tʰ], Scheerer-Neumann 2023, S. 77)
- Affrikate [tʃ] im Anlaut und die Buchstabenentsprechung im Anlaut z
- Frikative
  - nicht dehnbar, im Anlaut [h] und die Buchstabenentsprechung im Anlaut h
  - dehnbar artikulierbar: [f], [v], [z], [ʃ] und die Buchstabentsprechung im Anlaut f, w bzw. v, s und sch

Neben diesen artikulatorischen Besonderheiten beim Lesen stellen Buchstaben mit ähnlicher Form Kinder am Leseanfang oft vor Hürden (besonders häufig b/d; aber teilweise auch m/n, w/v, p/q, ggf. auch W/N), ebenso die Identifikation von Mehrgraphen (z. B. sch, ie) und Diphtongen (z. B. ei)).

Eine weitere Herausforderung kann beim Lesen komplexer Silbenanfangsränder auftreten. Im gesprochenen Deutschen kann der Silbenanfangsrand aus bis zu drei Phonemen bestehen (Eisenberg 1989, S. 61). Die geschriebene Silbe enthält entsprechend auch mehrere Buchstaben am Silbenanfangsrand (z. B. *Strümpfe* oder *Gnome*, *traben*, *knallen*). Auch die Silbenendränder in geschlossenen Silben können komplex sein, dann wird der Vokal kurz gesprochen. Eisenberg nennt Beispiele mit bis zu vier Phonemen in Endrand (z. B. beim gesprochenen Wort *ernst*), häufiger seien jedoch Endränder mit Affrikaten (z. B. bei *Topf*, *Witz*).

Warum genau die Komplexität der Silbenanfangs- und -endränder beim Lesen Schwierigkeiten verursachen kann, ist empirisch nicht belegt. Ein Erklärungsansatz kann sich aus der Menge an Buchstaben ergeben, die in Laute zu transformieren und zu behalten sind, bevor und nachdem auf dem Höhepunkt der Sonorität der Vokal artikuliert wird. Das Arbeitsgedächtnis wäre dann in noch höherem Maße beim Lesen gefordert. Damit könnten erhöhte Anforderungen an die Syntheseleistungen des Kindes zusammenhängen. Diese erhöhten Anforderungen bei der Synthese liegen auch bei längeren Wörtern vor, bei denen im Arbeitsgedächtnis entsprechend mehr Phoneme gespeichert werden müssen. Zudem könnten Schwierigkeiten entstehen, da bei komplexen Anfangs- und Endrändern oft Buchstaben vorkommen, die als transformierte Laute mit Schwa und ggf. aspiriert artikuliert werden und somit, wie weiter oben dargestellt, eine weitere Hürde bei der Synthese vorliegt.

Der hier beschriebene Weg der Transformation von Buchstaben in Laute und deren Synthese ist in gewisser Weise eine Missdeutung der Didaktik des Anfangsunterrichts: In einer Alphabetschrift bilden Grapheme nicht Laute ab, sondern Lautwerte in bestimmten Positionen eines geschriebenen Wortes (Haueis 2011).

Daher sollte das Ziel des frühen Lesens nicht das Re-Kodieren sein, sondern das Re-Artikulieren, bei dem es auch darum geht, wort- und satzübergreifende Strukturen im Blick zu haben (Wortgruppen, Propositionen, Sätze usw.). Haueis macht dies an einem Beispiel deutlich:

- Richtige Fußballfans erkennt man daran, dass sie lautstark Pfeifen und Jubelschreie der Gegner übertönen.
- Richtige Fußballfans erkennt man daran, dass sie lautstark pfeifen und Jubelschreie der Gegner übertönen.

Die Bedeutung der beiden Sätze ergibt sich aus der korrekten Re-Artikulation des jeweiligen gesamten Satzes (ebd.).

Direkter Weg und Sichtwortschatz

Der Begriff des Sichtwortschatzes wird im Hinblick auf das Lesen uneinheitlich verwendet und kann sich auf unterschiedliche Zugriffsweisen beziehen. Für eine differenzierte Förderung von Kindern ist es hilfreich, die verschiedenen Arten von Sichtwörtern zu kennen. Wie im Zusammenhang mit dem logographischen Zugang zu Schrift dargestellt, ist der erste Zugang beim Lesen vorwiegend visuell und situativ, also in bestimmten Handlungssituationen. Wenn Kinder in die Schule kommen, können sie i. d. R. bereits einige Wörter aufgrund bestimmter markanter Merkmale (wie Anfangsbuchstabe, Wortlänge etc.) erkennen (*Sichtwortschatz 1*). Im Verlauf der ersten Wochen des Schriftspracherwerbs werden wichtige (häufige) kurze Wörter in vielen Lehrwerken ebenso als Sichtwort gelernt (z. B. *ist*, *mit*, *wir* usw.; *Sichtwortschatz 2*). Der direkte Zugriff bei ausgewählten kurzen und häufigen Wörtern ist beim frühen Lesen besonders ökonomisch, um schnell kurze Sätze lesen und somit möglichst sinnvolle kurze Lesetexte anbieten zu können.

Mit einer gewissen Übung lesen die Kinder nicht mehr jedes Wort synthetisierend, sondern zunehmend auf dem direkten Weg (vgl. direkter und indirekter Weg beim Lesen, ▶ Abb. 1.18, ▶ Abb. 1.19). Dies wird möglich, wenn häufig erlesene Graphemfolgen als Silben, Morpheme und ganze Wörter im orthographischen Lexikon abgespeichert werden (*Sichtwortschatz 3*, vgl. self-teaching Hypothese von Share 1995, S. 151). Während des Leseprozesses rufen diese Eintragungen dann simultane Assoziationen zwischen der graphematischen, phonologischen und morphologischen Struktur des Wortes und dessen Bedeutung hervor (Scheerer-Neumann 2023, S. 62; Bangel & Müller 2014). Dieser nach Coltheart *direkte* Weg ist schnell und relativ zuverlässig (Richter & Müller 2017, S. 52). Seltene Wörter wie ungebräuchliche Fremdwörter bereiten auch geübten Leser:innen mehr Mühe (Richter & Müller 2017, S. 52) und werden folglich nur dann zum Sichtwort für ein Individuum, wenn das Wort häufig gelesen wird.

Die folgende Tabelle 1.5 fasst die verschiedenen Typen von Sichtwörtern nochmals zusammen.

Tab. 1.5: Verschiedene Arten von Sichtwortschätzen

Bezeichnung	Strategie	Beispiele
Sichtwortschatz 1	Aufgrund markanter visueller Merkmale werden einige wenige Wörter erkannt.	Für das Kind wichtige Wörter: oft der eigene Name, MAMA, PAPA, Logos von Supermärkten oder anderen Marken
Sichtwortschatz 2	Der automatisierte Abruf ausgewählter kurzer Wörter wird eingeübt.	Häufig vorkommende kurze Wörter im Lehrwerk: z. B. mit, wir, ich, und, ist
Sichtwortschatz 3	Das Kind hat ein Wort im orthographischen Lexikon abgespeichert und kann beim Lesen sofort auf die graphematische Repräsentation zugreifen. Neben ganzen Wörtern greifen Lesende teilweise auch auf größere sprachliche Einheiten wie Morpheme zu.	Anfangs i. d. R. häufig gelesene Wörter; im weiteren Verlauf des Leseerwerbs Zugriff auf größere sprachliche Einheiten

Für eine Förderung des frühen Lesens kann es bei manchen Kindern sinnvoll sein, einen »Sichtsilbenschatz« aufzubauen: Nicht vom Wort ausgehend, sondern von der Silbe wird eine Automatisierung angestrebt. Dabei kann analog zu den Ausführungen zum Lesen mit offenen Hauptsilben mit einfachem Silbenanfangsrand, aber gleichem Silbenreim begonnen werden (ta, ra, ha usw.). Da die Silbe direkt als Einheit gelernt wird und kein Synthesezwischenschritt erfolgt, ist die Wahl des Buchstabens im Anfangsrand weniger wichtig, wobei artikulatorische und auditive Aspekte dennoch eine Rolle spielen können. Im zweiten Schritt können einfache Reduktionssilben (le, len) gelesen werden, bei denen das Vokalgraphem <e> als Schwa-Laut artikuliert wird ([lə], [lən]). Damit die Kinder wissen, dass es sich bei der zu lesenden Silbe um eine Reduktionssilbe handelt und der e-Vokal als Schwa-Laut gelesen werden muss, kann eine Visualisierung genutzt werden, die den Kindern zeigt, dass es sich um eine unbetonte Silbe handelt. Weiter oben wurde der schriftsystematische Ansatz kurz skizziert. Bei der Arbeit mit den Wörterburgen wird die zweite Silbe anders abgebildet als die erste Silbe (▶ Abb. 1.20).

Ein Training zum automatisierten Üben der Reduktionssilbe enthält folglich nur das zweite kleinere Burgteil. Karten mit den Reduktionssilben können z. B. Bildern zu passenden Wörtern zugeordnet werden (Beispiel ▶ Abb. 1.21: Bilder von *Nase* und *Nasen*).

Im dritten Schritt könnten entweder betonte offene Silben mit komplexen Anfangsrändern (tra, flie usw.) oder geschlossene Silben mit Kurzvokal (Hel, Hem, Lam) geübt und bei einfachen Zuordnungsaufgaben von erster Silbe und Bild gefestigt werden (Hel → Helme; Hem → Hemden; Lam → Lampe). Die dargestellten Aufgabenformate können auch für Übungen zum synthetisierenden Lesen genutzt werden.

1 KOMET-Modell

Abb. 1.20: Wörterburg zur Visualisierung des trochäischen Zweisilbers (Vorlage gezeichnet von Manuela Ostadal)

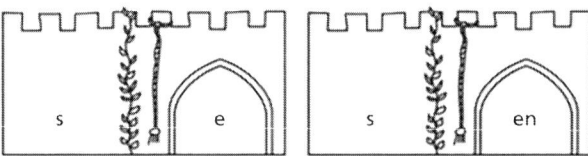

Abb. 1.21: Reduktionssilben automatisiert lesen (Vorlage gezeichnet von Manuela Ostadal)

Leseflüssigkeit

Der im angloamerikanischen Lesediskurs häufig verwendete Begriff der Leseflüssigkeit (*fluency*) umfasst unterschiedliche Teilfertigkeiten des Lesens: das korrekte und weitgehend automatisierte Dekodieren von Wörtern und Sätzen, ein angemessenes Lesetempo sowie eine adäquate Prosodie in Bezug auf Phrasen (Sinnzusammenhänge) und Sätze (Rosebrock & Nix 2017, S. 36 ff.; Scheerer-Neumann 2023, S. 102). Die genannten Teilbereiche sind dabei nicht isoliert voneinander zu betrachten. So hängt beispielsweise das Lesetempo von der Fähigkeit ab, genau und automatisiert dekodieren zu können, und eine angemessene Phrasierung wiederum kann nur gelingen, wenn parallel zum Lesen schon die Dekodierung und Gruppierung der im Text nachfolgenden Wörter (sog. eye-voice-span) erfolgt (Scheerer-Neumann 2023, S. 96; Sturm 2023, S. 62).

Die Leseflüssigkeit nimmt eine Brückenfunktion zwischen den (hierarchieniedrigeren) Dekodierfähigkeiten und den hierarchiehöheren Verstehensprozessen ein und kann somit auch als Prädiktor für das Leseverstehen verstanden werden (van Bergen et al. 2021). Dies hängt vor allem damit zusammen, dass durch die Automatisierung der basalen Lesefertigkeiten das Arbeitsgedächtnis entlastet wird und so kognitive Kapazitäten für die hierarchiehöheren Leseprozesse frei werden (Richter & Müller 2017, S. 59 f.; Rosebrock & Gold 2018, S. 9).

Schüler:innen, die noch nicht ausreichend flüssig lesen können, zeigen oftmals Schwierigkeiten hinsichtlich der Automatisierung und Lesegenauigkeit; sie lesen stockend und deutlich verlangsamt, es kommt zu häufigen Fehlern und zu einer

Störung des Leseflusses, wenn sie sich korrigieren (Sturm 2023, S. 63). Ursachen für eine geringe Leseflüssigkeit können sowohl Probleme beim Dekodieren (siehe Silben- und Wörterlesen) als auch Schwierigkeiten beim Erkennen syntaktischer und semantischer Strukturen sein (Scheerer-Neumann 2023, S. 95). Für Lehrkräfte kann es zielführend sein, den jeweiligen Teilbereich der Leseflüssigkeit zu identifizieren, in dem das Kind Schwierigkeiten zu haben scheint: Wenn Kinder vor (!) Wörtern ins Stocken geraten, könnte eine (noch) unzureichende Automatisierung ursächlich sein, so dass sich an dieser Stelle insbesondere Angebote zur systematischen Erweiterung des Sichtwortschatzes 3 (▶ Kap. 1.3.4) bzw. der Automatisierung des Lesens anbieten (Rosebrock & Gold 2018, S. 11). Werden Wörter häufig falsch gelesen (Auslassungen von Wortsegmenten, von Wortendungen, keine Korrektur bei Verlesungen), sollte der Fokus auf dem genauen Lesen liegen. Zur Erhöhung der Lesegeschwindigkeit kann es sinnvoll sein, zusätzlich den Verstehensprozess beim Lesen beispielsweise durch Illustrationen, Aktivierung von Vorwissen etc. zu unterstützen (Rosebrock & Gold 2018, S. 12). Als übergeordnete Konzepte haben sich z. B. Lautlese-Tandems (Nix 2012), Mono- und Stereolesen (Kutzelmann et al. 2018) oder Formen des »Lesetheaters« (Bauer et al. 2018) als hilfreich erwiesen.

Im Zusammenhang mit der Leseflüssigkeit ist zu beachten, dass das Erlesen von Texten jedoch nicht in der Aneinanderreihung von »rekodierten« Wörtern besteht, sondern vielmehr in der Re-Artikulation von Wörtern, Wortgruppen, Sätzen und Satzfolgen (Haueis 2011), wie oben bereits erläutert. Wenn es beim raschen Lesen folglich nur beim Re-kodieren von Wörtern bleibt, ist die Lesegeschwindigkeit kein Indikator für Leseverstehen (ebd.).

1.3.5 Leseverstehen

Rosebrock und Nix (2017, S. 15 ff.) beschreiben Lesen auf drei Ebenen: auf der Prozessebene, der Subjektebene und auf der sozialen Ebene. Das Leseverstehen ist zunächst vornehmlich auf der Prozessebene zu verorten und hängt mit dem Wort- und Satzverstehen sowie der lokalen Kohärenzbildung (hierarchieniedrige Prozesse), auf die im Folgenden eingegangen wird, zusammen. Des Weiteren umfasst insbesondere ein stärker elaboriertes Leseverstehen außerdem auch hierarchiehöhere Prozesse, die mit Blick auf die Schwerpunktsetzung des vorliegenden Buches nicht ausführlicher betrachtet werden. Ebenso spielen beim Leseverstehen subjektive Erfahrungen eine Rolle, zudem kann das Leseverstehen durch Austausch über einen Text vertieft werden (vgl. Subjektebene und soziale Ebene bei Rosebrock & Nix 2017).

Auf die Worterkennung wurde bereits in Grundzügen eingegangen. Diese wird – neben dem Grad der Automatisierung des Leseprozesses an sich – von verschiedenen Faktoren beeinflusst: Ein differenzierter Wortschatz unterstützt die Worterkennung, ebenso ein bekannter Kontext, in dem die Wörter verwendet werden. So antizipiert man beim Lesen bestimmte Ausdrücke im Kontext bestimmter Formulierungen:

Der König saß auf seinem Thron und trug auf dem Kopf eine ...

Als Leser:in erwartet man an dieser Stelle das Wort Krone und nicht Mütze/Feder/Katze ... Dementsprechend wird das Wort Krone in diesem Satz mit hoher Wahrscheinlichkeit schneller gelesen als ein weniger vorhersehbarer Ausdruck. Diese Aspekte des Lesens sind Teil der sogenannten Top-down-Prozesse: Durch die lesende Person werden (unbewusst) Erwartungen an den Text entwickelt, die das Verstehen erleichtern können (Rosebrock & Nix 2017, S. 15 ff.).

Die genaue Bedeutung eines Wortes ergibt sich durch die Verwendung im Satz. Beim Lesen muss die lesende Person identifizieren, welche Teile im Satz zusammengehören und in welcher Beziehung sie zueinanderstehen (siehe auch Beispiele oben von Haueis 2011). Im Deutschen ist die variable Stellung des Prädikats eine Besonderheit, die auch das Lesen beeinflusst. Gerade die Verbklammer und die Verbletztstellung fordern beim Lesen eine lange Aufmerksamkeitsspanne, bis der semantische Kern des Verbs verarbeitet werden kann:

> Beispiel Verbklammer:
> »Ada *hat* am Morgen nach dem Aufstehen mit ihrem Papa eine Höhle *gebaut*.«
>
> Beispiel Verbletztstellung:
> »... auch wenn Carlotta nach der langen Radtour und der Rast am Rhein schnell *rannte*.«

In beiden Beispielsätzen erfährt die lesende Person erst am Ende des Satzes, was die Aktantinnen tun.

Das Satzverstehen hängt auch von weiteren Aspekten ab: Textsortenkenntnis sowie eine Vertrautheit mit der konzeptionellen Schriftlichkeit führen dazu, dass Kinder mit reichen schriftsprachlichen Erfahrungen über differenzierte Satzmuster verfügen, »sie sind geübter im rezeptionsbegleitenden Aufbau einer inneren Repräsentation des Gelesenen« (Rosebrock & Nix 2017, S. 18), da sie den Vorgang schon vom Vorlesen kennen. Damit können sie leichter ein mentales Modell vom Text aufbauen und die Informationen, die der Text enthält (Bottom-up-Prozesse) verarbeiten (ebd.).

Nach Wort- und Satzebene ist das nächste Level auf der Prozessebene die Bildung der lokalen Kohärenz. Dabei geht es um die Verknüpfung von Satzfolgen (ebd.). Sprachwissen und Weltwissen sind auch für die Herstellung der lokalen Kohärenz bedeutsam: Lesende stellen sogenannte Inferenzen her, denn ein Text enthält nie alle Informationen, vielmehr ergänzen Lesende die Leerstellen im Text automatisch:

Jacob verbrannte sich, als er die Herdplatte berührte.

Im Satz steht nicht, dass die Herdplatte heiß war und welche Körperstelle verletzt wurde. Aus dem Weltwissen schließen die Lesenden jedoch, dass Jacob sich vermutlich am noch heißen Kochfeld die Hand oder Finger verbrannte.

Für Kinder am Leseanfang und Personen mit wenig Leseerfahrung stellt schon das Verstehen auf der Satzebene sowie der Ebene der lokalen Kohärenzbildung eine Herausforderung dar, da die kognitiven Ressourcen beim Lesen so beansprucht werden, dass »sie trotz aller Mühen die etwas größeren Zusammenhänge des Textes kaum verstehen« (Rosebrock & Nix 2017, S. 18). Die höheren Ebenen des Leseverstehens (hierarchiehöhere Prozesse) finden erst Eingang, wenn eine lokale Kohärenzbildung stattgefunden hat. Da im Hinblick auf das erste Lesen zu Beginn des Anfangsunterrichts vor allem die hierarchieniedrigen Prozesse relevant sind, verweisen wir an dieser Stelle für weitere Ausführungen zu den hierarchiehöheren Prozessen auf Rosebrock und Nix (2017).

Dennoch werden auch schon beim frühen Lesen Vorstellungen und mentale Modelle vom Gelesenen gebildet. Diese rezeptiven sprachlichen Leistungen finden zudem nicht nur beim Lesen statt, sondern auch beim Zuhören. Daher sollte auch im Anfangsunterricht mit Blick auf den Ausbau des rezeptiven Sprachverstehens das Hörverstehen gefördert werden. Auch wenn der Zusammenhang von Hörverstehen und Leseverstehen nicht so eindeutig zu sein scheint, wie lange angenommen (Knoepke et al. 2013, S. 272 ff.), sind die beiden Aspekte nicht unabhängig voneinander zu verstehen. So wird in der zitierten Studie ein Drittel der Varianz im Lesen durch individuelle Unterschiede von Worterkennung und Hörverstehen erklärt (ebd., S. 272). Sowohl beim Hörverstehen als auch beim Leseverstehen wirken Bottom-up- und Top-down-Prozesse. Beim Vorlesen von Bilderbüchern und Kinderbüchern oder beim Erzählen von Geschichten tauchen die Kinder in dekontextualisierte Sprache ein und bauen implizite Textsortenkenntnis auf. Positive Interaktionen beim Vorlesen schaffen zudem eine wichtige Basis für die später anzustrebende Steigerung der Lesemotivation (Philipp 2011, S. 90).

1.4 Folgerungen

In den Ausführungen zum Schriftspracherwerb wurde deutlich, dass Kinder innerhalb kürzester Zeit im Anfangsunterricht Erstaunliches leisten: Lese- und Schreibkompetenz zu entwickeln erfordert die Integration unterschiedlicher Teilbereiche, die wiederum vorschulische Schrift- und Spracherfahrungen sowie bestimmte kognitive Prozesse voraussetzen. Während manche Kinder scheinbar mühelos das Lesen und Schreiben lernen, verläuft bei anderen der Erwerbsprozess mit Hürden und/oder verlangsamt. Adäquate Lernangebote sowie Lernumgebungen zu schaffen bedarf einerseits der Identifikation von wichtigen Erwerbsfacetten und Ideen, Kinder dabei zu unterstützen, Hürden beim Erwerb derselben zu bewältigen. Andererseits gilt es auch, die Motivation der Kinder dadurch zu beflügeln, dass sie das Gefühl haben, Fortschritte erzielen zu können und sich ihrem eigenen Lernstand gemäß entsprechend in der Zone der proximalen Entwicklung weiterentwickeln zu können. Dafür benötigen sie Lernangebote, die sie zwar fordern, die jedoch zu bewältigen sind. Denn wenn ein Kind das Gefühl hat, Anforderungen nicht erfüllen zu können, entwickelt sich schnell ein negatives Selbstkonzept, das es beim Lernen hindert (Dubs 2009, S. 111), und/oder die Kinder fallen im Unterricht durch

Vermeidungsverhalten und Unterrichtsstörungen auf (Schledde & Schlee 2014; Wahl 2014).

Der Deutschunterricht nimmt eine zentrale Rolle beim Erwerb der Schlüsselkompetenzen des Lesens und Schreibens ein. Aufbauend auf den vorschulischen Erfahrungen eines Kindes wird im Anfangsunterricht das Fundament für das weitere schulische Lernen gelegt. Allerdings findet in jedem Fach sprachliches – und in diesem Sinne auch schriftsprachliches – Lernen statt (KMK Standards Fach Deutsch 2022, S. 7).

In den folgenden Kapiteln dienen die dargestellten Bereiche des KOMET-Modells als Grundlage, um aus unterschiedlichen Perspektiven mögliche Spezifika des Schriftspracherwerbs verschiedener Lerngruppen zu identifizieren und darauf aufbauend ausgewählte didaktische Handlungsmöglichkeiten vorzustellen und zu diskutieren.

Literaturverzeichnis

Andresen, H. (1985): Schriftspracherwerb und die Entstehung von Sprachbewußtheit. Opladen: Westdeutsche.
Auerbach, E. R. (1989): Toward a Socio-Contextual Approach to Family Literacy. In: Harvard educational review 59 (2), S. 165–181. Online verfügbar unter: http://linksprogram.gmu.edu/tutorcorner/NCLC495Readings/Auerbach-Sociocontemp_familyLit.pdf, zuletzt geprüft am 31.08.2012.
Avgerinou, M. D.; Pettersson, R. (2011): Toward a Cohesive Theory of Visual Literacy. In: Journal of Visual Literacy 30 (2), S. 1–19. DOI: 10.1080/23796529.2011.11674687.
Bachmann, T.; Becker-Mrotzek, M. (2017): Schreibkompetenz und Textproduktion modellieren. In: Michael Becker-Mrotzek, Joachim Grabowski und Torsten Steinhoff (Hrsg.): Forschungshandbuch empirische Schreibdidaktik. Münster, New York: Waxmann, S. 25–54.
Bangel, M.; Müller, A. (2014): Zur Entwicklung morphologischer Bewusstheit und basaler Lesefähigkeiten durch die Arbeit an Wort-(bildungs)strukturen. Erste Ergebnisse einer Interventionsstudie. Didaktik Deutsch: Halbjahresschrift für die Didaktik der deutschen Sprache und Literatur, 19 (36), DOI: 10.25656/01:17206.
Bartnitzky, H.; Brinkmann, E.; Fruhen-Witzke, A. u. a. (Hrsg.) (2016): Grundschrift. Kinder entwickeln ihre Handschrift. Frankfurt am Main: Grundschulverband (= Beiträge zur Reform der Grundschule 142).
Bauer, M.; Kutzelmann, S.; Moser, Ch. (2018): Wiederholtes und begleitetes Lesen: Mit Lesetheater lustvoll üben. In: Sabine Kutzelmann; Cornelia Rosebrock (Hrsg.): Praxis der Lautleseverfahren. Baltmannsweiler: Schneider Hohengehren, S. 98–110.
Becker-Mrotzek, M.; Roth, H. J. (Hrsg.) (2017). Sprachliche Bildung – Grundlagen und Handlungsfelder. Münster, New York: Waxmann.
Becker-Mrotzek, M.; Gogolin, I.; Roth, H. J. & Stanat, P. (Hrsg.) (2023): Grundlagen der sprachlichen Bildung (Vol. 10). Münster, New York: Waxmann.
Betzel, D. (2019): Rechtschreibunterricht. In: Christiane Hochstadt; Ralph Olsen (Hrsg.): Handbuch Deutschunterricht und Inklusion. Weinheim, Basel: Beltz, S. 402–420.
Betzel, D.; Droll, H. (2020): Orthographie. Schriftstruktur und Rechtschreibdidaktik. Paderborn: Ferdinand Schöningh (UTB Sprachwissenschaft Lehramt Deutsch, 5329).
Böhm, M.; Hohenstein, C. (2023): Was heißt inklusiver Schrift(sprach)erwerb? In: Osnabrücker Beiträge zur Sprachtheorie (OBST) (101), S. 7–25.

Boudon, R. (1974): Education, opportunity, and social inequality: Changing prospects in western society. Hoboken (New Jersey): John Wiley & Sons.

Bourdieu, P. (1983): Ökonomisches Kapital, kulturelles Kapital, soziales Kapital. In: Reinhard Kreckel (Hrsg.): Soziale Ungleichheiten. Göttingen: Schwartz, S. 183–198.

Bourdieu, P. (1984): Distinction. A social critique of the judgement of taste. London: Routledge & Kegan Paul.

Bredel, U.; Röber, C. (2011): Zur Gegenwart des Orthographieunterrichts. In: Ursula Bredel; Tilo Reißig (Hrsg.): Weiterführender Orthographieerwerb. Baltmannsweiler: Schneider Hohengehren, Band 5, S. 3–9.

Bredel, U. (2012): (Verdeckte) Probleme beim Orthographieerwerb des Deutschen in mehrsprachigen Klassenzimmern. In: Wilhelm Grießhaber; Zeynep Kalkavan-Aydın (Hrsg.): Orthographie- und Schriftspracherwerb bei mehrsprachigen Kindern. Stuttgart: Fillibach; Klett, S. 125–142.

Brügelmann, H. (1984). Die Schrift entdecken. Beobachtungshilfen und methodische Ideen für den Anfangsunterricht im Lesen und Schreiben. Konstanz: Faude.

Brügelmann, H.; Brinkmann, E. (2016): Die Schrift erfinden. Beobachtungshilfen und methodische Ideen für einen offenen Anfangsunterricht im Lesen und Schreiben. 3. Aufl. Lengwil am Bodensee: Libelle.

Bühler, K. (2019): Sprachtheorie: Das Organonmodell der Sprache – Sprechhandlung und Sprachwerk – Sprechakt und Sprachgebilde – Das Zeigfeld der Sprache und die Zeigwörter – Die Origo des Zeigfelds und ihre Markierung. In: Ludger Hoffman (Hrsg.): Sprachwissenschaft: Ein Reader. Berlin, Boston: De Gruyter, S. 107–127. https://doi.org/10.1515/9783110588972-011

Coltheart, M. (2005): Modeling reading: The dual-route approach. In: Margaret J. Snowling; Charles Hulme (Hrsg.): The science of reading: A handbook. Oxford: Blackwell, S. 6–23.

Corvacho del Toro, I. (2023): Graphomotorische Dysfunktionen bei Kindern mit einer Rechtschreibstörung: Graphomotor Dysfunction in Children With Dyslexia. In: Lernen und Lernstörungen 12 (4), S. 230.

Coulmas, F. (1991): The writing systems of the world. First published in paperback. Oxford, UK, Cambridge, Massachusetts, USA: Basil Blackwell (The language library).

de Beaugrande, R.-A.; Dressler, W. U. (1981): Einführung in die Textlinguistik. Tübingen: Niemeyer.

Dehn, M. (2000): Wie Kinder Schriftsprache erwerben. Ergebnisse aus Langzeitstudien. In: Renate Valtin (Hrsg.): Rechtschreiben lernen in den Klassen 1–6. Grundlagen und didaktische Hilfen. Frankfurt a. M.: Arbeitskreis Grundschule, S. 23–32.

DeLoache, J. S. (2004): Becoming symbol-minded. In: Trends in Cognitive Sciences 8 (2), S. 66–70.

Drexler, H. (2018): Die Entwicklung von pictorial literacy. In: Journal für Psychologie, 26 (1), S. 156–177.

Dubs, R. (2009): Lehrerverhalten: Ein Beitrag zur Interaktion von Lehrenden und Lernenden im Unterricht. 2. Aufl. Zürich: SKV.

Dunst, C. J.; Trivette, C. M.; Masiello, T.; Roper, N.; Robyak, A. (2006): Framework for Developing Evidence-Based Early Literacy Learning Practices. CELLpapers 1 (1), S. 1–12.

Ehlich, K. (1994): Funktion und Struktur schriftlicher Kommunikation. In: Hartmut Günther; Gerold Ungeheuer; Armin Burkhardt (Hrsg.): Schrift und Schriftlichkeit. Ein interdisziplinäres Handbuch internationaler Forschung. Berlin: de Gruyter (Schrift und Schriftlichkeit, Teilband 1), S. 18–41.

Eisenberg, P. (1989): Die Schreibsilbe im Deutschen. In: Peter Eisenberg; Hartmut Günther (Hrsg.): Schriftsystem und Orthographie. Tübingen: Niemeyer, S. 57–84.

Eisenberg, P. (1996): Sprachliche Aspekte von Schrift und Schriftlichkeit. In: Hartmut Günther; Gerold Ungeheuer; Armin Burkhardt (Hrsg.): Schrift und Schriftlichkeit. Ein interdisziplinäres Handbuch internationaler Forschung. Berlin: de Gruyter (Schrift und Schriftlichkeit, Teilband 2), S. 1368–1380.

Feilke, H. (2014): Argumente für eine Didaktik der Textprozeduren. In: Thomas Bachmann; Helmuth Feilke (Hrsg.): Werkzeuge des Schreibens: Beiträge zu einer Didaktik der Textprozeduren. Stuttgart: Fillibach; Klett, S. 11–34.

Fix, M. (2008): Lernen durch Schreiben. In: Praxis Deutsch 35 (210), S. 6–15.
Franzmann, B. (2002): Sprach- und elementare Leseförderung in Familien und Familienbildung. In: Sprachförderung im Vor- und Grundschulalter. Konzepte und Methoden für den außerschulischen Bereich. Opladen: Leske und Budrich, S. 173–234.
Frith, U. (1986): A developmental framework for developmental dyslexia. In: Annals of Dyslexia 36 (1), S. 67–81. DOI: 10.1007/BF02648022.
Fuhrhop, N.; Eisenberg, P. (2007) Schulorthographie und Graphematik. In: Zeitschrift für Sprachwissenschaft (26), S. 15–41.
Geist, B. (2018): Wie Kinder in Rechtschreibgesprächen Schreibungen erklären und wie die Lehrperson sie darin unterstützt. In: Susanne Riegler; Swantje Weinhold (Hrsg.): Rechtschreiben unterrichten. Lehrerforschung in der Orthographiedidaktik. Berlin: Erich Schmidt, S. 111–130.
Geraedts, P. (2020): Motorische Entwicklung und Steuerung. Berlin: Springer Verlag.
Graham, S. (2020): The Sciences of Reading and Writing Must Become More Fully Integrated. In: Reading Research Quarterly 55 (1), S. 35–44. DOI: 10.1002/rrq.332.
Günther, K. B. (1986): Ein Stufenmodell der Entwicklung kindlicher Lese und Schreibstrategien. In: Hans Brügelmann (Hrsg.): ABC und Schriftsprache: Rätsel für Kinder, Lehrer und Forscher. Konstanz: Faude, S. 32–54.
Hanke, P.; Hein, A. K. (2008): Heterogenität im Übergang in die Grundschule. In: Jörg Ramseger; Matthea Wagener (Hrsg.): Chancenungleichheit in der Grundschule. Ursachen und Wege aus der Krise. Wiesbaden: Verlag für Sozialwissenschaften, S. 287–290.
Hertel, S.; Jude, N.; Naumann, J. (2010): Leseförderung im Elternhaus. In: Eckhard Klieme; Cordula Artelt; Johannes Hartig; Nina Jude; Olaf Köller; Manfred Prenzel; Wolfgang Schneider; Petra Stanat (Hrsg.): PISA 2009. Bilanz nach einem Jahrzehnt. Münster: Waxmann, S. 255–275.
Hildebrand, Rudolf (1954): Vom deutschen Sprachunterricht in der Schule und von deutscher Erziehung und Bildung überhaupt. 25. Aufl. Bad Heilbrunn: Klinkhardt.
Hinney, G. (2004): Das Ganze ist mehr als die Summe seiner Teile. Das Konzept der Schreibsilbe und seine didaktische Modellierung. Ein Beitrag zur Schriftaneignung als Problemlöseprozess. In: Ursula Bredel; Gesa Siebert-Ott; Tobias Thelen (Hrsg.): Schriftspracherwerb und Orthographie. Baltmannsweiler: Schneider Hohengehren (Diskussionsforum Deutsch, 16), S. 72–90.
Hoffmann, M. (2022): Textorientierte Wortschatzarbeit. In: Inge Pohl; Winfried Ulrich (Hrsg.): Wortschatzarbeit. 3. Aufl. Baltmannsweiler: Schneider-Verl. Hohengehren (Deutschunterricht in Theorie und Praxis; Handbuch zur Didaktik der deutschen Sprache und Literatur in elf Bänden, Band 7), S. 143–158.
Hoffmann-Erz, R. (2024): Deutsch in der Grundschule. Berlin, Heidelberg: Springer.
Hurrelmann, B.; Hammer, M.; Nieß, F. (Hrsg.) (1993): Leseklima in der Familie. Gütersloh: Bertelsmann Stiftung (Lesesozialisation, Band 1).
KMK (Ständige Konferenz der Kultusminister der Länder in der Bundesrepublik Deutschland) (2022): Bildungsstandards für das Fach Deutsch Pimarbereich. Online verfügbar unter: https://www.kmk.org/fileadmin/veroeffentlichungen_beschluesse/2022/2022_06_23-Bista-Primarbereich-Deutsch.pdf, zuletzt geprüft am 03.07.2024.
Knoepke, J.; Richter, T.; Isberner, M.-B.; Neeb, Y. & Naumann, J. (2013): Leseverstehen = Hörverstehen X Dekodieren? Ein stringenter Test der Simple View of Reading bei deutschsprachigen Grundschulkindern. In: Angelika Redder; Sabine Weinert; Sabine Lambert (Hrsg.): Sprachförderung und Sprachdiagnostik: Interdisziplinäre Perspektiven. Münster: Waxmann. S. 256–276.
Köb, S.; Janz, F.; Breite, E.; Sansour, T.; Terfloth, K.; Vach, K. (2023): Zum Potenzial literarischer Erfahrungen für den inklusiven Schriftspracherwerb bei Schüler:innen mit kognitiver Beeinträchtigung. In: Osnabrücker Beiträge zur Sprachtheorie (OBST) (101), S. 93–109. Online verfügbar unter: https://doi.org/10.17192/obst.2023.101, zuletzt geprüft am 25.06.2024.
Koch, P.; Oesterreicher, W. (1985): Sprache der Nähe – Sprache der Distanz. Mündlichkeit und Schriftlichkeit im Spannungsfeld von Sprachtheorie und Sprachgeschichte. In: Olaf

Deutschmann; Hans Flasche; Bernhard König; Margot Kruse; Walter Pabst; Wolf-Dieter Stempel (Hrsg.): Romanistisches Jahrbuch. Berlin, New York: de Gruyter, S. 15–43.

Koch, P.; Oesterreicher, W. (2007): Schriftlichkeit und kommunikative Distanz. In: Zeitschrift für germanistische Linguistik 35 (3), S, 346–375.

Koch, A. (2008): Die Kulturtechnik Lesen im Unterricht für Schüler mit geistiger Behinderung: Lesen lernen ohne phonologische Bewusstheit? Aachen: Shaker.

Köb, S.; Terfloth, K. (2021): Schriftspracherwerb bei kognitiver Beeinträchtigung – Folgerungen für die Unterrichtsgestaltung. In: Schweizerische Zeitschrift für Heilpädagogik 27(3), S. 23–30.

Kutzelmann, S.; Schaller-Poffet, C.; Baeriswyl, M. (2018): Mono- und Stereolesen: Ein Lautleseverfahren für das regelmäßige Lesetraining in allen Fächern der Primarstufe. In: Sabine Kutzelmann; Cornelia Rosebrock (Hrsg.): Praxis der Lautleseverfahren. Baltmannsweiler: Schneider Hohengehren.

Lenel, A. (2005): Schrifterwerb im Vorschulalter. Eine entwicklungspsychologische Längsschnittstudie. Weinheim: Beltz PVU (Psychologie – Forschung – aktuell, Band 20).

Leßmann, B. (2021): Schreiben nach Hören – Schreiben nach Gehör – Lesen durch Schreiben. Online verfügbar unter https://www.beate-lessmann.de/konzept/anfangsunterricht/schreiben-nach-hoeren-schreiben-nach-gehoer-lesen-durch-schreiben.html, zuletzt geprüft am 23.01.2024.

Marx, P. (2007): Lese- und Rechtschreiberwerb. Paderborn, München, Wien: Ferdinand Schöningh.

Marx, P.; Weber, J. (2006): Vorschulische Vorhersage von Lese- und Rechtschreibschwierigkeiten. Neue Befunde zur prognostischen Validität des Bielefelder Screenings (BISC). In: Zeitschrift pädagogische Psychologie 20 (4), S. 251–259.

McElvany, N.; Kleinkorres, R.; Kessels, U. (2023): Leseselbstkonzept, Lesemotivation und Leseverhalten im internationalen Vergleich. In: Nele McElvany; Ramona Lorenz; Andreas Frey; Frank Goldhammer; Anita Schilcher; Tobias Stubbe (Hrsg.): IGLU 2021. Lesekompetenz von Grundschulkindern im internationalen Vergleich und im Trend über 20 Jahre. Münster, New York: Waxmann, S. 131–149.

Mehlem, U. (2024): Schriftspracherwerb: Theorie und Praxis für den Anfangsunterricht in der Grundschule. Stuttgart: Kohlhammer.

Menzel, W. (2014): Plädoyer für eine Schrift ohne normierte Verbindungen. In: Horst Bartnitzky, Ulrich Hecker und Christina Mahrhofer-Bernt (Hrsg.): Grundschrift. Damit Kinder besser schreiben lernen. 2. Aufl. Frankfurt am Main: Grundschulverband (=Beiträge zur Reform der Grundschule, 132), S. 135–139.

Merklinger, D. (2011): Frühe Zugänge zur Schriftlichkeit. Eine explorative Studie zum Diktieren. Freiburg im Breisgau: Fillibach

Mesch, B. (2017): Nichts bewiesen – alles möglich? Vom Lesen zum Schreiben zum Schreiben durch Lesen und zurück. In: Iris Rautenberg; Stefanie Helms (Hrsg.): Der Erwerb schriftsprachlicher Kompetenzen. Empirische Befunde – didaktische Konsequenzen – Förderperspektiven. Baltmannsweiler: Schneider Hohengehren GmbH, S. 1–23.

Mesch, B.; Sauerborn, H. (2024): Grammatik Upgrade – Sprachvergleich in sprachheterogene(n) Klassen. In: Praxis Deutschunterricht (4), S. 4–8.

Muratović, B. (2015): Lesen und Familie. In: Ursula Rautenberg; Ute Schneider (Hrsg.): Lesen: Ein interdisziplinäres Handbuch. Berlin: de Gruyter, S. 383–400.

Nagy, W. E.; Herman, P. A. (1987): Breadth and Depth of Vocabulary Knowledge. Implications for Acquisition and Instruction. In: Margaret G. McKeown; Mary E. Curtis (Hrsg.): The Nature of Vocabulary Acquisition. Hoboken: Taylor and Francis, S. 19–35.

Niemietz, J.; Jindra, Ch.; Schneider, R.; Schumann, K.; Schipolowski, S.; Sachse, K. (2023): Soziale Disparitäten. In: Petra Stanat, Stefan Schipolowski, Rebecca Schneider, Sebastian Weirich, Sofie Henschel und Karoline Sachse (Hrsg.): IQB-Bildungstrend 2022. Sprachliche Kompetenzen am Ende der 9. Jahrgangsstufe im dritten Ländervergleich. Münster, New York: Waxmann, S. 261–298.

Nix, D. (2012): Lautlesetandems. In: Grundschule Deutsch (34), S. 26–28.

Nübling, D.; Dammel, A. (2006): Historische Sprachwissenschaft des Deutschen. Eine Einführung in die Prinzipien des Sprachwandels. Tübingen: G. Narr.

Nutbrown, C.; Hannon, P.; Morgan, A. (2005): Early literacy work with families: policy, practice and research. London: Sage.

OECD (2023): PISA 2022 Country Notes: Deutschland. Online verfügbar unter: https://www.oecd.org/en/publications/pisa-2022-results-volume-i_53f23881-en.html, zuletzt geprüft am 03.07.2024.

Oomen-Welke, I. (2023): Frühkindlicher Spracherwerb ein- und mehrsprachig. In: Becker-Michale Becker-Mrotzek; Ingrid Gogolin; Hans-Joachim Roth; Petra Stanat (Hrsg.): Grundlagen der sprachlichen Bildung. Münster: Waxmann, S. 83–105.

Peirce, C. S. (1983): Phänomen und Logik der Zeichen. Berlin: Suhrkamp.

Pettersson, R. (2013): Views on visual literacy. In: Journal on Images and Culture (1), S. 1–9.

Philipp, M. (2011): Lesesozialisation in Kindheit und Jugend. Lesemotivation, Leseverhalten und Lesekompetenz in Familie, Schule und Peer-Beziehungen. Stuttgart: Kohlhammer (Lehren und Lernen).

Piaget, J. (2015 [1970]). Genetische Erkenntnistheorie. Schlüsseltexte, Band 6. Stuttgart: Klett-Cotta.

Pohl, T. (2013): Texte schreiben in der Grundschule. In: Steffen Gailberger; Frauke Wietzke (Hrsg.): Handbuch Kompetenzorientierter Deutschunterricht. Mit Online-Materialien. Weinheim: Beltz, S. 212–231.

Rabkin, G. (2012): Good Practice – Beispiele aus elf Hamburger FLY-Schulen im Rahmen des »Mini King Sejong-Preises«. Hamburg: Landesinstitut für Lehrerbildung und Schulentwicklung.

Rautenberg, I.; Wahl, S. (2015): Die Rolle der Orthographie für die Betonungszuweisung beim Wortlesen. In: Iris Rautenberg; Tilo Reißig (Hrsg.): Lesen und Lesedidaktik aus linguistischer Perspektive. Frankfurt am Main, Bern, Bruxelles, New York, Oxford, Warszawa, Wien: Peter Lang (Forum Angewandte Linguistik, Band 53), S. 153–186.

Reichardt, A.; Börjesson, K.; Conrady, P.; Geist, B.; Hurschler, S.; Mahrhofer-Bernt, C.; Marquardt, C.; Mesch, B.; Nickel, S.; Odersky, E.; Ritter, M.; Schulz, M.; Speck-Hamdan, Angelika (2021): Eckpunkte für den Handschreibunterricht. Eine Stellungnahme zur Ländervereinbarung der KMK vom 15.10.2020. Online abrufbar unter: https://symposion-deutschdidaktik.de/wp-content/uploads/2021/03/sdd-symposion-deutschdidaktik-Eckpunkte-Handschreibunterricht_AG_SchriftSPRACHerwerb_2021-2.pdf, zuletzt geprüft am 25.06.2024.

Reichen, J. (2006): Hannah hat Kino im Kopf. Die Reichen-Methode ›Lesen durch Schreiben‹ und ihre Hintergründe für LehrerInnen, Studierende und Eltern. 4., unveränd. Aufl. Hamburg: Heinevetter.

Rezat, S.; Feilke, H. (2018): Textsorten im Deutschunterricht – Was sollten LehrerInnen und SchülerInnen können und wissen? In: Informationen zur Deutschdidaktik (ide) (2), S. 24–38.

Richter, T.; Müller, B. (2017): Entwicklung hierarchieniedriger Leseprozesse. In: Maik Philipp (Hrsg.): Handbuch Schriftspracherwerb und weiterführendes Lesen und Schreiben. Weinheim: Beltz Juventa, S. 51–66.

Riegler, S. (2009): Grammatisches Lernen bei der Arbeit mit einer (An-)Lauttabelle? Beurteilungskriterien für Lehrerinnen und Lehrer. In: Grundschulunterricht Deutsch (3), S. 16–19.

Röber, C. (2013): Die Leistungen der Kinder beim Lesen- und Schreibenlernen. Grundlagen der Silbenanalytischen Methode – ein Arbeitsbuch mit Übungsaufgaben. 3. unveränd. Aufl. Baltmannsweiler: Schneider Hohengehren.

Röber-Siekmeyer, C. (2001): Der Mythos der Lauttreue. Für eine andere Präsentation der Schrift. In: Grundschule (6), S. 40–42.

Rosebrock, C.; Nix, D. (2017): Grundlagen der Lesedidaktik und der systematischen schulischen Leseförderung. 8., korrigierte Aufl. Baltmannsweiler: Schneider Hohengehren. Online verfügbar unter http://www.gbv.de/dms/bs/toc/547242751.pdf, zuletzt geprüft am 25.06.2024.

Rosebrock, C.; Gold, A. (2018): Flüssigkeit als Kategorie für die Diagnose und Förderung von Lesefertigkeit. In: Sabine Kutzelmann; Cornelia Rosebrock (Hrsg.): Praxis der Lautleseverfahren. Baltmannsweiler: Schneider Hohengehren, S. 7–19.

Röthlisberger, M.; Schneider, H.; Juska-Bacher, B. (2021): Lesen von Kindern mit Deutsch als Erst- und Zweitsprache – Wortschatz als limitierender Faktor. In: Zeitschrift für die Grundschule 14 (2), S. 359–374. DOI: 10.1007/s42278-021-00115-w.
Rothweiler, M.; Kauschke, C. (2007): Lexikalischer Erwerb. In: Hermann Schöler; Alfons Welling (Hrsg.): Sonderpädagogik der Sprache (Handbuch Sonderpädagogik, Band 1). Göttingen: Hogrefe, S. 42–57.
Sägesser, J.; Eckhart, M. (2016): GRAFOS. Screening und Differentialdiagnostik der Grafomotorik im schulischen Kontext. Instrument zur Erfassung des grafomotorischen Entwicklungsstandes bei Kindern zwischen 4 und 8 Jahren. Bern: Hogrefe.
Sägesser, J.; Sahli Lozano, C.; Simovic, L. (2018): Schreibbewegung erfassen: Diagnostik als zentraler Aspekt für die Förderung der Graphomotorik. In: Die Grundschulzeitschrift, 32 (308), S. 26–29.
Sauerborn, H. (2015a): Raphael entdeckt die Schrift – Aspekte der Early Literacy am Beispiel einer Feldstudie. Hg. v. leseforum.ch (3). Online verfügbar unter http://www.leseforum.ch/myUploadData/files/2015_3_Sauerborn.pdf, zuletzt geprüft am 10.11.2015.
Sauerborn, H. (2015b): Zur Bedeutung der Early Literacy für den Schriftspracherwerb. Dissertation. Baltmannsweiler: Schneider Hohengehren (Thema Sprache – Wissenschaft für den Unterricht, Band 14).
Sauerborn, H. (2017): Dekontextualisierte Sprache als Vorstufe von konzeptionell schriftlicher Sprache. In: Frühe Bildung 6 (4), S. 207–216.
Sauerborn, H. (2022): Schreib es mal in die Burg! Strukturen der Schrift bei der Überarbeitung eigener Texte nutzen. In: Grundschule Deutsch (74), S. 29–31.
Sauerborn, H. (2023): Inklusion von Lernenden mit DaZ? In: Osnabrücker Beiträge zur Sprachtheorie (OBST) (101), S. 45–72. DOI: 10.17192/obst.2023.101.8601.
Scheerer-Neumann, G. (2001): Förderdiagnostik beim Lesenlernen. In: Ingrid M. Naegele (Hrsg.): LRS – Legasthenie in den Klassen 1–10. Handbuch der Lese-Rechtschreib-Schwierigkeiten. 2., überarb. Aufl. Weinheim, Basel: Beltz, S. 70–86.
Scheerer-Neumann, G. (2003): Rechtschreibschwäche im Kontext der Entwicklung. In: Ingrid M. Naegele; Renate Valtin (Hrsg.): LRS – Legasthenie in den Klassen 1–10. Handbuch der Lese-Rechtschreib-Schwierigkeiten. 6., neu ausgestattete Aufl. Weinheim: Beltz (Beltz-Praxis), S. 45–65.
Scheerer-Neumann, G. (2023): Lese-Rechtschreib-Schwäche und Legasthenie. Grundlagen, Diagnostik und Förderung. 3., erweit. und überarb. Aufl. Stuttgart: Kohlhammer (Lehren und Lernen).
Schledde, W.; Schlee, J. (2014): Die Herausforderungen sind mannigfach. Zu den Rand- und Rahmenbedingungen einer erschwerten Pädagogik. In: Kerstin Popp; Andreas Methner: Schülerinnen und Schüler mit herausforderndem Verhalten. Hilfen für die schulische Praxis. Stuttgart: Kohlhammer, S. 101–115.
Schnitzler, C. D. (2008): Phonologische Bewusstheit und Schriftspracherwerb. 31 Tabellen. Stuttgart: Thieme (Forum Logopädie). Online verfügbar unter http://www.gbv.de/dms/hbz/toc/ht014428439.pdf, zuletzt geprüft am 25.06.2024.
Schwarz-Friesel, M.; Marx, K. (2023): Textlinguistik – was macht einen Text aus? In: Ralf Klabunde; Wiltrud Mihatsch; Stefanie Dipper (Hrsg.): Linguistik. Heidelberg: Springer, S. 151–159.
Share, D. L. (1995): Phonological recoding and self-teaching: sine qua non of reading acquisition. In: Cognition 55 (2), S. 151–218.
Skowronek, H.; Marx, H. (1989): Die Bielefelder Längsschnittstudie zur Früherkennung von Risiken der Lese-Rechtschreibschwäche. Theoretischer Hintergrund und erste Befunde. In: Heilpädagogische Forschung: Zeitschrift für Pädagogik und Psychologie bei Behinderungen 15 (1), S. 38–48.
Spitta, G. (1996): Kinder entdecken die Schriftsprache. Lehrer bzw. Lehrerinnen beobachten Sprachlernprozesse. In: Renate Valtin (Hg.): »Schreiben ist wichtig!!. Grundlagen und Beispiele für kommunikatives Schreiben(lernen). 4. Aufl. Frankfurt am Main: Arbeitskreis Grundschule e.V. (Beiträge zur Reform der Grundschule 67/68), S. 67–83.
Steinhoff, T. (2009): Der Wortschatz als Schaltstelle des schulischen Spracherwerbs. In: Didaktik Deutsch 15 (27), S. 33–52.

Stubbe, T. C.; Kleinkorres, R.; Krieg, M.; Schaufelberger, R.; Schlitter, T. (2023): Soziale und migrationsbedingte Disparitäten in der Lesekompetenz von Viertklässlerinnen und Viertklässlern. In: Nele McElvany; Ramona Lorenz; Andreas Frey; Frank Goldhammer; Anita Schilcher; Tobias Stubbe (Hrsg.): IGLU 2021. Lesekompetenz von Grundschulkindern im internationalen Vergleich und im Trend über 20 Jahre. Münster, New York: Waxmann, S. 151–178.

Sturm, A. (2023): Schreib- und Leseflüssigkeit in Klasse 2–6. In: Valerie Lemke; Norbert Kruse; Torsten Steinhoff; Afra Sturm (Hrsg.): Schreibunterricht. Studien und Diskurse zum Verschriften und Vertexten. Münster, New York: Waxmann.

Thomé, G. (2000a): Linguistische und psycholinguistische Grundlagen der Orthografie: Die Schrift und das Schreibenlernen. In: Renate Valtin (Hg.): Rechtschreiben lernen in den Klassen 1–6. Grundlagen und didaktische Hilfen. Frankfurt am Main: Grundschulverband – Arbeitskreis Grundschule (Beiträge zur Reform der Grundschule, 109), S. 12–18.

Thomé, G. (2000b): Möglichkeiten und Grenzen der Arbeit mit Anlauttabellen. In: Renate Valtin (Hrsg.): Rechtschreiben lernen in den Klassen 1–6. Grundlagen und didaktische Hilfen. Frankfurt am Main: Grundschulverband – Arbeitskreis Grundschule (Beiträge zur Reform der Grundschule, 109), S. 116–119.

Topalovic, E.; Settinieri, J. (2023): Sprachliche Bildung (Vol. 8). Tübingen, München: Narr Francke Attempto.

Ulrich, W. (2018): Wortschatzarbeit für die Primarstufe. Bielefeld: WBV Media.

Ulrich, W. (2022): Begriffserklärungen: Wort, Wortschatz, Wortschatzarbeit. In: Inge Pohl; Winfried Ulrich (Hrsg.): Wortschatzarbeit. Bielefeld: Schneider bei wbv (Deutschunterricht in Theorie und Praxis).

U. S. Department of Health and Human Services (2010): The Head Start Child Development and Learning Framework. Promoting Positive Outcomes in Early Childhood Programs Serving Children 3–5 Years Old. Online verfügbar unter: https://files.eric.ed.gov/fulltext/ED547179.pdf, zuletzt geprüft am 26.01.2024.

Valtin, R. (1997). Stufen des Lesen- und Schreibenlernens. Schriftspracherwerb als Entwicklungsprozeß. In: Dieter Haarmann (Hrsg.): Handbuch Grundschule. Fachdidaktik: Inhalte und Bereiche grundlegender Bildung, Band 2. 3. Aufl. Weinheim, Basel: Beltz, S. 76–88.

Valtin, R. (2010): Phonologische Bewusstheit – eine notwendige Voraussetzung beim Lesen- und Schreibenlernen? Hg. v. www.leseforum.ch. Online verfügbar unter: http://www.leseforum.ch/myUploadData%5Cfiles%5C2010_2_Valtin_PDF.pdf, zuletzt geprüft am 26.01.2024.

Valtin, R. (2020): Schreibenlernen erfordert mehr als »phonologische Bewusstheit«. Eine Längsschnittstudie zur Entwicklung sprachanalytischer Fähigkeiten von Schulanfängern. In: Renate Valtin; Ingrid Naegele (Hrsg.): »Schreiben ist wichtig!«. Grundlagen und Beispiele für kommunikatives Schreiben(lernen). 4. Aufl. Frankfurt am Main: Arbeitskreis Grundschule e. V. 1994, S. 23–53. DOI: 10.25656/01:21177.

van Bergen, E.; Vasalampi, K.; Torppa, M. (2021): How are practice and performance related? Development of reading from age 5 to 15. In: Reading Research Quarterly, 56 (3), S. 415–434.

Wahl, D. (2014): Lernumgebungen erfolgreich gestalten. In: Kerstin Popp; Andreas Methner (Hrsg.): Schülerinnen und Schüler mit herausforderndem Verhalten. Hilfen für die schulische Praxis. Stuttgart: Kohlhammer, S. 116–122.

Wagner, R. K.; Torgesen, J. K. (1987): The nature of phonological processing and its causual role in the acquisition of reading skills. In: Psychological Bulletin 101 (2), S. 192–212.

Wimmer, H.; Landerl, K.; Linortner, R.; Hummer, P. (1991): The relationship of phonemic awareness to reading acquisition: More consequence than precondition but still important. In: Cognition (40), S. 219–249.

Wygotski, L. S. (1977): Denken und Sprechen (1934). Frankfurt am Main: Fischer.

2 Schriftspracherwerb bei Lernenden mit Deutsch als Zweitsprache (DaZ)[1]

Hanna Sauerborn

Im Basisartikel in diesem Band (▶ Kap. 1) wurde der Schriftspracherwerb unter der Prämisse der Entwicklung eines Regelgrundschulkindes beleuchtet, wobei die Kategorie Regelgrundschulkind an sich diskutabel, im Hinblick auf den Vergleich Lernender mit anderen Lernvoraussetzungen zu einem gewissen Grad jedoch dienlich ist. Als Regelgrundschulkind wird dabei einerseits ein Kind verstanden, das eine Regelklasse in der Grundschule besucht. Zudem würde man bei einem Regelgrundschulkind aktuell davon ausgehen, dass die Voraussetzungen erfüllt sind, einem Unterricht in der Landessprache zu folgen, der für Lernende konzipiert ist, die genau diese Landessprache als Erstsprache sprechen. Dass ein Festhalten an einer solchen muttersprachlichen Konzeption des Deutschunterrichts nicht hinreichend und ein Umdenken erforderlich ist, stellen mehrere Autor:innen dar, z.B. Belke (2019), Haueis (1994, S. 11) oder Steinig und Huneke (2022, S. 12).

Innerhalb der verschiedenen Heterogenitätsdimensionen an Grundschulen bildet die Gruppe der Lernenden, die einen mehrsprachigen Hintergrund haben, die größte Gruppe an Schüler:innen ab, die sich bezogen auf die Lernbedingungen für den Schriftspracherwerb vom oben skizzierten Regelgrundschulkind möglicherweise unterscheiden. Als mehrsprachig (bzw. zweisprachig) werden die Kinder bezeichnet, »die in ihren ersten Lebensjahren in Interaktionssituationen geraten, in denen mehrere Sprachen in kommunikativ relevanter Weise Verwendung finden« (Reich 2010, S. 8). Wie viele Kinder dies bundesweit betrifft, stellt derzeit ein Forschungsdesiderat dar und wurde nur exemplarisch für bestimmte Regionen erhoben (z.B. Decker-Ernst & Schnitzer 2013), allerdings wird die Gruppe der Viertklässler:innen mit offiziellem Zuwanderungshintergrund aktuell auf 38,3% beziffert, mit starken Unterschieden zwischen einzelnen Bundesländern (z.B. Brandenburg: 58,3%; Sachsen: 12,2%; vgl. Henschel et al. 2022, S. 303). Schaut man jedoch genauer, welche Gruppe in der Studie als mit Zuwanderungshintergrund verstanden wird (s.u.), wird deutlich, dass auch diese Zahl nur einen Teil der Lernenden abbildet, die mehrsprachig aufwachsen, und die tatsächliche Gruppe auf jeden Fall noch größer ist.

Durch ihre Mehrsprachigkeit verfügen diese Kinder über besondere Ressourcen: Erwerben sie in »ihren« Sprachen gute Sprachkompetenzen, die ihnen die Kommunikation in beiden Sprachen erlauben, können sie als bilingual bezeichnet werden. Bilingualität gilt als eine »wichtige Fähigkeit in unserer Gesellschaft« (Leyendecker 2016, S. 1).

---

1 Ich bedanke mich bei Prof. Dr. Eduard Haueis von der Pädagogischen Hochschule in Heidelberg für seine kritische und konstruktive Rückmeldung zu diesem Beitrag.

Beim Schriftspracherwerb unterscheiden sich die Lernvoraussetzungen mancher mehrsprachiger Kinder möglicherweise von denen anderer Kinder, dies auch in Abhängigkeit von den Kompetenzen in den Sprachen, die das Kind kommunikativ nutzt. Um die Besonderheiten der Lerngruppe mehrsprachiger Kinder darzustellen, soll zunächst auf unterschiedliche Szenarien an Sprachbiografien eingegangen werden, um die Heterogenität innerhalb der Lerngruppe aufzuzeigen. So erwerben z. B. nicht alle mehrsprachigen Kinder Deutsch als Zweitsprache, sondern z. B. im parallelen Spracherwerb auch als Erstsprache. Für manche Kinder wiederum stellt Deutsch z. B. die Drittsprache dar. Auf die Darstellung möglicher Sprachbiografien aufbauend werden verschiedene Aspekte, die beim Schriftspracherwerb bei Lernenden aus dieser Gruppe anders sein können, mit Bezug auf das KOMET-Modell dargelegt. Allerdings erfolgt dies nur exemplarisch.

2.1 Mehrsprachigkeit in der Grundschule

2.1.1 Verschiedene Erwerbsszenarien

In welcher Sprache fühlst du dich am wohlsten?

Türkisch, Türkisch, Türkisch, Türkisch.
Weil ich weiß Türkisch mehr als Deutsch.
Weil als ich geboren bin hatte erste meine Mama mir Türkisch gesagt.
Und dann, als ich bei Türkisch alles weißt, hatte sie mir Deutsch.

(Junge, sieben Jahre, Mitte Klasse 1)

Innerhalb der Gruppe der mehrsprachigen Schüler:innen kann es ganz unterschiedliche Sprachbiografien geben, was auf die sprachlichen Kompetenzen der Lernenden im Deutschen und in der/den Herkunftssprache(n) zum Zeitpunkt der Einschulung Einfluss haben kann. Diese verschiedenen Erwerbsbedingungen müssen bei Fragen um den Schriftspracherwerb berücksichtigt werden (Kalkavan-Aydın 2022, S. 22). Zudem sollte die Sprachkompetenz im Deutschen immer im Hinblick auf die Sprachkontaktzeit sowie Sprachkontaktintensität zum Deutschen beurteilt werden. Montanari (2008) beschreibt verschiedene Formen mehrsprachiger Lebensumstände und betont dabei, wie wichtig es sei, zu fragen, wie Menschen ihre Sprachen benutzten. Tabelle 2.1 versucht, verschiedene mehrsprachige Spracherwerbskontexte darzustellen.

2.1 Mehrsprachigkeit in der Grundschule

Tab. 2.1: Mögliche verschiedene Sprachumgebungen

	Elternteil 1 / Bezugsperson	Elternteil 2 / Bezugsperson	Geschwister	Familiensprache	Kontakt zum Deutschen
1	Deutsch	Sprache 1	D/Sprache 1	D/Sprache 1	Geburt
2	Sprache 1	Sprache 1	Sprache 1	Sprache 1	Vor dem Alter von 2,6 Jahren
3	Sprache 1	Sprache 1	Sprache 1	Sprache 1	3 Jahre
4	Sprache 1	Sprache 1	Sprache 1	Sprache 1	5 Jahre
5	Sprache 1	Sprache 1	Sprache 1	Sprache 1	Schule
6	Sprache 1	Sprache 1	Sprache 1/D	Sprache 1/D	Kita/ Geschwister
7	Sprache 1	Sprache 2	Sprache 1/2	Sprache 1/2	Siehe Nr. 2–6
8	Sprache 1	Sprache 2	Sprache 1/2/3	Sprache 1/2/3	Siehe Nr. 2–6
9	…				

Bei dem in der Tabelle aufgeführten Szenario 1 liegt ein *bilingualer Erstspracherwerb* vor, denn beide Sprachen werden simultan erworben (Schneider 2015). In der Forschung gibt es unterschiedliche Auffassungen, ob Szenario 2 auch als bilingualer Erstspracherwerb gilt (ebd.). Dieses Szenario kann z. B. vorliegen, wenn ein Kind, das zu Hause von einer anderen Sprache als Deutsch umgeben ist, früh in eine Krabbelgruppe oder Kita geht und dort viel mit der deutschen Sprache in Kontakt kommt. Für einen monolingualen Spracherwerb und einen simultan bilingualen Spracherwerb scheinen ähnliche Variablen zu gelten (Ferstl 2020, S. 35), dennoch verläuft der bilinguale Erwerb anders (u. a. *bilingual bootstrapping*, Gawlitzek-Maiwald & Tracy 1996), auch in der Abhängigkeit vom Sprachkontakt in den Sprachen. Teilweise wird der direkte Vergleich von monolingualem und bilingualem Spracherwerb auch stark kritisiert, vor allem dann, wenn Bilingualität immer aus dem Fokus der Monolingualität beurteilt wird (Schneider 2015, S. 195).

In Szenario 3 und 4 werden die Sprachen sukzessiv erworben (ebd., S. 18). Man spricht von einem *frühen Zweitspracherwerb* (Ahrenholz 2022), wobei für das schulische Lernen zwischen Szenario 3 und 4 deutliche Unterschiede zu erwarten sind, da im Falle von Szenario 4 das Kind zum Schuleintritt erst eine Sprachkontaktzeit von einem Jahr hat und somit vermutlich erst über Grundkenntnisse im Deutschen verfügt. Im frühen Zweitspracherwerb erfolgt der Spracherwerb ungesteuert (Dimroth 2008).

In Szenario 5 spricht man vom *kindlichen Zweitspracherwerb* (Ahrenholz 2022). Das Deutsche wird einerseits gesteuert institutionalisiert im Unterricht vermittelt, ebenso findet in Spiel- und anderen Alltagssituationen, in denen die Kinder von Deutsch umgeben sind, ein ungesteuerter Erwerb statt.

Szenario 6 beschreibt eine Situation, die auch in einem der anderen Sprachsettings stattfinden kann: Die Geschwister sprechen bereits Deutsch und unterhalten sich zu Hause, zumindest teilweise, untereinander auch auf Deutsch. Das heißt, dass das Kind zum Sprachkontakt in der Kita ebenso zu Hause mit der deutschen Sprache in Berührung kommt.

Szenario 7 und 8 unterscheiden sich darin, dass im Falle von Szenario 7 beide Sprachen der Bezugspersonen Familiensprachen sind, in Szenario 8 wird in der Familie hingegen in einer dritten Sprache als Familiensprache kommuniziert. Diese dritte Sprache ist für beide Bezugspersonen nicht die Herkunftssprache. Auch im Falle von Szenario 1 kann die Sprache, in der die Bezugspersonen miteinander kommunizieren, eine dritte Sprache (z. B. Englisch) sein, die dann auch eine weitere Umgebungssprache für die Kinder darstellt.

Aus Tabelle 2.1 geht nicht hervor, wie viel die jeweiligen Sprachen genutzt werden. Die Daten des Mikrozensus stellen dar, dass mit dem Alter der Kinder die deutsche Sprachpraxis in den Familien zunimmt (Gnuschke 2020, S. 37), dabei wird jedoch nicht zwischen verschiedenen Erwerbsszenarien unterschieden. Reich (2010, S. 16) entwickelt eine an der relativen Quantität des Inputs orientierte Typologie zur Beschreibung der Spracherwerbssituation von mehrsprachigen Kindern (▶ Tab. 2.2), diese Typologie muss jedoch in die Sprachsituation der Bezugspersonen eingeordnet werden, um Folgerungen über eine Spracherwerbssituation ableiten zu können.

Tab. 2.2: Typologie zur Spracherwerbssituation an der relativen Quantität des Inputs orientiert (Reich 2010, S. 16)

Typ I	gleichmäßiger Gebrauch beider Sprachen (»one person – one language« oder situativer Wechsel), kennzeichnend für bildungsbewusste Familien der Mittel- und Oberschicht, aber auch in Migrantenfamilien anzutreffen	in Szenario 1 (oder 7)
Typ IIa	der (fast) ausschließliche Gebrauch der (gemeinsamen) Herkunftssprache aus bewusster Entscheidung der Eltern, kennzeichnend für bildungsbewusste Migrantenfamilien	in Szenario 2–8
Typ IIb	der (fast) ausschließliche Gebrauch der (gemeinsamen) Herkunftssprache der Eltern in Migrantenfamilien aus ungenügender Kenntnis des Deutschen, Deutsch als eher marginale Umgebungssprache […] [oft in Stadtgebieten, in denen viele Menschen mit ähnlichem sprachlichem Hintergrund leben]	in Szenario 2–8
Typ III	überwiegender Gebrauch der Herkunftssprache neben dem Deutschen, meist ohne besondere Systematik, Deutsch als häufige kontaktierte Umgebungssprache, kennzeichnend für die Mehrheit der Migrantenfamilien in Deutschland	in Szenario 2–8
Typ IV	überwiegender Gebrauch des Deutschen neben der Herkunftssprache, meist ohne besondere Systematik, kennzeichnend für Migrantenfamilien mit assimilativer Tendenz	möglich in Szenario 2–8

Die Spracherfahrungen innerhalb der mehrsprachigen Gruppe sind folglich höchst unterschiedlich und die Gruppe der mehrsprachigen Lernenden ist demnach in sich sehr heterogen (Jeuk 2018, S. 50). Für Lehrkräfte ist es hilfreich, mit den Kindern und Familien über die Spracherwerbssituation der Kinder ins Gespräch zu kommen, um mehr über die Familiensprache(n) sowie die Sprachkontaktdauer und Sprachkontaktintensität zum Deutschen zu erfahren. Dies hilft auch bei der Einschätzung des Sprachstands im Deutschen. Wenngleich ein Kind, das in Deutschland eine Schule besucht, die Unterrichtssprache Deutsch zunehmend besser beherrschen muss, um einen erfolgreichen Bildungsweg im deutschen Schulsystem beschreiten zu können, sind die sprachlichen Kompetenzen in der Herkunftssprache ebenso wichtig und Teil der Identität des Kindes. Eltern sollten mit ihrem Kind daher immer in der Sprache kommunizieren, welche sie am besten beherrschen:

> Insgesamt sprechen wissenschaftliche Erkenntnisse [...] dagegen, Eltern, deren Muttersprache nicht Deutsch ist, dazu anzuhalten in der Familie Deutsch zu sprechen. [...] Zweisprachigkeit ist – auch schon im frühesten Kindesalter – unproblematisch und kann unter guten Bedingungen sogar positive Effekte auf die gesamte kognitive Entwicklung haben (vgl. Stellungnahme von 51 Sprachwissenschaftler:innen, Sprachpsycholog:innen und Entwicklungspsycholog:innen, Goschler und Grassmann 2014).

Wenngleich Mehrsprachigkeit positive Effekte auf die kognitive Entwicklung haben kann, gestaltet sich die Situation von vielen Lernenden mit DaZ im deutschen Schulsystem teilweise problematisch, was u. a. verschiedene große Bildungsstudien zeigen.

2.1.2 Fakten zum schulischen Lernen von Lernenden mit DaZ

Im Bericht IQB-Bildungstrend 2021 (Stanat et al. 2022) wird auch auf zuwanderungsbezogene Disparitäten eingegangen (Henschel et al. 2022), wobei in dieser Gruppe der Lernenden nur solche Kinder berücksichtigt werden, die selbst oder deren Eltern im Ausland geboren wurden, alle anderen Kinder werden der Kategorie *ohne Zuwanderungshintergrund* zugeordnet (ebd., S. 182). Die tatsächliche Mehrsprachigkeit der Kinder wird folglich nicht erfasst. Neben den genannten zwei Gruppen gibt es weitere mehrsprachige Kinder in deutschen Klassenzimmern, von denen manche theoretisch auch Deutsch als Zweitsprache sprechen könnten, z. B. wenn die Großeltern die migrierte Generation darstellen und die Familiensprache konsequent weitergenutzt wird, auch bei der Enkelgeneration (vgl. Typ IIa ▶ Tab. 2.2).

Im Fach Deutsch wurden im Rahmen der Untersuchung zum IQB-Bildungstrend (Stanat et al. 2022) Daten zu den Kompetenzbereichen Lesen, Zuhören und Orthographie erhoben. Dabei wurden zwischen allen untersuchten Gruppen ausgeprägte Disparitäten festgestellt (Hentschel et al. 2022), wobei zur Vergleichbarkeit der verschiedenen Kompetenzwerte eine gemeinsame Metrik hergestellt wurde, welche bei einem Mittelwert von $M = 500$ und einer Streuung von $SD = 100$ liegt (▶ Tab. 2.3).

Tab. 2.3: IQB-Bildungstrend 2021, Kompetenzen in den Fächern Deutsch und Mathematik am Ende der 4. Jahrgangsstufe im dritten Ländervergleich (Henschel et al. 2022, S. 190)

	Kinder ohne Zuwanderungshintergrund	Kinder in D geboren, Eltern aus dem Ausland	Kinder und Eltern im Ausland geboren
Zuhören	494	404	348
Orthographie	491	461	415
Lesen	497	438	394
Mathematik	487	434	400

Wenn man bedenkt, dass ein jährlicher Lernzuwachs von ca. 60 Punkten im Lesen und Zuhören und 100 Punkten im Bereich Orthographie angenommen wird (ebd., S. 188), zeigen die Ergebnisse in Tabelle 2.3, dass die Kinder mit Zuwanderungshintergrund z. B. im Bereich des Zuhörens 1 ½ Jahre bzw. fast zwei Jahre hinter den Kindern ohne Zuwanderungshintergrund liegen.

Dass die schulischen Leistungen von mehrsprachig aufwachsenden Kindern im deutschen Schulsystem teilweise erheblich hinter denen der anderen Kinder liegen, deuten auch die Zahlen der auf Förderschulen exkludierten Lernenden an. Denn auf Förderschulen sind Kinder, deren Eltern zu Hause eine andere Sprache als Deutsch sprechen, überrepräsentiert (Wocken 2007, S. 47; ▶ Kap. 6). Zwar stellt der Bericht des Sekretariats der Kultusministerkonferenz (KMK 2022), in dem ausländische Lernende (= ohne deutschen Pass) als eine Gruppe betrachtet werden, dar, dass sich der Anteil ausländischer Förderschüler:innen von 2011 (50,3 %) zu 2020 (40,2 %) deutlich verringert habe. Dennoch ist ein Anteil von 40,2 % hoch, setzt man die Zahl in ein Verhältnis zum Anteil der ausländischen Schüler:innen an der Gesamtpopulation: Nur 12,4 % der Lernenden haben einen ausländischen Pass (Statistisches Bundesamt 2022).

Für viele mehrsprachige Lernende ist eine Teilhabe an Bildung folglich nicht in dem Maße möglich, wie es für andere Kinder der Fall ist (Sauerborn 2023). Schulischer Unterricht muss auf die besonderen Lernvoraussetzungen der Gruppe angepasst werden, damit die Kinder erfolgreich lernen können. Im nächsten Kapitel wird mit Bezug auf das KOMET-Modell auf mögliche Besonderheiten beim Schriftspracherwerb für mehrsprachige Lernende eingegangen. Aus dem in den vorangegangenen Unterkapiteln Dargestelltem wird jedoch deutlich, dass es zu kurz gefasst ist, alle mehrsprachigen Lernenden bzw. alle Lernenden mit DaZ im Hinblick auf mögliche Herausforderungen beim Schriftspracherwerb gleichzusetzen. Folglich müssen Lehrkräfte für die jeweiligen Lernenden in ihren Klassen herausfinden, wo für die jeweiligen Kinder Hürden und auch Ressourcen liegen. Hemmend dafür ist der Umstand, dass die deutschdidaktische Wissenschaft aktuell noch nicht hinreichend diagnostische Instrumente bzw. Indikatoren für Hürden und Ressourcen bei mehrsprachigen Kindern entwickelt hat. Lehrkräfte werden folglich bisher weder im Studium noch in der Weiterbildung ausreichend dazu befähigt, die Lernausgangslage der Kinder genauer zu bestimmen.

2.2 Verortung im KOMET-Modell

Für mehrsprachige Lernende können sich Unterschiede beim Schriftspracherwerb im Vergleich zu anderen Kindern ergeben. In Abbildung 2.1 sind diese Aspekte eingerahmt dargestellt, es sind – die Graphomotorik ausgenommen – potentiell alle Bereiche.

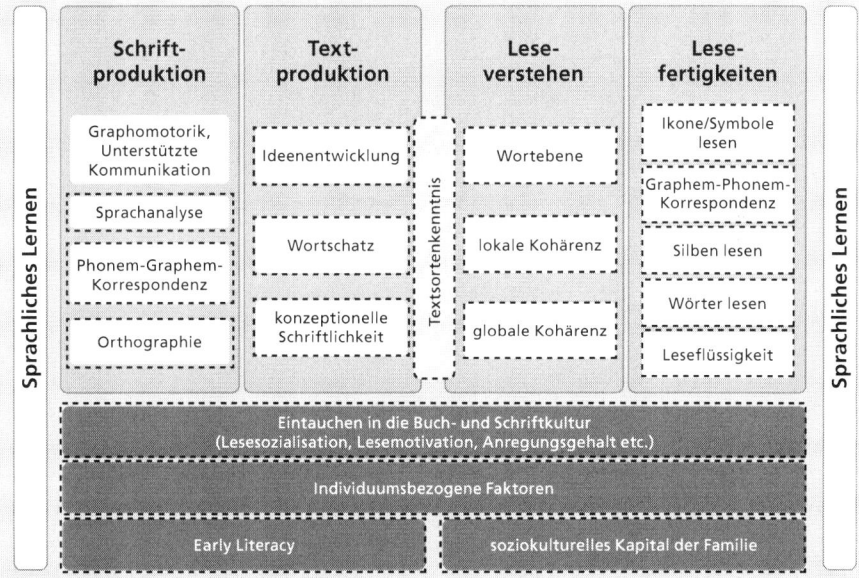

Abb. 2.1: KOMET-Modell (▶ Kap. 1), mögliche Besonderheiten für mehrsprachige Lernende hervorgehoben

Im Rahmen dieser Zusammenfassung kann nicht auf alle Punkte eingegangen werden. Es werden einige wichtige Punkte herausgegriffen.

2.2.1 Individuumsbezogene externale Faktoren: soziokulturelles Kapital der Familie

Aus der Beschreibung der verschiedenen Szenarien (▶ Tab. 2.1) wird deutlich, dass die sprachlichen Erfahrungen mehrsprachiger Kinder aufgrund äußerer Faktoren, die Einfluss auf den Sprachkontakt zum Deutschen haben, höchst unterschiedlich sein können. Im Vergleich zur Gruppe der Lernenden ohne Migrationshintergrund finden sich bei Kindern mit Migrationshintergrund in Deutschland deutlich mehr Eltern mit geringem Bildungsabschluss, wie die Daten des Mikrozensus in der Darstellung des DJI in Abbildung 2.2 zeigen (Gnuschke 2020, S. 39).

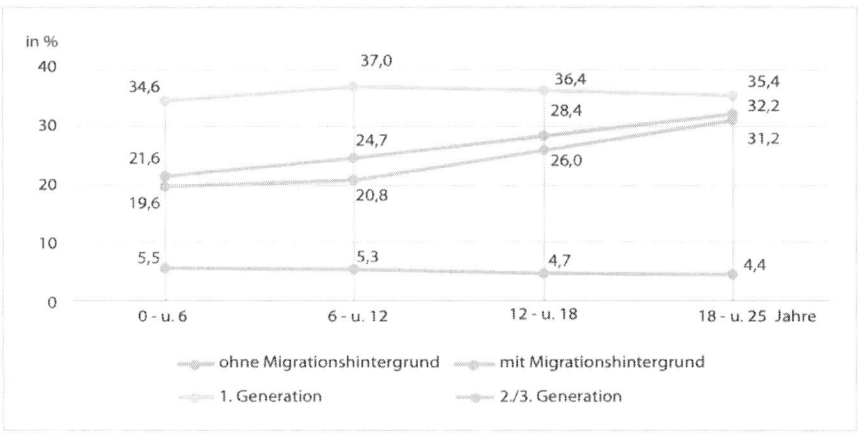

Abb. 2.2: Unter 25-Jährige mit geringem elterlichen Bildungsstand (ISCED < 3) nach Migrationsgenerationen 2017 (in %) (Gnuschke 2020, S. 39)

Für manche Kinder mit DaZ kann für die Bearbeitung bestimmter schulbezogener Aufgaben, die zu Hause erledigt werden sollen (wie Hausaufgaben oder das Lernen vor Klassenarbeiten), das Literalitätsniveau und/oder auch Sprachniveau der Bezugspersonen im Deutschen eine hemmende Rolle in der Unterstützung durch die Bezugspersonen spielen (Bang 2011). Bezugnehmend auf die Ergebnisse verschiedener Schulleistungsstudien sollten sich die aus diesem Hemmnis resultierenden Fragen jedoch auf Ungleichheiten im deutschen Bildungssystem beziehen (Rutter 2021) und nicht auf die Ressourcen der Eltern. Denn eine defizitorientierte Sichtweise auf die Eltern führt leicht dazu, dass Schule bzw. Lehrpersonen zu einem gewissen Grad der Verantwortung am Lernerfolg der Kinder entbunden werden (Allemann-Ghionda 2006, S. 351).

Lehrkräfte müssen sich folglich bewusst sein, dass manche Eltern in schulischen Belangen weniger unterstützen können als andere Eltern, was auch für einsprachig aufwachsende Kinder gelten kann. Entsprechend sollten z. B. Hausaufgaben so gestaltet sein, dass sie von den Kindern allein bewältigt werden können. Im Hinblick auf den Schriftspracherwerb ist es u. a. bedeutsam, Lesezeiten in den schulischen Alltag zu integrieren, so dass ein Kind die Möglichkeit hat, seine Lesefertigkeiten ggf. nur im Unterricht auszubauen (Rehmann 2021). Ein weiterer Baustein zum Lernerfolg der Kinder bildet die Zusammenarbeit mit den Eltern, die von herkömmlichen Methoden abweichen muss, um manche Eltern mit Migrationshintergrund zu erreichen (Kühn 2011, S. 10). So sei die persönliche Ansprache die wichtigste Voraussetzung, um mit den Familien in Kontakt zu sein (ebd.), zudem sei es bedeutsam, niedrigschwellige Angebote für die Eltern zu schaffen. Niedrigschwelligkeit ergebe sich u. a. aus der persönlichen Ansprache sowie der Relevanz des Angebots für die Eltern (ebd., S. 11).

Ein niedriges kulturelles Kapital (Bourdieu 1983, S. 185) und ein niedriger sozioökonomischer Status bei den Bezugspersonen der Lerngruppe trägt zu einer multifaktoriellen Belastung auf Seiten der Kinder bei (Allemann-Ghionda 2006, S. 354 ff.). Bei mehrsprachigen Familien gibt es, wie auch bei Familien, in denen nur Deutsch gesprochen wird, Unterschiede hinsichtlich sozioökonomischer Merkmale sowie im Hinblick auf das kulturelle Kapital. Eine Besonderheit bei manchen mehrsprachigen Bezugspersonen kann sein, dass sie über kulturelles Kapital aus ihrem Herkunftsland verfügen (z.B. einen akademischen Abschluss erworben haben), jedoch in Deutschland nicht ihrem Bildungsabschluss gemäß berufstätig sein können (Brücker 2013) und ihr kulturelles Kapital auf dem Arbeitsmarkt somit nicht zwangsläufig Anerkennung findet (Nohl et al. 2009, S. 10). Zudem können Migranten u. U. ihr kulturelles Kapital in Form von Wissen über Schule aus ihrem Herkunftsland nicht oder nur teilweise auf das deutsche Schulsystem übertragen. Soremski (2009, S. 52) spricht in diesem Zusammenhang von einer »Entwertung« des kulturellen Kapitals.

Weichen Vorstellungen von Erziehungsstilen zwischen Eltern und Pädagog:innen in der Schule voneinander ab, kann dies zu einer Herausforderung für Kinder werden, z.B. kann ein eher autoritärer Erziehungsstil für ein Kind im Widerspruch mit einem pädagogisch offen gestalteten Unterrichtsangebot in der Grundschule stehen. Dies betrifft ein- und mehrsprachige Kinder gleichermaßen. Kinder müssen sich die jeweiligen »Sinndifferenzen der erwarteten Verhaltensweisen in den Teilsystemen […] aneignen« (Thiersch & Silkenbeumer 2020, S. 5). Unterschiedliche Auffassungen zum Umgang mit Kindern können zudem kulturell bedingt sein, wenn Eltern in einem anderen Kulturkreis großgeworden sind und/oder ein Brauchtum aus einem anderen Kulturkreis pflegen. Liegen zwischen Elternhaus und Schule unterschiedliche Wertvorstellungen vor, müssen die Kinder eine Art hybride Identität entwickeln und einen Weg zwischen diesen beiden Erfahrungsräumen ausbalancieren, dies gilt für alle Kinder. Herwartz-Emden und Küffner (2006) verstehen die Ausbildung einer hybriden Identität von Kindern mit Migrationshintergrund als Teil der Entwicklungsaufgabe der Akkulturation, die auch die Metakompetenz beinhaltet, kulturelle Gegensätze produktiv zu verarbeiten (ebd., S. 243).

Auch wenn die Darstellung der externalen Faktoren nur oberflächlich stattfinden kann, wird deutlich, dass Kinder mit DaZ zusätzliche Entwicklungsaufgaben haben können und Lehrkräfte im Hinblick auf ein adaptives Bildungs- und Unterstützungsangebot die Werte und Gegebenheiten innerhalb der Familien mitberücksichtigen müssen. Was das konkret bedeuten kann, wurde teilweise skizziert und wird u.a. bei der Darstellung zur Early Literacy deutlich, deren Ausbau und Weiterentwicklung in der Zeit vor der Einschulung besonders von den Vorlese- und Schriftpraktiken in der Familie abhängt.

2.2.2 Individuumsbezogene externale und internale Faktoren: Early Literacy

Wie in allen anderen Familien auch gibt es zwischen mehrsprachigen Familien im Hinblick auf die Schriftnähe Unterschiede, die wiederum Einfluss auf die vorschulischen Schrifterfahrungen haben. Eine zusätzliche mögliche Besonderheit bei der beschriebenen Lerngruppe kann es dennoch geben, diese bezieht sich auf den Teilaspekt *Concepts of print* (Konzepte der geschriebenen Sprache). Dabei geht es unter anderem um das Wissen darüber, dass Schriftzeichen sich von anderen Zeichen unterscheiden oder dass es Groß- und Kleinbuchstaben und eine Schreibrichtung gibt.

Konzepte der geschriebenen Sprache bilden sich z. B. beim Vorlesen aus, u. a. wenn die vorlesende Person mit dem Finger beim Lesen unter den Wörtern entlangfährt oder z. B. auch beim Sprechen über Schrift in der Umwelt (Sauerborn 2015). Die Konzepte, welche Vorschulkinder von Schrift entwickeln, sind geprägt von der Schrift, die sie umgibt. Werden in einer Familie Bücher, Zeitschriften oder andere schriftliche Produkte in einer anderen Schrift gelesen und geschrieben, kennt das Kind folglich diese Schrift (Ehlich 2021 zu verschiedenen Schriftsystemen). Erleben die Kinder parallel zwei Schriftsysteme in und außerhalb der Familie, entwickeln sich Konzepte der geschriebenen Sprache zu zwei Systemen. In der Schule können und sollten unterschiedliche Vorerfahrungen aufgegriffen werden: Die Kinder können Schriftstücke in anderen Sprachen mitbringen und etwas dazu sagen. Außerdem sollten Lehrkräfte gerade im Anfangsunterricht eine Kenntnis um die Schreibrichtung nicht voraussetzen, sondern die Schreibrichtung immer wieder durch Bewegungen indizieren (z. B. an der Tafel).

Studien zeigen, wie wichtig das Vorlesen im Vorschulalter für die kognitive und sprachliche Entwicklung von Kindern ist (z. B. Stiftung Lesen 2023), die Vorlesepraxis jedoch in verschiedenen Elternhäusern variiert (z. B. Heath 1982; Stiftung Lesen 2023, S. 9 f.) und wiederum stark von der formalen Bildung der Eltern abhängt (ebd., S. 12). Der Zuwanderungshintergrund ist im Hinblick auf die Vorlesepraxis per se kein Risikofaktor, denn zugewanderte Eltern mit einem höheren formalen Bildungsniveau lesen vergleichbar viel vor wie nicht zugewanderte Eltern mit dem gleichen Bildungsniveau (ebd., S. 13). Da jedoch im Verhältnis mehr Eltern zugewanderter Kinder einen geringen Bildungsstand haben (▶ Abb. 2.1), ist zu folgern, dass die Vorlesepraxis in vielen dieser Familien weniger stark ausgeprägt ist. Dies heißt jedoch nicht, dass notwendigerweise kein Zugang zu Textualität vorliegt, denn eine Einführung in Textualität ist auch durch mündlich erzählte Geschichten, das Singen von Liedern oder beim Sprechen von Kinderreimen und Sprachspielen möglich. Im Anfangsunterricht bauen Lehrkräfte daher im Rahmen eines adaptiven Bildungsangebots eine Brücke zwischen der stark von der Schriftsprache geprägten Schulkultur und der möglicherweise weniger stark ausgeprägten Schriftkultur in den Familien. In diesem Zusammenhang werden in diesem Beitrag drei Beispiele gegeben, wie Bücher und Geschichten in den Familien niederschwellig Raum bekommen und auch von Kindern genutzt werden können, die ansonsten wenig durch die Eltern oder Bezugspersonen vorgelesen bekommen.

Bilderbücher mit Vorleseaudio, abrufbar über QR-Codes

In der Klassenbibliothek befinden sich u. a. einzelne Bilderbücher in mehrfacher Ausführung. Für das Budget der Bibliothek besonders geeignet sind z. B. Mini-Beltz-Bücher. In dieser Reihe sind bekannte Bilderbücher erschienen, die aufgrund des Formats erschwinglich sind. Die Lehrkraft erstellt zu den verschiedenen Bilderbüchern Vorleseaudios, bei denen sie das Umblättern der Seite durch ein Geräusch indiziert. Die Audiodatei wird dann mit einem QR-Code verknüpft, der auf das jeweilige Buch geklebt wird.

Aus urheberrechtlichen Gründen muss darauf geachtet werden, dass nur die geschlossene Gruppe einer Klasse Zugriff auf die Audioaufnahmen hat. Denn auch eine Audioaufnahme von einem Bilderbuch stellt eine Vervielfältigung dar. Es empfiehlt sich, den Eltern die Nutzung der QR-Codes mit dem Handy oder Tablet kurz zu erklären. Ebenso kann dies den Kindern in der Klasse gezeigt werden. Wöchentlich leiht sich jedes Kind ein Bilderbuch aus und kann zu Hause die Audiodatei über den QR-Code abspielen, dabei das Buch anschauen und an der jeweils richtigen Stelle umblättern. Auf diesem Wege tauchen die Kinder in ihrem familiären Umfeld in die Schriftkultur ein, ohne von schulischer Seite den Eltern einen Auftrag zum Vorlesen zu geben, welchen die Eltern möglicherweise aus unterschiedlichen Gründen nicht umsetzen können.

In kurzen Gesprächsrunden über die Bilderbücher im Klassenunterricht geben die Kinder den anderen Kindern aus der Klasse Buchempfehlungen, so dass auch in einem gewissen Maße eine Anschlusskommunikation über die Bücher gegeben ist. Im Klassenunterricht wird zudem jede Woche ein Bild in das Geschichtenheft zum ausgeliehenen Buch gemalt, so dass die Kinder auch eine Art Lesetagebuch erstellen.

Mehrsprachige Bilderbücher

In immer mehr Schulbibliotheken gibt es mehrsprachige Bilderbücher (teilweise auch mit Audioeinlage). Mehrsprachige Bücher in der Familiensprache können von den Kindern z. B. ausgeliehen und mit nach Hause genommen werden (Sauerborn 2017b). Für manche Bücher bieten die Verlage bereits Audioaufnahmen in beiden Sprachen an. Eine andere – für Eltern und Kinder oft als sehr wertschätzend empfundene – Option ist es, von Eltern/Bezugspersonen oder älteren Geschwistern die Bücher in ihrer Sprache aufnehmen zu lassen und so ein Audioangebot zu ergänzen (siehe Hinweise zum Urheberrecht). Ebenso können die Bücher in der Klasse in verschiedenen Sprachen von Eltern/Bezugspersonen vorgelesen werden. So bekommen die Sprachen der Kinder im schulischen Alltag Raum, zudem profitieren die Kinder davon, eine Geschichte in der Schule auf Deutsch und zu Hause in der Familiensprache zu hören, da so auch Transferleistungen von der einen zur anderen Sprache möglich sind.

Digitale mehrsprachige Bilderbücher: Amira (Simon o. A.)

Aufbauend auf einem von der pensionierten Lehrerin Elisabeth Simon entwickelten Konzept enthält die kostenlose Seite *Amira* Lesetexte in verschiedenen Lesestufen und Sprachen sowie Spiele und Hörangebote. Die Seite richtet sich vor allem an mehrsprachige Kinder, kann jedoch zur Förderung aller Kinder eingesetzt werden. Thematisch kreisen die Texte um für die Kinder möglichst ansprechende Inhalte: Geschichten, die in verschiedenen Ländern spielen.

Das Format entlastet auf mehreren Ebenen:

- Drei Lesestufen, die sich auch in der Textlänge unterscheiden;
- Sprachlich und grammatikalisch stark vereinfachte Texte mit kurzen Sätzen, überwiegend im Präsens und mit Wörtern aus dem Grundwortschatz;[2]
- Illustrationen unterstützen das Verstehen, auch im Hinblick auf möglicherweise unverständliche Sachverhalte, die zusätzlich bildlich dargestellt werden;
- Hörangebote zu den Geschichten in verschiedenen Sprachen, die langsam gelesen werden;
- Übersetzung der Texte in die häufigsten Migrantensprachen.

Spiele und Multimedia-Angebote regen an, mit den gelesenen Texten umzugehen. Ebenso können die Geschichten auf Deutsch und in Papierform bestellt werden. Die Seite bietet außerdem didaktisches Material, das vor allem die Illustrationen zu den Geschichten enthält, sowie Materialpakete zu einigen Heften als PDF.

Die drei genannten Beispiele veranschaulichen, dass entsprechende schulische Angebote zu einem gewissen Grad auch Kinder erreichen können, deren Bezugspersonen wenige kindbezogene literale Praktiken im Alltag ausüben.

Bei einigen der im KOMET-Modell im unteren Teil genannten Aspekte können, wie gerade dargestellt, Unterschiede zwischen Kindern ohne DaZ und Kindern mit DaZ bzw. mehrsprachigen Kindern vorliegen, die Einfluss auf den Schriftspracherwerb haben können. Auch in den Bereichen Schrift- und Textproduktion sowie Lesefertigkeiten und Leseverstehen gestaltet sich die Lernausgangslage für manche mehrsprachigen Kinder anders als bei anderen Kindern. Auf alle Besonderheiten kann im Rahmen des Beitrags nicht eingegangen werden, es werden daher einige relevanten Punkte herausgegriffen. Die Darstellung orientiert sich u. a. an Überlegungen von Sauerborn (2023) und wird um einige Aspekte ergänzt.

---

2 Stark vereinfachte Texte sind für den Schriftspracherwerb notwendig, ebenso für Kinder, die gerade erst Deutsch lernen. Grundsätzlich sollten den Kindern jedoch ausreichend bildungssprachliche Angebote gemacht werden, die sie im Ausbau bildungssprachlicher Kompetenzen unterstützen.

2.2.3 Schriftproduktion

Sprachanalyse im Sinne der phonologischen Bewusstheit

Neben dem Eintauchen in die Schriftkultur bildet die phonologische Bewusstheit eine weitere für den schulischen Schriftspracherwerb relevante Teilfertigkeit aus dem Konstrukt der Early Literacy. Auch wenn die Mehrsprachigkeit zu größeren sprachanalytischen Fähigkeiten beiträgt (Şimşek 2015, S. 290), scheint dies nicht auf die phonologische Bewusstheit übertragbar zu sein (Bialystok et al. 2003, S. 42). Da die Lautanalyse vom Verfügen über die Lautsprache abhängt, resultieren Unsicherheiten in der Lautsprache daher in Schwierigkeiten bei der Lautanalyse (Bredel 2012, S. 125). So zeigen

> »Spontanschreibungen mehrsprachiger Kinder [...], dass Probleme der auditiven Wahrnehmung der Zweitsprache den Zugang zu lexikalischen und grammatischen Erschließungsprozessen beim Schriftspracherwerb erschweren« (Belke 2007, S. 30).

Die von Belke angesprochenen Probleme der auditiven Wahrnehmung sind jedoch nicht auf der Ebene der phonologischen Bewusstheit anzusiedeln, sondern oft globaler in einer fehlerhaften phonologischen Repräsentation des Wortes, wie Sauerborn (2023, S. 53) darlegt und in den Abbildungen 2.3 und 2.4 zu sehen ist.

Abb. 2.3: Schreibung Theater (eigentlich Kino) von Jungen, acht Jahre alt (Herkunftssprache Albanisch, Sprachkontaktzeit zum Deutschen fünf Jahre) (Sauerborn 2023, S. 53)

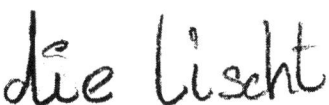

Abb. 2.4: Schreibung Licht (eigentlich Lampe) von Jungen, acht Jahre alt (Herkunftssprache Albanisch, Sprachkontaktzeit zum Deutschen fünf Jahre) (Sauerborn 2023, S. 53)

Beim ersten Wort ist eine lautsprachlich korrekte Verschriftung für das Kind aufgrund einer fehlerhaften phonologischen Repräsentation ([keˈʔaːtɐ] für [teˈʔaːtɐ]) nicht möglich. Das Wort Theater ist zudem ein Fremdwort und wäre in die Kategorie der Merkwörter einzuordnen. Auch bei einer korrekten phonologischen Repräsentation würde ein Kind das Wort lautorientiert oder unter Berücksichtigung weiterer Prinzipien nicht richtig schreiben können. Beim zweiten Wort greift das

Kind auf die nicht standardsprachliche Aussprache [lɪʃt] zurück und verschriftet diese. Beide Wortformen werden durch das Kind ausgehend von seiner Lautsprache im Sinne der phonologischen Bewusstheit richtig analysiert.

Lassen sich Schreibfehler auf Aussprache- oder Hörfehler zurückführen, können Artikulations- und Hördiskriminationsübungen helfen (Berkemeier 2021, S. 19; Berkemeier et al. 2022). Hördiskriminationsübungen in Kombination mit Visualisierungen zur Systematik der Schrift können auch für Wörter mit Kurzvokal in der ersten Silbe herangezogen werden, um so eine weitere Ebene der Bewusstmachung zu erreichen. Denn Kurzvokale zu identifizieren fällt vielen Kindern in der ersten Klasse schwerer als die Identifikation des Langvokals (▶ Kap. 1; Röber 2013, S. 4). Auch liegen bei den Kurzvokalen zu bestimmten Umlauten nur geringe lautliche Unterschiede vor (z. B. kennen/können, Münze/Minze, brüllen/Brillen; Bredel et al. 2017, S. 193), was für Kinder, die das Deutsche erst noch lernen, sowohl im Mündlichen (Sprachverstehen und Sprechen) als auch beim Schreiben zu Erschwernissen führen kann. Zudem gibt es zwischen verschiedenen Sprachen Unterschiede im Phoneminventar. Während im Deutschen z. B. die Vokallänge bedeutungsunterscheidend ist ([ˈhøːlə] – [ˈhœlə]), gibt es z. B. im Türkischen diese Unterscheidung nicht (Böttle & Jeuk 2020, S. 241).

Abhängig von der Kenntnis des Deutschen können bei Kindern erhöhte Schwierigkeiten bei der Analyse von Phonemen vorliegen, wenn in deren Erstsprache diese bestimmten Phoneme nicht vorkommen (Berkemeier 2021, S. 19; Müller & Schroeder 2022). Kinder, die in Deutschland mindestens zwei Jahre einen Kindergarten vor der Einschulung besucht haben, hätten nach Jeuk (2012, S. 120) i. d. R. bei der Sprachanalyse im Zusammenhang mit dem Schriftspracherwerb keine Schwierigkeiten. Anzumerken ist jedoch, dass die Sprachanalyse nur dann erfolgreich geleistet werden kann, wenn das entsprechende Wort phonologisch korrekt bekannt ist. Jeuk legt dar, dass auch Kinder, die die Sprachanalyse erfolgreich meisterten, zusätzliche Unterstützungen beim Schriftspracherwerb im Vergleich zu anderen Kindern benötigten (ebd.). Dies gilt besonders für die Sicherung des verwendeten Wortschatzes (s. u.).

Schwierigkeiten bei Aufgaben zur Sprachanalyse, gerade bei komplexeren Wörtern, können bei allen Kindern auftreten. Für das Deutsche gelten besonders Wörter mit komplexen Anfangs- und Endrändern als anspruchsvoll (▶ Kap. 1). Beherrschen Kinder das Deutsche, können sie beim Schriftspracherwerb auf ihr sprachliches Wissen zurückgreifen; Kinder, die gerade Deutsch lernen, müssen die entsprechenden Strukturen erst noch erwerben (Röber 2012, S. 38). Röber folgert daraus, dass ein stark lautorientierter Zugang zur Schrift manche Lernende mit DaZ vor besondere Herausforderungen stelle, und schlägt als Alternative vor, die Systematik der Schrift für den Sprachausbau zu nutzen (ebd., S. 42).

Orthographie

Wie auch in Tabelle 2.3 angeführt, liegen laut IQB-Bildungsbericht im Bereich Orthographie die geringsten Unterschiede zwischen den verschiedenen untersuchten Gruppen vor (Henschel et al. 2022, S. 188). Dennoch treten bei mehrsprachigen

Kindern mehr Fehler auf (Jeuk 2012, S. 120). Müller und Schroeder (2022, S. 70) stellen eine große Fehlerhäufigkeit bei mehrsprachigen Kindern bei Wörtern fest, bei denen es um die Vokalqualität geht.

Bei Kindern, die ohne Sprachkenntnisse im Deutschen in das deutsche Schulsystem kommen (Seiteneinsteiger:innen), die möglicherweise schon in einer anderen Sprache alphabetisiert sind, sind zudem graphematische Interferenzen zu beobachten (Becker & Siekmann 2012). Das bedeutet, dass Grapheme des Deutschen mit Graphemen einer anderen Sprache vertauscht werden. In Abbildung 2.5 ist dies z. B. am Wort *Clofe* zu erkennen (▶ Abb. 2.5). Es ist nicht klar, welches Wort das syrische Kind, das neben dem Arabischen auch im Englischen alphabetisiert ist, aufschreiben möchte (möglicherweise »Knöpfe«). Die Verschriftung mit dem Graphem <c> wäre jedoch für deutsche Wörter ungewöhnlich. Im Englischen sind sie hingegen üblich (clothes, cloud, club …).

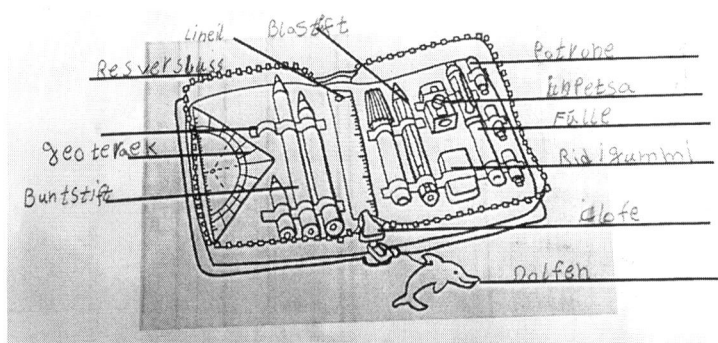

Abb. 2.5: Schreibungen eines syrischen Kindes (Alphabetisierung Arabisch und Englisch), das erst wenige Wochen in Deutschland zur Schule geht

Die Schreibungen der wenigen Wörter in Abbildung 2.5 zeigen, dass das Kind sehr genau lautlich analysiert (z. B. beim Wort *Geodreieck*), jedoch eine falsche phonologische Repräsentation eines Wortes zwangsläufig zu weiteren Fehlern im Bereich der Richtigschreibung führen (s. o.). Die meisten der zu schreibenden Wörter würden sich ohnehin rein lautbasiert nicht orthographisch korrekt verschriften lassen. Dennoch hat das Kind schon einige schwierige Stellen richtig verschriftet (Stift → st; <ll> und <mm> bei Füller und Radiergummi sowie <ss> bei Reißverschluss). Jeuk (2012, S. 119) stellt fest, dass bei Kindern, die über mehr Sprachkontaktzeit zum Deutschen verfügen, die »Zahl der Normabweichungen, die eventuell auf Interferenzen zurückgeführt werden können, […] mit 4,7 % denkbar gering [ist]«.

Dennoch kann es sein, dass ein Kind z. B. von den Eltern bereits im Vorschulalter in das Alphabet in einer anderen Sprache eingeführt wird und vielleicht auch erste Lese- und Schreiberklärungen erhalten hat. Ob dies der Fall ist, kann am Schulanfang mit dem Abfragen der im Vorschulalter erworbenen Buchstabenkenntnis herausgefunden werden. Werden dann manche Buchstaben in einer anderen Sprache benannt, gibt dies Hinweise auf Schriftkenntnisse in einer weiteren Sprache

2 Schriftspracherwerb bei Lernenden mit DaZ

(z. B. benennt das Kind die Buchstaben auf Englisch). Bei Aufgaben wie dem *Weißen Blatt* (Dehn & Hüttis-Graff 2020) haben Kinder zudem die Möglichkeit, auch Buchstaben oder Wörter in anderen Schriften/Sprachen zu notieren. So zeigen die Schreibungen in Abbildung 2.6, dass das Mädchen am Anfang von Klasse 1 bereits in zwei Alphabetschriften (lateinisches Alphabet und griechisches Alphabet) Wörter schreiben kann.

Abb. 2.6: Schreibungen in zwei Alphabetsystemen am Anfang von Klasse 1

Ebenso können Schreibungen im Anfangsunterricht Hinweise für erste Alphabetisierungsschritte in einer anderen Sprache geben, wie Abbildung 2.7 zeigt.

Abb. 2.7: Schreibung der Wörter *Eis*, *Fisch* und *Sonne* (Mädchen, sieben Jahre alt, zweite Hälfte des ersten Schuljahres; Vorlagen gezeichnet von Manuela Ostadal)

Das Kind schreibt für das diktierte deutsche Wort *Eis* die englische Variante *ice* auf. Beim Wort Sonne notiert das Kind zunächst das englische Wort *sun* und ergänzt dann schließlich die Reduktionssilbe -ne. Das Kind, von dem diese Schreibungen stammen, nennt bei der Abfrage der Buchstabenkenntnis in der zweiten Hälfte des ersten Schuljahres für viele Buchstaben die englische Bezeichnung, es liegen demnach Interferenzen vor (Datenerhebung Constanze Faust, Masterstudentin PH Heidelberg, 2024).

Die beiden Beispiele in Abbildung 2.6 und 2.7 belegen, dass manche mehrsprachigen Kinder schriftsprachliche Kompetenzen in anderen Sprachen mitbringen, die im besten Fall auch in der Schule Raum finden, um sowohl diesen Teil der Ressourcen der Kinder wertzuschätzen als auch dem Kind die Möglichkeit zu geben, seine Sprachkompetenzen in beiden Sprachen auszubauen.

Auch wenn der Orthographieerwerb nicht per se bei mehrsprachigen Kindern anders ablaufen muss, ist im Hinblick auf den Unterricht zu beachten, dass viele Aufgabenformate im Bereich der Sprachanalyse oder der Herleitung von Schreibungen im Rechtschreibunterricht Sprachkenntnisse voraussetzen, die manche Kinder erst mit der Zeit erwerben. Dies gilt vor allem bei wortbezogenen Rechtschreibstrategien, die auch schon im Anfangsunterricht behandelt werden (vgl. KMK-Bildungsstandards für den Primarbereich 2022). Dabei geht es um morphologisches Wissen (z. B. Schreibungen herleiten: *Bäume* kommt von *Baum*, daher mit <äu>; *Hund* wird mit <d> geschrieben, was durch Bildung der Pluralform deutlich wird). Bei Unkenntnis über die korrekte Plural- oder Singularform können Herleitungen dieser Art folglich nicht vorgenommen werden und die Strategie ist für die Kinder entsprechend nicht nutzbar. Ruppert und Hanulíková (2022, S. 163) stellen fest, dass »die DaZ-Gruppe mehr morphologisch basierte Fehler [...] machte«. Ein morphologisch basierter Rechtschreibunterricht (vgl. Corvacho del Toro & Mehlem 2022) könnte den Lernenden helfen, das für sie noch unbekannte sprachliche Wissen auszubauen und auf diesem Wege ihre Rechtschreibleistungen zu verbessern. Zudem können die Kinder durch das explizite Thematisieren und Üben im Rahmen des Rechtschreibunterrichts unterstützt werden, z. B. die korrekte Pluralform zu erlernen bzw. andere morphologische Regularitäten zu verstehen.

Eine weitere Herausforderung im Orthographieunterricht stellen Übungen mit Wörtern dar, die nur aufgrund eines Rechtschreibphänomens (z. B. Wörter mit Silbengelenkschreibung), jedoch kontextlos und sinnentleert dargeboten werden. Sollen z. B. aus vorgegebenen Silben Wörter gebildet werden, setzt die Übung Wortwissen voraus, über das nicht unbedingt alle Lernenden verfügen. Damit Aufgaben für die gesamte Lerngruppe wirkliche Lernaufgaben werden können, müssen die Begriffe zunächst eingeführt und kontextualisiert werden, auch wenn dies für die eigentliche Bearbeitung der Aufgabe möglicherweise nicht nötig erscheint. Ebenso stellen Aufgaben im Sinne einer rechtschreibdidaktisch begründeten Wortwiederholung, bei der zusätzlich zum Abschreiben der Wörter der jeweils passende Artikel notiert werden soll, Wissen über das Genus des Wortes voraus. Liegt dieses nicht vor, ist das Aufgabenformat in der Form für manche Lernenden mit DaZ nur begrenzt sinnvoll. Bespricht man jedoch mit den Lernenden die Wörter (Semantisierung mit Kontextualisierung sowie z. B. Bildung der Pluralform) und markiert bei Nomen gemeinsam z. B. mit einer Farbe das Genus des jeweiligen Wortes, können mehrsprachige Lernende ihr sprachliches Wissen auch im Rechtschreibunterricht ausbauen. Werden im schulischen Unterricht zudem gewisse Regularitäten zum Genus vermittelt, können Kinder auf der Basis von Wahrscheinlichkeiten bei bestimmten Wörtern das Genus herleiten (vgl. knappe Zusammenfassung bei Sauerborn 2017, S. 16 f.).

2.2.4 Textproduktion

Wortschatz

Wie bereits im Zusammenhang mit der Sprachanalyse und dem Bereich der Orthographie angedeutet, liegen im Bereich des Wortschatzes im Deutschen für viele Lernende mit DaZ Herausforderungen. Die Wortschatzkompetenz im Deutschen hat Einfluss auf alle Bereiche aus dem KOMET-Modell, auch wenn sie in der Darstellung explizit nur in der Spalte der Textproduktion zu finden ist. Gängige Aufgaben zum Schriftspracherwerb und zur Lautanalyse lassen sich nur bearbeiten, wenn die abgebildeten Wörter bekannt sind. Ideen zu einer Geschichte können nur versprachlicht werden, wenn die treffenden Ausdrücke gefunden werden können. Gerade bei elaborierteren Texten geht es auch darum, sich variantenreich auszudrücken. Viele sprachliche Mittel zur Erzeugung von Spannung usw. sind an eine ausreichende Wortschatzkompetenz gebunden. Auch beim Lesen ist Wortschatzkompetenz zentral: Bekannte Wörter werden schneller gelesen als unbekannte Wörter (Lesefertigkeit) und Leseverstehen ist ohnehin nur mit der weitgehenden Kenntnis der im Text vorkommenden Wörter möglich.

Kinder mit frühem Zweitspracherwerb haben im Vergleich zu L1-Lernenden große Lücken im Bereich des Wortschatzes im Deutschen (Thoma & Tracy 2012), was auch andere Studien belegen (z. B. Geist 2017; Paul o. A.). Dennoch ist es zu kurz gefasst, im Hinblick auf die Wortschatzkompetenz von Lernenden mit DaZ nur den Wortschatz im Deutschen zu berücksichtigen. Denn mehrsprachige Lernende bringen zudem Sprachkenntnisse und somit auch einen Wortschatz in ihrer Herkunftssprache mit. Für den Wortschatzerwerb im Deutschen ist dies nicht unerheblich: Denn verfügt ein Kind bereits über Wissen zur Bedeutung eines Wortes in der Herkunftssprache, muss das Kind, wenn es den unbekannten Wortklang im Deutschen mit einem semantischen Feld verbindet (Ellis & Beaton 1995, S. 108), einen weiteren Begriff im Deutschen für ein bereits bekanntes Wort lernen, was Oomen-Welke (2007, S. 163) auch als Polydesignation bezeichnet.

Teilweise können Begriffe jedoch in unterschiedlichen Sprachen auch mit verschiedenen Konzepten verbunden sein, wodurch der Wortschatzerwerb im Deutschen nicht immer nur bedeutet, einen deutschen Begriff für ein bekanntes semantisches Feld zu erwerben. Denn Seme, also die kleinste semantische Einheit, in die ein sprachliches Zeichen zerlegt werden kann, sind sprachspezifisch konstituiert und nicht objektiv vergeben, wodurch sich eine gewisse Relativität ergibt (Fanselow & Staudacher 1991, S. 64). Dies lässt sich an einem Beispiel verdeutlichen: Beim deutschen Wort *leihen* wird im Englischen unterschieden, ob eine Person etwas verleiht (*lend: I never lend you something*) oder eine Person etwas ausleiht (*borrow: I used to borrow your pencil*). Deutschsprachige Personen, die Englisch lernen, müssen zwischen den beiden Konzepten im Englischen, für das sie im Deutschen nur ein Wort kennen, sprachlich differenzieren lernen.

Neben der ständigen Erweiterung des Wortschatzes um neue Wörter geht es beim Wortschatzerwerb auch um den vollständigen Bedeutungserwerb eines Wortes, das je nach Kontext verschiedene Bedeutungen haben kann. Ein Beispiel im Deutschen ist das Wort *laufen*. Wir verwenden den Begriff mit unterschiedlichen Bedeutungen (*er läuft, die Nase läuft, das Auto läuft, die Zeit läuft, es läuft gut* …). Die vollständige Bedeutung eines Wortes zu erwerben, erstreckt sich demnach über einen längeren Zeitraum.

Bei vielen Kindern reicht die Sprachkompetenz im Deutschen für die alltägliche Interaktion im Kindergarten und außerhalb der Schule weitgehend aus, auch weil im Zweifelsfall auf den Kontext verwiesen werden kann, nonverbale Zeichen genutzt werden können sowie Rückfragen möglich sind. Auf sprachlicher Ebene werden die Kinder dennoch nicht den schulischen Anforderungen gerecht (Bredel et al. 2017, S. 187), was Knapp auch unter dem Begriff der *verdeckten Sprachschwierigkeiten* subsumiert (Knapp 1997, S. 6); Schwierigkeiten dieser Art können bei einsprachig deutschen Kindern vorliegen (vgl. Lütje-Klose 2009, S. 28). Um alle Kinder im Ausbau ihrer Wortschatzkompetenz im Deutschen in der Schule zu unterstützen, ist die Unterscheidung von alltags- und bildungssprachlichem Wortschatz zentral (Willenberg 2008). Gerade das Verfügen über Bildungssprache gilt als ein wesentlicher Schlüssel für Schulerfolg.

Konzeptionelle Schriftlichkeit und Bildungssprache

Bildungssprache, auch *academic language* (Schleppegrell 2010), ist ein sprachliches Register,

> »in dem Wissen auf eine besondere Weise behandelt wird. Besonderes Wissen heißt: Wissen, das über das Alltagswissen hinausgeht – sowohl was die Herkunft des Wissens betrifft als auch im Hinblick auf die Breite und Tiefe der Verarbeitung« (Ortner 2009, S. 2227).

Das bildungssprachliche Register zu erwerben, erstreckt sich über mehrere Jahre. Bei Lernenden mit DaZ geht man davon aus, dass für den Ausbau fünf bis sieben Jahre eines intensiven Sprachkontakts notwendig sind, allerdings hängt die Dauer auch von den kognitiven Ressourcen der Lernenden ab (Collier & Thomas 1989, S. 34).

Bildungssprache ist konzeptionell schriftlich. Dieses Register zeichnet sich u. a. durch eine hohe Informationsdichte, Kompaktheit, Komplexität und Elaboriertheit aus (Koch & Oesterreicher 1985, S. 23). Kann man sich mündlich wie schriftlich bildungssprachlich verständigen, hat man eine *cognitive academic language proficiency* erreicht, die auch als *CALP* bezeichnet wird (im Gegensatz zu *BICS, basic interpersonal communicative skills;* Cummins 1979, S. 198). Oft setzt Schule CALP voraus und fördert gleichzeitig den Ausbau der Bildungssprache nicht hinreichend (Cathomas 2007, S. 180), obgleich der Unterricht der zentrale Ort für die Vermittlung derselben ist.

Bildungssprachliche Kompetenzen sind für (fast) alle Fächer wichtig. Das Lesen von Texten und ebenso die schriftliche Auseinandersetzung mit Inhalten gelingt nur, wenn bildungssprachliche Kompetenzen vorliegen. Der Erwerb der Unterrichtssprache und der Bildungssprache ist daher eine entscheidende Hürde für den Lernerfolg der mehrsprachigen Lernenden (Khan 2018, S. 74). Dabei bleiben viele Kinder mit DaZ immer weiter zurück (Riemer 2017, S. 179).

Zum Ausbau der bildungssprachlichen Kompetenzen trägt das sogenannte *Scaffolding* (scaffolding (engl.): Gerüst) bei, das im Folgenden nur in Ansätzen skizziert werden kann. Scaffolding meint, dass ein Novize bei einer Handlung –

diese kann auch rein sprachlich sein – durch eine andere, i.d.R. kompetentere Person, unterstützt wird, die Handlung zu bewältigen (Wood et al. 1976, S. 90). Im Unterricht bedeutet dies z. B., dass die Lehrkraft neben den fachlichen Inhalten auch sprachliche Inhalte in ihrem unterrichtlichen Handeln berücksichtigt und die Lernenden unterstützt, die sprachlichen Mittel zu erwerben, die benötigt werden, um den Lerngegenstand adäquat zu durchdringen. Dabei ist die Unterstützung nur temporär, sie wird nach und nach reduziert. Ziel ist eine Autonomie der Lerner:innen (Mariani 1997). Ein Grundprinzip des Scaffoldings ist, dass sprachliches Lernen in einem bedeutungsvollen Kontext stattfindet und die sprachlichen Handlungen echt sind: Die Lernenden kommunizieren (miteinander), sie verständigen sich im Rahmen von sinnvollen Lernkontexten (Gibbons 2015). Diese kommunikativen Handlungen finden zunächst alltagssprachlich statt. Sie werden jedoch durch den sprachlichen Input und das unterrichtliche Handeln der Lehrkraft zunehmend bildungssprachlicher. Der Weg führt also von der Alltagssprache zur Fachsprache (Warren et al. 2001). Mit dem Erwerb der sprachlichen Mittel geht oft auch ein tieferes konzeptuelles Verständnis eines Lerngegenstands einher (Brown & Ryoo 2008, S. 549).

Wie viel Unterstützung die jeweiligen Lernenden erhalten, hängt von ihrem jeweiligen Lernstand ab. Grundsätzlich soll das sprachliche Lernen – im Sinne Wygotskis – in der Zone der proximalen Entwicklung liegen (van Lier 2001, S. 190). Das heißt, das Lernangebot ist etwas über dem Lernstand des Kindes anzusiedeln und im Unterricht

1) werden Lerngegenstände so konstruiert, dass Lehrende im kooperativen Lehr-Lernprozess den Lernenden etwas zeigen, diese wiederum etwas sehen können (Bräuer 2016, S. 50);
2) erhält das Kind die sprachlichen Mittel zur Verfügung gestellt, um sprachlich zu lernen;
3) wird das Kind herausgefordert, sich sprachlich etwas außerhalb der Komfortzone zu bewegen und die neu kennengelernten sprachlichen Mittel nach und nach mit immer weniger Unterstützung anzuwenden.

Gibbons (2015) beschreibt konkret, wie Scaffolding für unterschiedliche Lerngegenstände von der Textproduktion über das Lesen zum naturwissenschaftlichen Fachunterricht aussehen kann. Ein Teilaspekt der Textproduktion ist die Ideenentwicklung, um die es im Folgenden gehen soll.

Ideenentwicklung

Wenn man in seiner Erstsprache über eine größere Sprachkompetenz verfügt als in der Zweitsprache, können immer wieder Situationen entstehen, in denen man zwar weiß, was man sagen möchte, aber man sich nicht in der Zweitsprache entsprechend ausdrücken kann (Swain 1985, S. 248). Während man in Alltagssituationen durch ein kontextualisiertes Sprechen, unterstützt von Gestik und Mimik, solche Verständigungsschwierigkeiten eher überwinden kann, erfordert das Schreiben von

Texten eine dekontextualisierte Sprache, bei der die sprachlichen Mittel allein Bedeutung schaffen.

Auch wenn beim Verfassen einer Geschichte die Ideenentwicklung oft parallel zum Schreiben stattfindet, kann für didaktische Zwecke auch eine vorgelagerte Ideenentwicklung genutzt werden, z.B. im Unterrichtsgespräch mit der Klasse, in dem Ideen für eine Geschichte gesammelt werden. Dieser zusätzliche Schritt entlastet die Lernenden dann beim tatsächlichen Ausformulieren der Geschichte. Ebenso kann dem Schreiben eine mündliche Textproduktion vorgelagert werden (z.B. beim Diktieren mit einer Spracherkennungssoftware oder beim Diktieren für eine:n Skriptor:in). Bei Kindern, die im Deutschen noch Schwierigkeiten haben, die richtigen sprachlichen Mittel für eine Geschichte zu finden, kann die Ideenentwicklung zudem (zunächst) in der Herkunftssprache versprachlicht werden. Bei den vorliegenden Beispielen wurden die Audiodateien in der Herkunftssprache von sprachkundigen Personen transkribiert und dann übersetzt. Man kann dafür auch Online-Services nutzen, die zum Teil auch kostenlos sind. Die Akkuratheit ist dann jedoch nicht ganz so hoch wie in den beschriebenen Fällen.

Wie gewinnbringend in der Herkunftssprache diktierte Geschichten sein können, zeigen die zwei Beispiele in Tabelle 2.4, die beide zur gleichen Bildergeschichtenvorlage von zwei Jungen am Anfang von Klasse 1 entstanden sind.

Tab. 2.4: Diktierte Bildergeschichten von Arafat, sieben Jahre alt; Sprachkontakt zum Deutschen seit acht Monaten (Sauerborn 2022, 20 f.)

Geschichte auf Deutsch	**Geschichte auf Arabisch, ins Deutsche übersetzt**
Eines Tages (Satzanfang vorgegeben) da gibt eine Kinder spielt mit dem Fußball und der gibt viele Fußball in die andere Kinder, in die andere Kind. Er klettert und die anderen Kind klettern, den Mädchen, den Mädchen klettert. Dann hat er ein Kind geschlagen auf den Bauch. Dann ist er sauer. Dann er weint. Dann die Mädchen hat geklettert. Dann hat sie gefallen. Und der Kind hat gefallen auf den Boden. Und dann haben sie die Spiele mit dem Fußball nochmal. Und der Kind hat nochmal gemachen und den andere. Und die Mädchen hat gespielen. Fertig.	Es war einmal ein Junge, der kletterte und ein Mädchen kam zum Spielen. Eines Tages fiel ein Kind herunter, aber das Mädchen war es nicht. Der Junge fing an zu weinen und dann kam der Krankenwagen und brachte ihn ins Krankenhaus. Danach brachte man ihn völlig gesund zu seinen Eltern zurück. Er fragte seinen Vater, ob er nach draußen gehen könne, ohne mit jemanden zu streiten, und sein Vater erlaubte es ihm. Sie spielten zusammen und das Mädchen war glücklich. Sie spielten mit dem Ball.
Nachfragen der Lehrkraft	
Dann er hat gefallen auf den Knie und auf seinen Bauch. Dann hat gekommen den Wowo. Dann haben sie geholt. Dann haben sie alles gemacht. Fertig. Und dann hat der gesagt nochmal von seine Papa und seine Mama. Dann hat sie gesagt fertig. Und jetzt spielen sie.	

An dieser Stelle soll keine dezidierte Analyse der Texte erfolgen, vielmehr werden nur einige Auffälligkeiten herausgestellt: Gemessen an der Sprachkontaktzeit zum Deutschen enthält Arafats Geschichte im Deutschen bereits viele sprachlich dargestellte Details und einige Verben aus dem Alltagswortschatz. Der Begriff *Krankenwagen* ist dem Kind nicht bekannt und wird durch die Wortschöpfung *Wowo* ersetzt. Syntaktisch sind vor allem Verbzweitsätze zu finden, jedoch auch schon einige Satzeinheiten mit korrekt gebildeter Inversion (Subjekt hinter dem finiten Verbteil), wie z. B. bei *Dann hat er ein Kind geschlagen; Dann ist er sauer*. Die Übersetzung der arabischen Geschichte zeigt eine hohe Elaboriertheit, die sich z. B. im Tempus (Präteritum) oder der indirekten Rede zeigt.

Auch bei den Geschichten von Amir gibt es Unterschiede zwischen den Versionen in beiden Sprachen (▶ Tab. 2.5).

Tab. 2.5: Diktierte Bildergeschichten von Amir, 6,11 Jahre alt; Sprachkontakt zum Deutschen seit dem Alter von drei Jahren; Datenerhebung von Philomena Weber, Masterstudentin PH Heidelberg 2024/2024

Geschichte auf Deutsch	Geschichte auf Türkisch, ins Deutsche übersetzt
Einmal waren Kinder in Spielplatz gegangen und haben gespielt. Dann hatte ein Junge geklettert und dann ist die Junge runtergefallen. Und dann war wiuwiuwiu.	Ein Tag spielten Kinder im Park. Dann machte ein Kind klettern. Es kletterte irgendwo hoch. Dann gab ein anderes Kind ihm vorsichtige Warnungen. Leider fiel das Kind dann zu Boden. Der kleine Junge hatte sehr starke Schmerzen. Dann kam ein Krankenwagen und heilte das Kind.

Während die deutsche Version im Kontext einer Sprachkontaktzeit von drei Jahren als rudimentär bezeichnet werden kann, ist die türkische Geschichte ausgereifter, was man z. B. an der attributiven Verwendung von Adjektiven sieht (*vorsichtige Warnung, starke Schmerzen*), die dazu beitragen, dass der Text mehr Vorstellungsraum evoziert. Im Hinblick auf den Wortschatz fällt auf, dass das Kind im Türkischen das Wort für *Krankenwagen* kennt, welches es im Deutschen durch eine nicht zielsprachliche Onomatopoeia ausdrückt.

Aus den beiden herkunftssprachlichen Texten lassen sich in beiden Fällen Folgerungen ableiten: Die sprachlichen Ressourcen in der Herkunftssprache sind ausgereifter als im Deutschen. Sie könnten folglich für das sprachliche Lernen genutzt werden (vgl. z. B. Translanguaging-Ansatz: Gantefort & Maahs 2020; Otheguy et al. 2015). Möglich wäre es auch, die deutsche Übersetzung der eigensprachlich verfassten Texte für das sprachliche Lernen im Deutschen zur Verfügung zu stellen. Bei einem solchen Vorgehen sind Analogien zum Erstspracherwerb zu ziehen, bei dem Bezugspersonen Äußerungen der Kinder aufgreifen und elaboriert wiederholen.

Im Falle von Amir ist der sprachliche Ausdruck im Deutschen im Verhältnis zur Sprachkontaktzeit gering ausgebildet. Die Übersetzung des türkischen Texts zeigt jedoch, dass bei Amir keine generellen Sprachschwierigkeiten vorzuliegen scheinen.

Demnach müsste das Kind die Möglichkeit erhalten, trotz einer Sprachkontaktzeit zum Deutschen von drei Jahren bei Einschulung eine im Rahmen der Regelbeschulung stattfindende Sprachförderung im Deutschen zu erhalten (Sauerborn 2023, S. 48 f.). Es wäre auch möglich, dass die Übersetzung des Textes in der Herkunftssprache allgemeine Sprachschwierigkeiten zutage brächte. In diesem Fall wäre eine gründlichere Untersuchung nötig, um zu klären, wie der Sprachkompetenzausbau in beiden Sprachen gefördert werden kann.

Gerade für den Anfangsunterricht kann sich bei der Textproduktion, die mit der noch auszubauenden Schriftproduktion verbunden ist, die Arbeit mit Satzbausteinen bei manchen Kindern anbieten, gerade wenn es noch um kurze Texte mit wiederkehrenden Elementen geht, wie z. B. bei Wochenendgeschichten. Dabei ist sprachliches Lernen im Aufgabenformat inhärent, indem z. B. die Perfektformen mit *haben* und *sein* in Abhängigkeit vom gewählten Verb automatisiert werden (Sauerborn 2018). Auch Geschichtenfelder, welche sprachliche Ausdrücke enthalten und wie eine Art Storyboard genutzt werden können, unterstützen manche Lernenden mit DaZ bei der Textproduktion (Sauerborn 2017a).

Hinweise zur Textverbesserung und -überarbeitung

Gerade im Anfangsunterricht verfassen viele Kinder zunächst kurze Texte. Aufgrund des geringen Umfangs können die Texte mit einem überschaubaren Aufwand durch die Lehrkraft korrigiert und ggf. auch inhaltlich im Gespräch mit dem Kind überarbeitet werden. Für Kinder, die die Unterrichtssprache Deutsch erwerben, bietet die lehrkraftgesteuerte Korrektur viele sprachliche Lernmöglichkeiten an eigenen, oft auch für das Kind bedeutsamen, sprachlichen Äußerungen. Durch das regelmäßige Verfassen von Texten und die sich daran anschließende Korrektur erwerben die Kinder sprachliche Strukturen, die sie für die weitere Textproduktion nutzen können. Im vorliegenden Beispiel korrigiert die Lehrkraft nicht im Text des Kindes, um den Text als Werk des Kindes wertzuschätzen. Sie schreibt die kurze Passage korrigiert auf und das Kind schreibt schließlich diese Korrektur ab (▶ Abb. 2.8). In einem solchen Überarbeitungsmodus können auch inhaltliche Ergänzungen/Änderungen, die sich aus dem Gespräch mit dem Kind ergeben, vorgenommen werden.

Im vorliegenden Text werden neben der Verbesserung weniger orthographischer Aspekte auf grammatikalischer Ebene Zeitformen vereinheitlicht (Präteritum: heist → hieß) sowie unregelmäßige Präteritumsformen korrigiert (*schleften → schliefen). Außerdem erfolgt die Verbesserung einer kasusabhängigen Endung (*mit sein Hund → mit seinem Hund) und einer fehlenden Präposition (*bis Abend → bis zum Abend). In beiden Nominalgruppen wird der Dativ verlangt, welcher im Zweitspracherwerb nach dem Nominativ und Akkusativ erworben wird (Wegener 1995, 342 ff.). Folglich bietet es sich an, dem Jungen den Zugang zu den Konstruktionen zunächst als jeweils gesamte sprachliche Einheit zu ermöglichen. In der Korrektur durch die Lehrkraft werden zudem umgangssprachliche Formulierungen gegen schriftsprachliche ausgetauscht (die spielten → sie spielten). Ansonsten bleibt die Struktur und der Inhalt in diesem Beispiel erhalten. Bei anderen Texten der Lernenden, die inhaltlich komplexer sind, werden die Texte z. B. im Gespräch auch

2 Schriftspracherwerb bei Lernenden mit DaZ

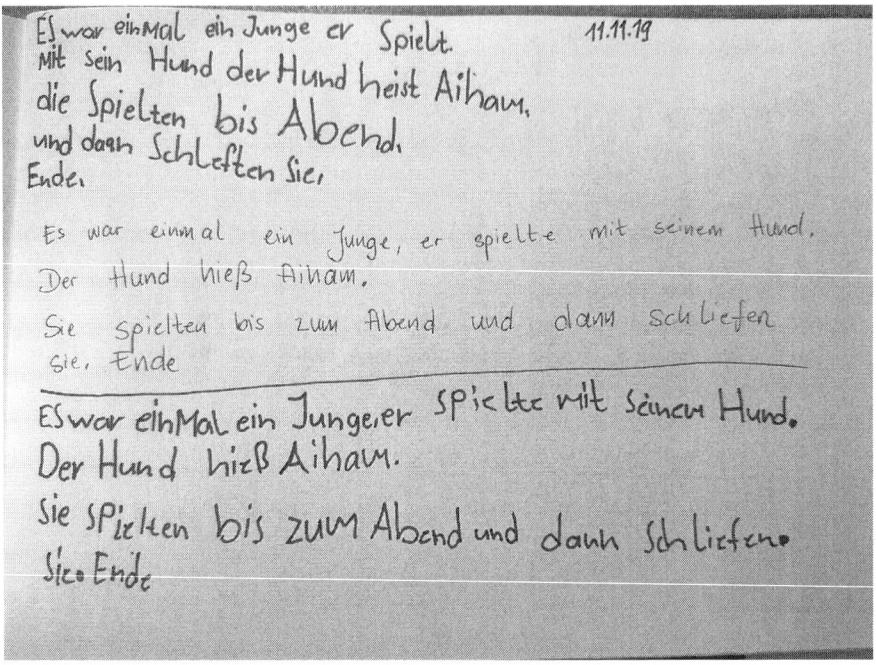

Abb. 2.8: Kurze Geschichte eines Jungen, acht Jahre alt (Sprachkontaktzeit zwei Jahre), Anfang Klasse 2

inhaltlich überarbeitet und ausgestaltet. Die Lehrkraft greift dann auch unterstützend ein und stellt dem Kind im Sinne des Scaffoldings sprachliche Mittel zur Versprachlichung einer Idee zur Verfügung.

Weitere Anregungen für die Textproduktion

In diesem Kapitel wurden Teilkomponenten der Textproduktion isoliert dargestellt. Für den Unterricht müssen die verschiedenen Aspekte zusammengebracht werden. Beispielhaft beschreibt Gibbons (2015, S. 111 ff.), wie die Textproduktion bei L2-Lernenden in verschiedenen Schritten unterstützt werden kann, bezieht sich dabei jedoch vor allem auf eine ältere Altersgruppe (siehe auch Sauerborn 2017, S. 190 f.):

1. *Themenspezifisches Wissen aufbauen:* Um über etwas schreiben zu können, braucht man ein bestimmtes themenspezifisches Wissen. Beim Schreiben von Sachtexten liegt das auf der Hand. Es gilt aber auch für andere Textsorten.
2. *Genrespezifisches Wissen inkl. Textsortenkenntnis aufbauen:* Wie im Basisartikel beschrieben, haben Textsorten bestimmte Merkmale im Hinblick auf Wortschatz, Struktur usw. (▶ Kap. 1). Das Wissen darum ist bei Lernenden vorhanden, die viele Texte einer bestimmten Art rezipieren. Bei anderen Schüler:innen wird die Textsortenkenntnis u. a. durch die Arbeit an Beispieltexten aufgebaut.

3. *Gemeinsame Textproduktion:* Nachdem das themenspezifische Wissen und eine gewisse Textsortenkenntnis vorhanden ist, wird in der Klasse/Kleingruppe gemeinsam ein Mustertext der zu schreibenden Textsorte verfasst.
4. *Einen eigenen Text verfassen:* Erst im letzten Schritt erfolgt die eigenständige Textproduktion. Diese sieht je nach Schüler:in unterschiedlich aus: Manche Kinder verfassen frei einen Text, andere erhalten Wortbausteine und Satzanfänge. Wieder andere Kinder setzen Satzbausteine zusammen und schreiben den so entstandenen Text ab usw.

2.2.5 Leseverstehen und Lesefertigkeit

Henschel et al. (2022, S. 190) beschreiben große Unterschiede beim Lesen zwischen Kindern ohne Zuwanderungshintergrund (497 Punkte) und Kindern, die im Ausland geboren wurden (394 Punkte). Bei dem bereits genannten Lernzuwachs von 60 Punkten pro Jahr beim Lesen liegen somit Entwicklungsunterschiede von knapp 1 ½ Schuljahren zwischen den beiden Gruppen vor. Andere Studien untersuchen die Unterschiede zwischen L1- und L2-Lernenden genauer: Laut Ehlers (2022, S. 284) lesen L2-Lernende langsamer als L1-Lernende. Als ursächlich dafür werden in der Studie »eingeschränkte Wortschatzkenntnisse, eine begrenzte Kapazität des Arbeitsgedächtnisses und/oder mangelnde Automatisierung von Grundfertigkeiten« (ebd.) genannt. So sei die ineffiziente und ungenaue Verarbeitung auf der hierarchieniedrigen Ebene im Zusammenhang mit einem begrenzten Zweitsprachenwissen zu verstehen (ebd.). Wie bei Sauerborn und Köb in diesem Band dargestellt (▶ Kap. 1), führen Schwierigkeiten auf dieser Ebene zu Einschränkungen bei den hierarchiehöheren Prozessen. Röthlisberger et al. (2021) deuten den Wortschatz als einen signifikanten Faktor für den Leseerfolg und stellen bei Lernenden mit DaZ »eklatante Defizite beim Lesen [fest]« (ebd., S. 359). Der Zusammenhang von rezeptivem Wortschatz und den Lesefertigkeiten ist laut Seifert et al. (2019) bei Lernenden mit DaZ größer als bei L1-Lernenden.

Eine adäquate schulische Unterstützung beim Lesen umfasst konsequent auch die Wortschatzarbeit (Seifert et al. 2019, S. 272). Dies gilt auch für den Anfangsunterricht, in dem der durchgängige Wortschatzaufbau unerlässlich ist. Beim Erlernen der Lesefertigkeiten gilt bei Lernenden mit DaZ in besonderer Weise, dass die Struktur der Schrift genutzt werden sollte, um auf Anhieb die richtige Betonung und Aussprache eines Wortes erlesen zu können. Denn beim Lesen geht es nicht um das Rekodieren (vgl. Haueis 2011), welches über den Umweg des synthetisierenden Lesens stattfindet, bei dem zwangsläufig bei vielen Wörtern Kunstwörter entstehen (▶ Kap. 1). Solche Kunstwörter erschweren für die Lerngruppe das Wortverstehen noch mehr als bei L1-Lernenden. Demnach kann der Aufbau eines Sichtsilbenschatzes helfen, schneller auch geschlossene Silben und Reduktionssilben richtig zu lesen. Der möglichst mühelose Zugriff auf Wortstrukturen beim Lesen ist für Lernende mit DaZ besonders wichtig, da das Lesen zwar einerseits eine gewisse Wortschatzkenntnis voraussetzt, gleichzeitig aber auch den Wortschatzaufbau vorantreibt (Nagy & Herman 1987, S. 21 ff.; Artelt et al. 2007, S. 15). Indem das Wortverstehen von Anfang an eine Rolle spielt, lernen die Kinder, dass es darauf ankommt, ein

Wort zu kennen. Auch das Leseverstehen auf der Satzebene sollte früh angebahnt werden, um Lesen als sinnhafte Tätigkeit erlebbar werden zu lassen. Einfache Lese-Mal-Aufgaben (z. B. Sauerborn 2019 und 2024) ermöglichen der Lehrkraft zudem, auf einen Blick zu erkennen, ob das Kind die kurzen Texte auf lokaler Ebene richtig verstanden hat.

Gerade im Anfangsunterricht profitieren Kinder, die die Unterrichtssprache Deutsch gerade erwerben, von einer aktiven Vorlese- und Erzählkultur, u. a. weil beim Vorlesen und Erzählen sprachliches Lernen auf vielen Ebenen stattfinden kann. Bilderbücher bieten Lernenden mit DaZ durch die zusätzliche Bildebene Verstehenshilfen und Sprechanlässe (Sauerborn 2021).

2.3 Fazit

Die Gruppe der Lernenden mit DaZ bzw. der mehrsprachigen Lernenden ist eine höchst heterogene Gruppe. Ihr prozentualer Anteil an der Gesamtschüler:innschaft auf der einen Seite und die Ergebnisse der Gruppe in Schulleistungsstudien auf der anderen Seite machen deutlich, dass ein Umdenken für den Unterricht und die Lernangebote erforderlich ist. Die Lernenden bringen sprachliche Ressourcen mit, die im Schulalltag in Deutschland oft keine Rolle spielen. Gleichzeitig stellt ein Unterricht, der auf einsprachige Lernende ausgerichtet ist, die Kinder teilweise vor Herausforderungen, die sie hemmen, sich ihren Möglichkeiten gemäß zu entwickeln. Dabei ist nicht die Mehrsprachigkeit das Problem, sondern die Nichtberücksichtigung der von einem Regelgrundschulkind abweichenden Lernentwicklung in manchen Bereichen. In diesem Beitrag wurden exemplarisch einige Aspekte herausgegriffen und in Grundzügen dargestellt. Ansätze wie das Scaffolding (Gibbons 2015), die auch in anderen Ländern eingesetzt werden, zeigen, wie Lehrkräfte in ihrem Unterricht durch sprachsensibles Handeln zur Entfaltung der Potentiale auf Seiten der Lernenden beitragen können.

Literaturverzeichnis

Ahrenholz, B. (2022): Erstsprache – Zweitsprache – Fremdsprache – Mehrsprachigkeit. In: Bernt Ahrenholz, Ingelore Oomen-Welke und Winfried Ulrich (Hrsg.): Deutsch als Zweitsprache. 6. unveränderte Aufl. Baltmannsweiler: Schneider Hohengehren (Deutschunterricht in Theorie und Praxis, Band 9), S. 3–20.

Allemann-Ghionda, C. (2006): Klasse, Gender oder Ethnie? Zum Bildungserfolg von Schüler/innen mit Migrationshintergrund. Von der Defizitperspektive zur Ressourcenorientierung. In: Zeitschrift für Pädagogik 52 (3), S. 350–362. DOI: 10.25656/01:4462.

Artelt, C.; McElvany, N.; Christmann, U.; Richter, T.; Groeben, N.; Köster, J. et al. (2007): Förderung von Lesekompetenz. Expertise. Bonn/Berlin: Bundesministerium für Bildung und Forschung (BMBF) Bildungsforschung, Band 17. Online verfügbar unter http://www.bmbf.de/pub/bildungsreform_band_siebzehn.pdf, zuletzt geprüft am 08.10.2010.

Bang, H. Jin (2011): What Makes it Easy or Hard for You to Do Your Homework? An Account of Newcomer Immigrant Youths' Afterschool Academic Lives. In: Current Issues in Education 14 (3), S. 1–26. Online verfügbar unter https://cie.asu.edu/ojs/index.php/cieatasu/article/view/527/241, zuletzt geprüft am 26.04.2024.

Becker, T.; Siekmann, K. (2012): Diagnose orthographischer Fähigkeiten bei mehrsprachigen Kindern. In: Wilhelm Grießhaber und Zeynep Kalkavan-Aydın (Hrsg.): Orthographie- und Schriftspracherwerb bei mehrsprachigen Kindern. Stuttgart: Fillibach; Klett, S. 169–188.

Belke, E. (2007): Constructing a (Second) Language: Grammatikalisierung in Schriftspracherwerb und Sprachwandel. In: Osnabrücker Beiträge zur Sprachtheorie (OBST) (73), S. 15–34.

Belke, G. (2019): Mehr Sprache(n) für alle. Sprachunterricht in einer vielsprachigen Gesellschaft. 3. unveränderte Aufl. Baltmannsweiler: Schneider Hohengehren.

Berkemeier, A. (2021): Schrift- und Orthographievermittlung in vielfältigen Lerngruppen. Ein Theorie-Praxis-Band mit kompatiblen Instrumenten für alle Schulstufen. Baltmannsweiler: Schneider Hohengehren.

Berkemeier, A.; Auth, E.; Escher, K. (2022): Informationstool zur Hörtabelle. Online verfügbar unter https://sprachdidaktik.uni-muenster.de/hoertabelle/, zuletzt geprüft am 10.06.2024.

Bialystok, E.; Majumder, S.; Martin, M. (2003): Developing phonological awareness: Is there a bilingual advantage? In: Applied psycholinguistics: psychological studies of language processes 24 (1), S. 27–44. DOI: 10.1017/S014271640300002X.

Bourdieu, P. (1983): Ökonomisches Kapital, kulturelles Kapital, soziales Kapital. In: Reinhard Kreckel (Hrsg.): Soziale Ungleichheiten. Göttingen: Schwartz, S. 183–198.

Bräuer, C. (2016): Deutschdidaktik – (k)ein Denkkollektiv ohne Denkstil? In: Christoph Bräuer (Hrsg.): Denkrahmen der Deutschdidaktik. Die Identität der Disziplin in der Diskussion. Frankfurt am Main, Bern, Bruxelles: Peter Lang Edition (Positionen der Deutschdidaktik, Band 1), S. 19–58.

Bredel, U. (2012): (Verdeckte) Probleme beim Orthographieerwerb des Deutschen in mehrsprachigen Klassenzimmern. In: Wilhelm Grießhaber und Zeynep Kalkavan-Aydın (Hrsg.): Orthographie- und Schriftspracherwerb bei mehrsprachigen Kindern. Stuttgart: Fillibach; Klett, S. 125–142.

Bredel, U.; Fuhrhop, N.; Noack, C. (2017): Wie Kinder lesen und schreiben lernen. 2., überarb. Aufl. Tübingen: Narr Francke Attempto.

Brown, B. A.; Ryoo, K. (2008): Teaching science as a language. A »content-first« approach to science teaching. In: J. Res. Sci. Teach. 45 (5), S. 529–553. DOI: 10.1002/tea.20255.

Brücker, H. (2013): Auswirkungen der Einwanderung auf Arbeitsmarkt und Sozialstaat: Neue Erkenntnisse und Schlussfolgerungen für die Einwanderungspolitik. Online verfügbar unter https://mediendienst-integration.de/fileadmin/Dateien/bertelsmann-bruecker-studie-einwanderung.pdf, zuletzt geprüft am 26.04.2024.

Cathomas, R. (2007): Neue Tendenzen der Fremdsprachendidaktik – das Ende der kommunikativen Wende? In: Beiträge zur Lehrerbildung 25 (2), S. 180–191. Online verfügbar unter www.bzl-online.ch/archiv/heft/2007/2, zuletzt geprüft am 05.01.2017.

Collier, V. P.; Thomas, W. P. (1989): How quickly can immigrants become proficient in school English? In: Journal of Educational Issues of Language minority students (5), S. 26–38.

Corvacho del Toro, Irene M.; Mehlem, U. (2022): »Die Grundschule schreibt!«. Einsichten in die morphologische Struktur zur Verbesserung der Rechtschreibleistung bei ein- und mehrsprachigen Grundschulkindern. In: Katharina Nimz, Christina Noack und Karsten Schmidt (Hrsg.): Mehrsprachigkeit und Orthographie. Empirische Studien an der Schnittstelle von Linguistik und Sprachdidaktik. Bielefeld: wbv (Thema Sprache – Wissenschaft für den Unterricht), S. 129–142.

Cummins, J. (1979): Cognitive/Academic Language Proficiency, Linguistic Interdependence, the Optimum Age Question and Some Other Matters. In: Working Papers on Bilingualism (19), S. 198–205.

Decker-Ernst, Y.; Schnitzer, K. (2013): FreiSprachen: Sprachen an Freiburger Grund- und Sonderschulen. Lokale Bestandsaufnahme als Basis für Bildungsentscheidungen. In: Ingelore Oomen-Welke und Inci Dirim (Hrsg.): Mehrsprachigkeit in der Klasse wahrnehmen – aufgreifen – fördern. Stuttgart: Fillibach; Klett, S. 25–42.

Dehn, M.; Hüttis-Graff, P. (2020): Zeit für die Schrift. Lesen und Schreiben im Anfangsunterricht. 4. Aufl. Berlin: Cornelsen (Lehrerbücherei Grundschule).

Dimroth, C. (2008): Kleine Unterschiede in den Lernvoraussetzungen beim ungesteuerten Zweitspracherwerb: Welche Bereiche der Zielsprache Deutsch sind besonders betroffen? In: Bernt Ahrenholz (Hrsg.): Zweitspracherwerb. Freiburg im Breisgau: Fillibach, S. 117–134.

Ehlers, S. (2022): Lesekompetenz in der Zweitsprache. In: Bernt Ahrenholz und Ingelore Oomen-Welke (Hrsg.): Deutsch als Zweitsprache. 6. unveränd. Aufl. Baltmannsweiler: Schneider Hohengehren (Deutschunterricht in Theorie und Praxis, Band 9), S. 279–291.

Ehlich, K. (2021): Schriften und das mehrsprachige Klassenzimmer. In: Die Grundschulzeitschrift (328), S. 12–15.

Ellis, N. C.; Beaton, A. (1995): Psycholinguistic Determinants of Foreign Language Vocabulary Learning. In: Birgit Harley (Hrsg.): Lexical issues in language learning. Amsterdam: John Benjamins Publishing (The best of Language Learning), S. 107–165.

Fanselow, G.; Staudacher, P. (1991): Wortsemantik. In: Arnim von Stechow und Dieter Wunderlich (Hrsg.): Semantik. ein internationales Handbuch der zeitgenössischen Forschung Berlin: de Gruyter (Handbücher zur Sprach- und Kommunikationswissenschaft, 6), S. 53–70.

Ferstl, L. (2020): Was ist der Unterschied zwischen bilingualem und monolingualem Wortschatzerwerb? Online verfügbar unter https://epub.uni-regensburg.de/44098/1/RPiL18-Ferstl.pdf, zuletzt geprüft am 24.04.2024.

Gantefort, C.; Maahs, I.-M. (2020): Translanguaging. Mehrsprachige Kompetenzen von Lernenden im Unterricht aktivieren und wertschätzen. Duisburg/Essen: Stiftung Mercator, proDaZ, Universität Duisburg/Essen. Online verfügbar unter https://www.uni-due.de/imperia/md/content/prodaz/gantefort_maahs_translanguaging.pdf, zuletzt geprüft am 01.05.2023.

Gawlitzek-Maiwald, I.; Tracy, R. (1996): Bilingual bootstrapping. In: Linguistics 34 (5), S. 901–926. DOI: 10.1515/ling.1996.34.5.901.

Geist, B. (2017): Wortschatz von Kindern mit Deutsch als Zweitsprache. In: Frühe Bildung 6 (3), S. 124–132. DOI: 10.1026/2191–9186/a000326.

Gibbons, P. (2015): Scaffolding language, scaffolding learning. Teaching English language learners in the mainstream classroom. Second edition. Portsmouth, NH: Heinemann.

Gnuschke, E. (2020): DJI-Kinder- und Jugendmigrationsreport 2020. Datenanalyse zur Situation junger Menschen in Deutschland. Bielefeld: wbv Media. Online verfügbar unter https://www.dji.de/fileadmin/user_upload/dasdji/themen/Jugend/DJI_Migrationsreport_2020.pdf, zuletzt geprüft am 24.04.2024.

Goschler, J.; Grassmann, S. (2014): Stellungnahme zur Frage nach der Familiensprache. Unter Mitarbeit von 51 SprachwissenschaftlerInnen, SprachpsychologInnen und EntwicklungspsychologInnen. Online verfügbar unter https://uol.de/germanistik/deutsch-als-fremdsprachedeutsch-als-zweitsprache/forschung, zuletzt geprüft am 24.04.2024.

Haueis, E. (1994): Muttersprachlicher Unterricht in Europas Schulen. In: Osnabrücker Beiträge zur Sprachtheorie (OBST) (48), S. 5–12.

Haueis, E. (2011): Das Re-Artikulieren der Schrift als Voraussetzung für textnahes Lesen. In: Anja Ballis und Cordula Löffler (Hrsg.): Standpunkte. Zugänge zur Literatur und ihrer Didaktik. Baltmannsweiler: Schneider Hohengehren, S. 106–118.

Heath, S. Brice (1982): What no Bedtime Story Means: Narrative Skills at Home and School. In: Language in Society (11), S. 49–76.

Henschel, S.; Heppt, B.; Rjosk, C.; Weirich, S. (2022): Zuwanderungsbezogene Disparitäten. In: Petra Stanat, Stefan Schipolowski, Rebecca Schneider, Karoline A. Sachse, Sebastian Weirich und Sofie Henschel (Hrsg.): IQB-Bildungstrend 2021. Kompetenzen in den Fächern Deutsch und Mathematik am Ende der 4. Jahrgangsstufe im dritten Ländervergleich. Münster: Waxmann, S. 181–291.

Herwartz-Emden, L.; Küffner, D. (2006): Schulerfolg und Akkulturationsleistungen von Grundschulkindern mit Migrationshintergrund. In: Zeitschrift für Erziehungswissenschaft 9 (2), S. 240–254.

Jeuk, S. (2012): Orthographieerwerb mehrsprachiger Kinder in der ersten Klasse. In: Wilhelm Grießhaber und Zeynep Kalkavan-Aydın (Hrsg.): Orthographie- und Schriftspracherwerb bei mehrsprachigen Kindern. Stuttgart: Fillibach; Klett, S. 105–123.

Jeuk, S. (2018): Schriftspracherwerb und Alphabetisierung in der Zweitsprache im Grundschulalter. In: Wilhelm Grießhaber, Heike Roll, Sabine Schmölzer-Eibinger und Karen Schramm (Hrsg.): Schreiben in der Zweitsprache Deutsch. Ein Handbuch. Berlin, Boston: De Gruyter Mounton (DaZ-Handbücher, 1), S. 49–63.

Kalkavan-Aydın, Z. (2022): Mythen der mehrsprachigen Alphabetisierung. In: Zeynep Kalkavan-Aydın (Hrsg.): Schriftspracherwerb und Schriftvermittlung bei Mehrsprachigkeit. Münster, New York: Waxmann (Mehrsprachigkeit, Band 55), S. 15–38.

Khan, J. (2018): Mehrsprachigkeit, Sprachkompetenz und Schulerfolg. Kontexteinflüsse auf die schulsprachliche Entwicklung Ein- und Mehrsprachiger. Wiesbaden: Springer VS.

Knapp, W. (1997): Schriftliches Erzählen in der Zweitsprache. Berlin: de Gruyter (Reihe germanistische Linguistik, 185).

Koch, P.; Oesterreicher, W. (1985): Sprache der Nähe – Sprache der Distanz. Mündlichkeit und Schriftlichkeit im Spannungsfeld von Sprachtheorie und Sprachgeschichte. In: Olaf Deutschmann, Hans Flasche, Bernhard König, Margot Kruse, Walter Pabst und Wolf-Dieter Stempel (Hrsg.): Romanistisches Jahrbuch. Berlin, New York: de Gruyter (36), S. 15–43.

Kühn, S. (2011): Eltern mit Migrationshintergrund in die Sprachbildung einbeziehen. München: DJI. Online verfügbar unter https://www.dji.de/fileadmin/user_upload/bibs/672_13588_Kuehn_Expertise_Eltern_mit_Migrationshintergrund.pdf, zuletzt geprüft am 26.04.2024.

Kultusministerkonferenz (2022): Bildungsstandards für das Fach Deutsch Primarbereich. (Beschluss der Kultusministerkonferenz vom 15.10.2004, i.d.F. vom 23.06.2022). Berlin. Online verfügbar unter https://www.kmk.org/fileadmin/Dateien/veroeffentlichungen_beschluesse/2022/2022_06_23-Bista-Primarbereich-Deutsch.pdf, zuletzt geprüft am 01.05.2023.

Mariani, L. (1997): Teacher support and teacher challenge in promoting learner autonomy. In: A journal of TESOL Italy 23 (2). Online verfügbar unter http://www.learningpaths.org/papers/papersupport.htm, zuletzt geprüft am 05.04.2022.

Montanari, E. (2008): Mit zwei Sprachen groß werden. Mehrsprachige Erziehung in Familie, Kindergarten und Schule. 8. Aufl. München: Kösel.

Müller, H.-G.; Schroeder, C. (2022): Zum Einfluss der Erstsprache auf orthografische Kompetenzen in Deutsch als Zweitsprache. Eine vergleichende Analyse. In: Katharina Nimz, Christina Noack und Karsten Schmidt (Hrsg.): Mehrsprachigkeit und Orthographie. Empirische Studien an der Schnittstelle von Linguistik und Sprachdidaktik. Bielefeld: wbv (Thema Sprache – Wissenschaft für den Unterricht), S. 51–74.

Nagy, W. E.; Herman, P. A. (1987): Breadth and Depth of Vocabulary Knowledge. Implications for Acquisition and Instruction. In: M. G. McKeown und M. E. Curtis (Hrsg.): The Nature of Vocabulary Acquisition. Hoboken: Taylor and Francis, S. 19–35.

Nohl, A.-M.; Schittenhelm, K.; Schmidtke, O.; Weiß, A. (2009): Zur Einführung: Migration, kulturelles Kapital und Statuspassagen in den Arbeitsmarkt. In: Anja Weiss, Arnd-Michael Nohl, Karin Schittenhelm und Oliver Schmidtke (Hrsg.): Kulturelles Kapital in der Migration. Hochqualifizierte Einwanderer und Einwandererinnen auf dem Arbeitsmarkt. Wiesbaden: VS Verlag für Sozialwissenschaften (GWV), S. 9–35.

Oomen-Welke, I. (2007): Die Sachen, ihre Namen und noch etwas dazwischen: Wie Kinder Begriffe bilden und Lexik gebrauchen. In: Roland Jost, Werner Knapp und Kerstin Metz (Hrsg.): Arbeit an Begriffen. Fachwissenschaftliche und fachdidaktische Aspekte. Baltmannsweiler: Schneider Hohengehren, S. 156–172.

Ortner, H. (2009): Rhetorisch-stilistische Eigenschaften der Bildungssprache. In: Ulla Fix, Andreas Gardt, Joachim Knape, Gerold Ungeheuer, Armin Burkhardt, Hugo Steger und Herbert Ernst Wiegand (Hrsg.): Handbücher zur Sprach- und Kommunikationswissenschaft. Handbooks of linguistics and communication science. Berlin: de Gruyter, S. 2227–2240.

Otheguy, R.; García, O.; Reid, W. (2015): Clarifying translanguaging and deconstructing named languages. A perspective from linguistics. In: Applied Linguistics Review 6 (3), S. 281–307. DOI: 10.1515/applirev-2015-0014.

Paul, C. (o.A.): Sprachdiagnostik und Förderung im Regel- und DaZ-Unterricht. Ein Kooperationsprojekt der Universität zu Köln und der Maria-Montessori-Grundschule Köln-Ossendorf. Online verfügbar unter https://www.hf.uni-koeln.de/data/fgpsych/File/Paul/Paper_MonteProjekt_Paul.pdf, zuletzt geprüft am 21.02.23.

Rehman, A. (2021): The Impact of Reading Instructional Time in the Classroom. In: Sisyphus — Journal of Education 9 (3), S. 88–107. DOI: 10.25749/sis.25397.

Reich, H. H. (2010): Frühe Mehrsprachigkeit aus linguistischer Perspektive. München: Deutsches Jugendinstitut (Wissenschaftliche Texte). Online verfügbar unter https://www.dji.de/fileadmin/user_upload/bibs/672_Reich_Expertise_Mehrsprachigkeit.pdf, zuletzt geprüft am 24.04.2024.

Richter, T.; Müller, B. (2017): Entwicklung hierarchieniedriger Leseprozesse. In: Maik Philipp (Hg.): Handbuch Schriftspracherwerb und weiterführendes Lesen und Schreiben. Weinheim: Beltz Juventa, S. 51–66.

Riemer, C. (2017): Deutsch als Zweitsprache und Inklusion – Gemeinsamkeiten und Unterschiede. Ein fachpolitischer Positionierungsversuch aus der Perspektive des Fachs DaF/DaZ. In: Michael Becker-Mrotzek, Peter Rosenberg, Christoph Schröder und Annika Witte (Hrsg.): Deutsch als Zweitsprache in der Lehrbildung. Münster, Ney York: Waxmann (Sprachliche Bildung/Mercator-Institut für Sprachförderung und Deutsch als Zweitsprache, Band 2), S. 171–186. Online verfügbar unter https://www.waxmann.com/index.php?eID=download&buchnr=3399, zuletzt geprüft am 07.04.2023.

Röber, C. (2012): Die Orthografie als Lehrmeisterin im Spracherwerb. Zur didaktischen Bedeutung des Orthografieerwerbs im DaZ-Unterricht für die Aneignung sprachlicher Strukturen. In: Deutsch als Zweitsprache (2), S. 34–49.

Röber, C. (2013): Die Leistungen der Kinder beim Lesen- und Schreibenlernen. Grundlagen der Silbenanalytischen Methode; ein Arbeitsbuch mit Übungsaufgaben. 3. unveränd. Aufl. Baltmannsweiler: Schneider Hohengehren.

Röthlisberger, M.; Schneider, H.; Juska-Bacher, B. (2021): Lesen von Kindern mit Deutsch als Erst- und Zweitsprache – Wortschatz als limitierender Faktor. In: Zeitschrift für Grundschulforschung 14 (2), S. 359–374. DOI: 10.1007/s42278-021-00115-w.

Ruppert, C.; Hanulíková, A. (2022): Die Rechtschreibleistungen ein- und mehrsprachiger Schüler*innen: Fehlerraten und Fehlerarten. In: Katharina Nimz, Christina Noack und Karsten Schmidt (Hrsg.): Mehrsprachigkeit und Orthographie. Empirische Studien an der Schnittstelle von Linguistik und Sprachdidaktik. Bielefeld: wbv (Thema Sprache – Wissenschaft für den Unterricht), S. 163–190.

Rutter, S. (2021): Soziale Ungleichheit im Bildungssystem. In: Sabrina Rutter (Hrsg.): Sozioanalyse in der Pädagogischen Arbeit. Ansätze und Möglichkeiten zur Bearbeitung von Bildungsungleichheit. Wiesbaden: Springer Fachmedien (Bildung und Gesellschaft), S. 1–66.

Sauerborn, H. (2015): Raphael entdeckt die Schrift – Aspekte der Early Literacy am Beispiel einer Feldstudie. In: leseforum.ch (3). Online verfügbar unter http://www.leseforum.ch/myUploadData/files/2015_3_Sauerborn.pdf, zuletzt aktualisiert am 27.04.2024.

Sauerborn, H. (2017a): Deutschunterricht im mehrsprachigen Klassenzimmer. Grundlagen und Beispiele zur Förderung von DaZ-Lernenden im Grundschulalter. Seelze: Kallmeyer.

Sauerborn, H. (2017b): Sprachen in den Blick nehmen. Anregungen für den Einsatz mehrsprachiger Bilderbücher. In: Deutsch differenziert (2), S. 12–17.

Sauerborn, H. (2018): Am Wochenende war ich auf dem Spielplatz. Schreibaufgaben mit Chunks im Anfangsunterricht. In: Deutsch differenziert (2), S. 38–40.

Sauerborn, H. (2019): Meilensteine des frühen Lesens. Online verfügbar unter https://dgls.de/ihre-fragen-zum-lesen-und-schreiben/meilensteine-des-fruehen-lesens/, zuletzt geprüft am 26.04.2024.

Sauerborn, H. (2021): Bilderbücher als Anlass zur reflektierten Sprachproduktion im mehrsprachigen Klassenzimmer. In: Christina Bär; Christoph Jantzen und Sascha Wittmer (Hrsg.): Vom Bilderbuch aus – zum Bilderbuch hin. Perspektiven auf Gegenstände, Akteur*innen und Unterricht. Baltmannsweiler: Schneider Verlag Hohengehren, S. 232–252.
Sauerborn, H. (2022): Sprachlicher Heterogenität beggnen: Ein Fallbeispiel. In: Leseräume: Deutschunterricht in der Postmigrationsgesellschaft 9 (8), S. 1–26. Online verfügbar unter https://leseräume.de/wp-content/uploads/2022/12/lr-2022-1-Sauerborn.pdf, zuletzt geprüft am 20.02.2023.
Sauerborn, H. (2023): Inklusion von Lernenden mit DaZ? In: Osnabrücker Beiträge zur Sprachtheorie (OBST) (101), S. 45–72. DOI: 10.17192/obst.2023.101.8601.
Sauerborn, H. (2024): Lesehefte. In: Starke Basis, Grundschule, Klasse 1 (2024). Online verfügbar unter https://starke-basis-bw.de/course/view.php?id=11, zuletzt geprüft am 05.01.2025.
Schleppegrell, M. J. (2010): The language of schooling. A functional linguistics perspective. (Nachdr.), New York, NY: Routledge.
Schneider, S. (2015): Bilingualer Erstspracherwerb. Mit 4 Tabellen. München, Basel: Reinhardt (UTB-Pädagogik, 4348).
Seifert, S.; Paleczek, L.; Gasteiger-Klicpera, B. (2019): Rezeptive Wortschatzleistungen in der Grundschule. Unterschiede zwischen Kindern mit Deutsch als Erst- oder Zweitsprache. In: Empirische Sonderpädagogik 11 (4), S. 259–278. DOI: 10.25656/01:18334.
Sekretariat der Kultusministerkonferenz (2022): Sonderpädagogische Förderung in Schulen 2011 bis 2020. In: Statistische Veröffentlichungen der Kultusministerkonferenz (Dokumentation Nr. 231 – Januar 2022, Berlin. Online verfügbar unter https://www.kmk.org/fileadmin/Dateien/pdf/Statistik/Dokumentationen/Dok231_SoPaeFoe_2020.pdf, zuletzt geprüft am 12.04.2023.
Simon, E. (o. A.): Amira. Online verfügbar unter https://www.amira-lesen.de/#page=home, zuletzt geprüft am 24.04.2024.
Şimşek, Y. (2015): Die Leistungen mehrsprachiger Kinder beim Erwerb der deutschen Schriftsprache. In: Christa Röber und Helena Olfert (Hrsg.): Schriftsprach- und Orthographieerwerb. Erstlesen, Erstschreiben. Baltmannsweiler: Schneider-Verl. Hohengehren (Deutschunterricht in Theorie und Praxis, Band. 2), S. 280–305.
Soremski, R. (2009): Das kulturelle Kapital der Migrantenfamilie: Bildungsorientierungen der zweiten Generation akademisch qualifizierter Migrantinnen und Migranten. In: Anja Weiss, Arnd-Michael Nohl, Karin Schittenhelm und Oliver Schmidtke (Hrsg.): Kulturelles Kapital in der Migration. Hochqualifizierte Einwanderer und Einwandererinnen auf dem Arbeitsmarkt. Wiesbaden: VS Verlag für Sozialwissenschaften (GWV), S. 52–64.
Stanat, P.; Schipolowski, S.; Schneider, R.; Sachse, K. A.; Weirich, S.; Henschel, S. (Hrsg.) (2022): IQB-Bildungstrend 2021. Kompetenzen in den Fächern Deutsch und Mathematik am Ende der 4. Jahrgangsstufe im dritten Ländervergleich. Münster: Waxmann.
Statistisches Bundesamt (2022): Zahl der Schülerinnen und Schüler 2021/2022 unverändert. Pressemitteilung. Wiesbaden. Online verfügbar unter https://www.destatis.de/DE/Presse/Pressemitteilungen/2022/03/PD22_099_211.html, zuletzt geprüft am 01.05.2023.
Steinig, W.; Huneke, H.-W. (2022): Sprachdidaktik Deutsch. Eine Einführung. 6., neu bearb. und wesentl. erweit. Aufl. Berlin: Erich Schmidt (ESV basics, 38).
Stiftung Lesen (2023): Vorlesen gestaltet Welten – heute und morgen. Vorlesen gestaltet Welten – Vorlesemonitor 2023. Online verfügbar unter https://www.stiftunglesen.de/fileadmin/PDFs/PM/2023/Vorlesemonitor2023_final.pdf, zuletzt geprüft am 24.04.2024.
Swain, M. (1985): Communicative competence: Some roles of comprehensible input and comprehensible output in its development. In: Susan M. Gass (Hrsg.): Input in second language acquisition. 1. print. Boston, Mass.: Heinle & Heinle (Series on issues in second language research), S. 235–253.
Thiersch, S.; Silkenbeumer, M. (2020): Familie und Schule. In: Tina Hascher, Till-Sebastian Idel und Werner Helsper (Hrsg.): Handbuch Schulforschung. Wiesbaden: Springer VS, S. 1–23.
Thoma, D.; Tracy, R. (2012): Deutsch als frühe Zweitsprache: zweite Erstsprache? In: Bernt Ahrenholz (Hrsg.): Kinder mit Migrationshintergrund. Spracherwerb und Fördermöglichkeiten; Beiträge aus dem 1. Workshop »Kinder mit Migrationshintergrund«, 2005. 2.,

unveränd. Aufl. Stuttgart: Fillibach; Klett (Schriftenreihe Beiträge aus dem Workshop »Kinder mit Migrationshintergrund«), S. 58–79.

van Lier, L. (2001): Interaction in the Language Curriculum. Awareness, Autonomy and Authenticity. Hoboken: Taylor and Francis (Applied linguistics and language study).

Warren, B.; Ballenger, C.; Ogonowski, M.; Rosebery, A. S.; Hudicourt-Barnes, J. (2001): Rethinking diversity in learning science. The logic of everyday sense-making. In: Journal of Research in Science Teaching 38 (5), S. 529–552. DOI: 10.1002/tea.1017.

Wegener, H. (1995): Kasus und Valenz im natürlichen DaZ-Erwerb. In: Ludwig M. Eichinger und Hans-Werner Eroms (Hrsg.): Dependenz und Valenz. Hamburg: Buske (Beiträge zur germanistischen Sprachwissenschaft, Band 10), S. 337–356.

Willenberg, H. (2008): Wortschatz Deutsch. In: Eckhard Klieme (Hrsg.): Unterricht und Kompetenzerwerb in Deutsch und Englisch. Ergebnisse der DESI-Studie. Weinheim: Beltz (Beltz Pädagogik), S. 72–80.

Wocken, H. (2007): Fördert Förderschule? Eine empirische Rundreise durch Schulen für »optimale Förderung«. In: Irene Demmer-Dieckmann und Annette Textor (Hrsg.): Integrationsforschung und Bildungspolitik im Dialog. Bad Heilbrunn: Klinkhardt, S. 35–59.

Wood, D.; Bruner, J. S.; Ross, G. (1976): The role of tutoring in problem solving. In: Journal of Child Psychology and Psychiatry 17 (2), S. 89–100. DOI: 10.1111/j.1469-7610.1976.tb00381.x.

3 Schriftspracherwerb vielperspektivisch: Impulse und Perspektiven aus der Pädagogik bei Blindheit und Sehbeeinträchtigung

Markus Lang & Agnes Unterstab

3.1 Der Schriftspracherwerb im Kontext der Pädagogik bei Blindheit und Sehbeeinträchtigung

3.1.1 Blindheit und Sehbeeinträchtigung

In medizinischen und sozialrechtlichen Kontexten orientieren sich Klassifikationssysteme, die bestimmen, wer als blind oder sehbehindert gilt, an den Messungen der Sehschärfe (Visus), wobei der Wert des besseren Auges mit bestmöglicher Korrektur (z. B. Brille oder Kontaktlinse) entscheidend ist. Darüber hinaus werden Einschränkungen des Gesichtsfelds berücksichtigt. Der Referenzwert für unbeeinträchtigtes Sehen liegt bei einem Visus von 1,0.

Folgende Einteilung nach Visuswerten ist handlungsleitend (DOG 2011, S. 2):

- Sehbehinderung: Visus ≤ 0,3 bis ausschließlich 0,05
- Hochgradige Sehbehinderung: Visus ≤ 0,05 bis ausschließlich 0,02
- Blindheit: Visus ≤ 0,02

Aus der Statistik des Sekretariats der Ständigen Konferenz der Kultusminister der Länder in der Bundesrepublik Deutschland (KMK 2024) ergibt sich für 2022 eine Zahl von 9530 blinden und sehbehinderten Schüler:innen, was einem Anteil von 0,12 % aller Schüler:innen in Deutschland entspricht. Hierbei ist jedoch zu beachten, dass Kinder und Jugendliche mit zusätzlichen Beeinträchtigungen nicht hinlänglich berücksichtigt werden. Werden Schüler:innen mit Blindheit und Sehbehinderung aus den sonderpädagogischen Schwerpunkten Geistige Entwicklung sowie Körperliche und motorische Entwicklung eingerechnet, verdreifacht sich die Gesamtzahl in etwa (Lang 2023).

Die nachfolgenden Ausführungen fokussieren auf den Schriftspracherwerb in Brailleschrift bei Schüler:innen, deren Blindheit seit Geburt besteht oder frühkindlich erworben wurde. Bei späterblindeten und hochgradig sehbehinderten Menschen werden im Braille-Lernprozess teilweise andere bzw. zusätzliche didaktische Maßnahmen wirksam.

Grundsätzlich muss bedacht werden, dass blinde Kinder in inklusiven Schulkontexten, aber i. d. R. auch an blinden- und sehbehindertenpädagogischen Förder-

und Beratungszentren Mitschüler:innen haben, die überwiegend visuell Lernende sind. An den sonderpädagogischen Einrichtungen sind dies vor allem Mitschüler:innen mit Sehbeeinträchtigungen. Der Braille-Schriftspracherwerb findet somit nicht isoliert statt, sondern im Rahmen eines gemeinsamen Anfangsunterrichts, der entsprechend den Besonderheiten des zu erlernenden Schriftsystems spezifische Differenzierungsmaßnahmen aufweisen muss.

3.1.2 Der Schriftspracherwerb blinder Kinder im Überblick

Der Schriftspracherwerb ist grundsätzlich ein sehr komplexer und vielschichtiger Entwicklungsprozess, der verschiedenste Kompetenzbereiche und Einflussfaktoren umfasst. Zusammenfassende Überblicksdarstellungen wie das KOMET-Modell (▶ Kap. 1) eignen sich dazu, die Gesamtentwicklung des Schriftspracherwerbs zu strukturieren und die Einzelkomponenten in Beziehung zueinander zu setzen. Darüber hinaus können anhand dieser Modelle spezifische Herausforderungen einzelner Lerngruppen vergleichend herausgearbeitet werden. Ausgehend vom KOMET-Modell lassen sich dementsprechend auch die Besonderheiten blinder Kinder im Schriftspracherwerb im Überblick darstellen. Grundsätzlich können in allen Komponenten des Modells spezifische Lernvoraussetzungen auftreten, die entsprechend angepasste didaktische Entscheidungen hinsichtlich Zielen, Inhalten, Methoden, Medien und Raumgestaltung nach sich ziehen. Nachfolgend werden diesbezüglich Schwerpunkte skizziert, von denen einige in den anschließenden Kapiteln vertiefend erläutert und konkret veranschaulicht werden.

- Hinsichtlich der *Schriftproduktion* liegen blindenspezifische Besonderheiten beispielsweise im Bereich der Graphomotorik. Brailleschrift wird mittels spezieller Braille-Schreibmaschinen geschrieben, deren Handhabung neben entsprechender Fingerkraft auch Fingerkoordination erfordert.
- Bei der *Textproduktion* spielt der Wortschatz eine entscheidende Rolle. Für blinde Kinder kann das Erfassen mancher Wortbedeutungen erschwert sein, weil die begriffstypischen Merkmale nicht oder nur erschwert zugänglich sind. Beispiele hierfür sind Farbbegriffe und visuelle, nicht direkt zugängliche Phänomene wie Wolken oder Blitze sowie Begriffe für sehr große, sehr kleine, zerbrechliche oder gefährliche Objekte und Lebewesen (z. B. Straßenbahn, Ameise, Spinnennetz, Tiger) (Lang 2017b). Zugleich können sich diese Herausforderungen auf die zentralen *Bereiche des Leseverstehens* auswirken.
- Braille-*Lesefertigkeiten* umfassen haptische Lesestrategien, über die kein Mensch mit intaktem Sehvermögen verfügen muss und die folglich intensiv eingeübt werden müssen. Die Lesegeschwindigkeit selbst versierter Braille-Leser:innen ist durchschnittlich deutlich langsamer als die Lesegeschwindigkeit visueller Leser:innen (meist um den Faktor 2 bis 3) (Lang 2022, S. 26f.).
- Das *Eintauchen in die Buch- und Schriftkultur* ist für blinde Kinder erschwert, da im Alltag Brailleschrift kaum vorkommt und geeignete Tastbilderbücher nur in geringer Auswahl erhältlich sind (▶ Kap. 3.5.1).

Zusammenfassend kann festgehalten werden, dass etliche Besonderheiten im Schriftspracherwerb blinder Kinder eng mit dem System der Brailleschrift und mit der Notwendigkeit der Nutzung assistiver Technologien zusammenhängen. Darüber hinaus bedarf es spezifischer Kompetenzen als Voraussetzungen für das Erlernen der Brailleschrift und nicht zuletzt ergeben sich hinsichtlich der Lese- und Schreibstrategien weitere Herausforderungen. Auf diese Aspekte wird nachfolgend fokussiert.

3.2 Die Brailleschrift

Louis Braille entwickelte im Alter von 16 Jahren als Schüler der Pariser Blindenschule 1825 ein taktiles, aus sechs Punkten aufgebautes Schriftsystem (▶ Abb. 3.1). Das Grundsystem der französischen Brailleschrift wurde in allen Sprachen beibehalten. Die Anpassungen an das deutsche Alphabet sind geringfügig und betreffen vor allem die Umlaute und das ß. Die Begriffe *Brailleschrift* und *Punktschrift* werden synonym verwendet. In Unterscheidung dazu wird die Schrift sehender Menschen als *Schwarzschrift* bezeichnet.

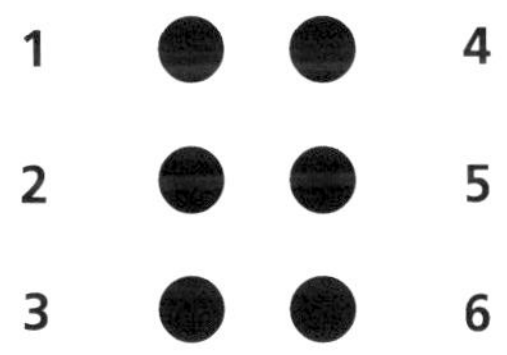

Abb. 3.1: Anordnung der sechs Punkte in der Grundform der Brailleschrift

Aktuell sind in Deutschland drei Systeme der Brailleschrift gebräuchlich (Brailleschriftkomitee der deutschsprachigen Länder 2021):

- Braille-Vollschrift: Neben den Kleinbuchstaben gibt es eigene Zeichen für Buchstabenverbindungen wie z. B. ei, au, ch; Ziffern und Großbuchstaben werden durch Ankündigungszeichen definiert.
- Braille-Kurzschrift: komplexes Regelwerk mit Kürzungen für Silben oder ganze Wörter
- Computerbraille oder Eurobraille (▶ Abb. 3.2): Erweiterung auf acht Punkte, so dass genügend Punktkombinationen existieren, um neben den mit der Voll- und Kurzschrift identischen Kleinbuchstaben auch Großbuchstaben mit eigenen Zeichen darstellen zu können. Darüber hinaus existieren eigene Ziffernzeichen. Computerbraille ermöglicht durch seine 1:1-Entsprechung zur Schwarzschrift,

dass mittels elektronischer Braillezeilen digitale Texte ohne Konvertierung direkt in Punktschrift angezeigt werden. Insbesondere in der Inklusion wird Computerbraille als erstes Braillesystem erlernt.

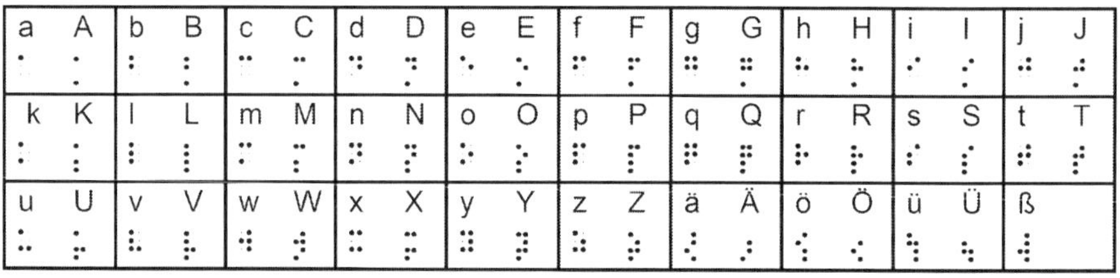

a	A	b	B	c	C	d	D	e	E	f	F	g	G	h	H	i	I	j	J
k	K	l	L	m	M	n	N	o	O	p	P	q	Q	r	R	s	S	t	T
u	U	v	V	w	W	x	X	y	Y	z	Z	ä	Ä	ö	Ö	ü	Ü	ß	

Abb. 3.2: Klein- und Großbuchstaben in Computerbraille (Eurobraille)

Braille-Vollschrift und Computer- bzw. Eurobraille eignen sich als Erstleseschriften. Es ist sinnvoll, beide Systeme nacheinander im Laufe der Grundschulzeit zu erlernen. Die Braille-Kurzschrift kommt i. d. R. als weiteres Schriftsystem in der Sekundarstufe 1 hinzu. Sie wurde entwickelt, um das Lesetempo zu erhöhen und den Platzbedarf bei Papierausdrucken zu verringern.

3.3 Assistive Technologien

Zum Schreiben von Punktschrift sind blinde Kinder grundsätzlich auf spezielle Hilfsmittel angewiesen.

3.3.1 Punktschrift-Schreibmaschine

Eine Punktschrift-Schreibmaschine (▶ Abb. 3.3) ermöglicht blinden Menschen das Schreiben auf Papier (Papierstärke 140 g). Diese Schreibmaschinen besitzen eine spezielle Punktschrift-Tastatur: Jedem Punkt im Schriftzeichen ist eine eigene Taste zugeordnet. Die Schriftzeichen werden durch das Drücken von einer oder mehrerer Tasten gleichzeitig ins Papier geprägt. Sehende Menschen können bei elektronischen Schreibmaschinen die zuletzt in Punktschrift geschriebenen Zeichen auf einem Display mitlesen. Elektronische Schreibmaschinen können außerdem als Punktschriftdrucker an einen Computer angeschlossen werden.

3.3.2 Computer mit Braillezeile

Noch in der Grundschulzeit können blinde Schüler:innen auch mit einem Computer und einer Braillezeile arbeiten. Eine Braillezeile (▶ Abb. 3.4, ▶ Abb. 3.5) ist ein Gerät, das in Kombination mit einer Screenreader-Software auf dem Computer

3.3 Assistive Technologien

Abb. 3.3: Punktschrift-Schreibmaschine

angezeigte Zeichen in Punktschrift darstellen kann. Auf dem Gerät befinden sich nebeneinander meist 40 »Braille-Module«. In jedem Braille-Modul sind acht Stifte eingelassen, die sich heben und senken können, so dass dabei Punktschriftzeichen flexibel dargestellt werden können. Wenn die angezeigte Zeile gelesen ist, wird durch Drücken einer Lesetaste der nächste Textabschnitt angezeigt. Dadurch können blinde Menschen selbständig am Computer arbeiten und viele gängige Programme, z. B. zur Textverarbeitung, nutzen.

Die Texteingabe erfolgt zunächst durch eine Brailletastatur, über die viele Braillezeilen verfügen (an diesen Braillezeilen kann folglich gleichermaßen gelesen und geschrieben werden. So ist es bereits Kindern in Klasse 1 und 2 möglich, Text einzugeben sowie den Computer zu steuern. Etwa ab Klasse 3 oder 4 kann zur Steigerung des Schreibtempos mit dem Erwerb des Zehnfingersystems auf der Computertastatur begonnen werden.

Digitale Texte werden blinden Schüler:innen grundsätzlich nach bundesweit einheitlichen Regeln zur Verfügung gestellt, im sogenannten »e-Buch-Standard«[1]. Diese Regeln beziehen sich z. B. auf das Verwenden von Formatvorlagen oder das Kennzeichnen von Tabellen, Lückentexten oder Bildbeschreibungen. Der »e-Buch-Standard« erhält mit Zunahme der Textkomplexität eine zentrale Bedeutung.

---

1 https://www.augenbit.de

3 Schriftspracherwerb vielperspektivisch

Abb. 3.4: Laptop mit Braillezeile

Abb. 3.5: Detailaufnahme einer Braillezeile

3.4 Voraussetzungen blinder Kinder für den Schriftspracherwerb

Abbildung 3.6 gibt einen Überblick über wesentliche Kompetenzbereiche für einen erfolgreichen Braille-Schriftspracherwerb. Unterschiede zu notwendigen Vorläuferfähigkeiten sehender Kinder zeigen sich insbesondere in sensorisch-perzeptiven und in feinmotorischen Bereichen.

Abb. 3.6: Wesentliche Voraussetzungen für den Schriftspracherwerb (Lang 2022, S. 38)

Jeder dieser Bereiche kann zu einem Schwerpunkt individueller Maßnahmen und Übungen im Vorfeld des Schriftspracherwerbs (also schon im Rahmen der Frühförderung oder im Kindergarten) werden und den Einsatz entsprechend spezifischer Medien und Methoden erfordern. Einen geeigneten Orientierungsrahmen hierfür bietet der Emergent-Literacy-Ansatz, der als ganzheitliches Konzept die Vorläuferfähigkeiten des Lesens und Schreibens in sinnvolle, handlungsorientierte und motivierende Kontexte integriert (▶ Kap. 1, ▶ Kap. 4). Entsprechende Konkretisierungen liegen für den Braille-Schriftspracherwerb vor (Wright & Stratton 2007). Darüber hinaus existieren mittlerweile auch für den deutschsprachigen Raum umfassende, vorschulische Förderkonzepte zur gezielten Hinführung zum Erlernen der Brailleschrift (Lang 2025) bzw. Konzepte, die von vornherein inklusiv ausgerichtet sind, braille- und schwarzschriftspezifische Kompetenzen miteinander verknüpfen und somit ein gemeinsames Eintauchen in die Welt der Schrift ermöglichen (Netthoevel et al. 2022).

3.5 Strategien im Braille-Schriftspracherwerb

Verschiedene Modelle des Schriftspracherwerbs beschreiben jeweils ähnlich bezeichnete Phasen oder Strategien, die den Lese- und Schreiblernprozess prägen (Schründer-Lenzen 2013, S. 66 ff.; Hoffmann-Erz 2023, S. 98 ff.; Scheerer-Neumann 2023, S. 78 ff.; Füssenich & Löffler 2018, S. 74 ff.). Für ein adäquates Verständnis dieser Modelle ist es grundlegend, die einzelnen Phasen und Strategien nicht als starre Abfolge zu verstehen, die der Reihe nach durchlaufen werden. Vielmehr finden zahlreiche Überlappungen und mitunter auch Verkürzungen oder Auslassungen von (Teil-)Strategien statt.

Da blinde Kinder mit der Brailleschrift ein taktiles Schriftsystem erwerben, das weitgehend denselben morphologischen und grammatikalischen Regeln wie die Schwarzschrift folgt, sind die Erwerbsstrategien grundsätzlich identisch. Allerdings können durchaus strategiespezifische Abweichungen auf der Seite der Schriftrezeption (lesen) und der Schriftproduktion (schreiben) auftreten. Nachfolgend werden die Braille-Erwerbsstrategien von Kindern, deren Blindheit von Geburt an vorliegt oder frühkindlich erworben wurde, dargestellt und diesbezügliche Besonderheiten herausgearbeitet (Lang 2022, 32 f.).

3.5.1 Präliteral-symbolische Strategien

Präliteral-symbolische Strategien, die im Zusammenhang mit dem Lesenlernen stehen, beginnen bei Kindern ohne Sehbeeinträchtigung im zweiten Lebensjahr mit dem Betrachten von Abbildungen. Durch das Anschauen von Bilderbüchern werden wichtige Vorläuferfähigkeiten wie die visuell räumliche Wahrnehmung gefördert, das gezielte Fixieren geübt und visuelle Suchstrategien initiiert. Darüber hinaus findet aufgrund der Bilderbuchbeschriftungen bereits in dieser frühen Phase ein vielfältiger Schriftkontakt statt, der durch Vorlesesituationen und durch das Vorhandensein von Lesemodellen zu einem Schriftkonzept weiterentwickelt werden kann.

Präliteral-symbolische Strategien, die auf die Schriftproduktion vorbereiten, beziehen sich zunächst auf das graphische Gestalten. Sehende Kinder beginnen, gegenständlich zu malen, wobei sich mit zunehmender Übung Stifthaltung und Auge-Hand-Koordination weiterentwickeln. Daneben beginnen die Kinder, beobachtete Schreibaktivitäten Erwachsener zu imitieren. Die Kritzelresultate nähern sich im Erscheinungsbild zunehmend der Schwarzschrift an und werden mit Bedeutung versehen (Einkaufszettel, Namen schreiben etc.), womit eine wesentliche Funktion von Schrift erfasst wird.

Blinden Kindern ist der Zugang zu Schrift erschwert, da die Umgebung für sie nicht annähernd über denselben Grad literaler Anregung verfügt wie für sehende Kinder. Zufällige Schriftbegegnungen finden kaum statt, da Brailleschrift so gut wie nirgends vorkommt. Selbst vorhandene Braillebeschriftungen (z. B. in Aufzügen) existieren für das blinde Kind nur bei direktem Hautkontakt und sind zudem i. d. R. schwer auffindbar und erreichbar. Darüber hinaus sind Tätigkeiten des Braillelesens und -schreibens i. d. R. nicht direkt beobachtbar und auch nicht imitierbar, da weder entsprechend lesende und schreibende Personen noch die notwendigen Lese- und Schreibmedien von vornherein verfügbar sind. Im Vergleich zur Auswahl an Vorlese- und Bilderbüchern für sehende Kinder ist die im Handel erhältliche Anzahl an Braille- und Tastbilderbüchern verschwindend gering. Und selbst wenn Tastbilderbücher vorhanden sind, bleibt der Erwerb haptischer Vorläuferfähigkeiten für das Braillelesen weitaus aufwändiger als das Erlernen visueller Lese-Vorläuferfähigkeiten bei sehenden Kindern. Die für das Tastlesen notwendige haptische Differenzierungsfähigkeit (z. B. Unterscheiden von Texturen und Formen) und die benötigten beidhändigen Taststrategien müssen gezielt geübt werden. Auch das Erkennen von Reliefabbildungen bedarf einer systematischen Erarbeitung, da ein taktiler Umriss eines Objekts oder einer Figur bei einem haptischen Zugang kaum gemeinsame Merkmale zum dreidimensionalen Original aufweist (vgl. Lang 2017a, S. 212 f.). Während Kindern mit voller Sehfähigkeit das visuelle Erkennen und Interpretieren kindgemäßer Abbildungen i. d. R. spontan gelingt, muss das Erkennen taktiler Abbildungen mit blinden Kindern intensiv vorbereitet und durch Vergleiche mit den Originalgegenständen eingeübt werden.

Zusammenfassend kann somit festgehalten werden, dass blinde Kinder für den Erwerb präliteral-symbolischer Strategien in wesentlich höherem Maße auf gezielte pädagogische Interventionen angewiesen sind als Kinder ohne Sehbeeinträchtigung. Extrem wichtig ist hierbei, dass Brailleschrift zunächst stets in Originalgröße angeboten wird, da sie anfänglich als ein zusammenhängender Tasteindruck unter der Fingerkuppe an spezifischen Texturmerkmalen erkannt wird, die bei einer Vergrößerung zerstört werden. Während Schwarzschriftbuchstaben bei einer vergrößerten Darstellung ihre figuralen Merkmale behalten und eine Vergrößerung das Erkennen i. d. R. erleichtert, führt eine Vergrößerung der Brailleschrift zu einem völlig abweichenden Tasteindruck, der keinen Bezug zur eigentlichen Brailleschrift aufweist. Im Laufe des Schriftspracherwerbs (i. d. R. im Kontext alphabetischer Strategien) erlernen blinde Kinder die Fähigkeit, die Kombination der Braillepunkte räumlich zu erfassen. Erst dann können vergrößerte Braillebuchstaben als Lernmedium sinnvoll eingesetzt werden (Lang 2022, S. 43 ff.).

3.5.2 Logographemische Strategien

Bei Kindern mit intaktem Sehvermögen basieren logographemische Lesestrategien auf visuellen Fähigkeiten, Wörter anhand charakteristischer Merkmale (z. B. Wortlänge, markante Buchstaben oder Buchstabenkombinationen) zu erkennen. Bei der logographemischen Schriftproduktion (z. B. des eigenen Namens) können sie aus der Erinnerung heraus bzw. mit Hilfe einer Vorlage charakteristische Buchstabenformen bzw. -abfolgen verschriften oder »abmalen«. Typisch sind hierbei Verdrehungen, Vertauschungen oder Auslassungen. Bei logographemischen Schreibversuchen findet noch keine auditive Orientierung durch Vorsprechen und Abhören der Lautfolge statt. Dieses Vorgehen markiert bereits den Übertritt zu alphabetischen Strategien (Entwicklung der Phonem-Graphem-Korrespondenz).

Wird mit blinden Kindern ein vielfältiger Schriftkontakt initiiert und auf die Entwicklung geeigneter Taststrategien (z. B. feine Tastbewegungen mit den Fingerkuppen) geachtet, sind diese in der Lage, die taktilen Charakteristika der Brailleschrift zu erkennen. Auf dieser Grundlage können auch blinde Kinder sehr erfolgreich logographemische Lesestrategien anwenden und Wörter (z. B. Eigennamen) anhand markanter Texturmerkmale (z. B. »auffällige« Braillezeichen, Buchstabendopplungen) oder anhand der Wortlänge erkennen. Logographemische Schreibstrategien im Sinne eines »Abmalens« sind für blinde Kinder dagegen nicht anwendbar. Aufgrund des Tasteindrucks eines Braillebuchstabens kann nicht direkt auf den Schreibprozess dieses Buchstabens (Bedienung der Braille-Schreibmaschine) geschlossen werden, da die Punktkonfiguration des Braillezeichens noch nicht räumlich analysiert werden kann und sich die Anordnung der Braillepunkte von Buchstaben und Schreibtastatur nicht entsprechen (▶ Abb. 3.7). Demnach beginnt das Schreiben blinder Kinder erst im Kontext alphabetischer Strategien, da hier im Rahmen eines systematischen Schreiblehrgangs der motorische Schreibprozess einzelner Buchstaben gezielt eingeübt wird.

Abb. 3.7: Anordnung der Braillepunkte und zugeordnete Tasten an einer Braille-Schreibmaschine (8-Punkt-Computerbraille)

3.5.3 Alphabetische Strategien

Das Erfassen der Graphem-Phonem-Korrespondenz kennzeichnet alphabetische Lese- und Schreibstrategien. Für das Schreiben ist hierbei charakteristisch, dass das Kind das zu schreibende Wort lautiert und die den Lauten zugeordneten Buchstaben sukzessive verschriftet. Mit dieser Strategie können neue Wörter aufgeschrieben werden, wobei die Lautorientierung eine phonetische Schreibweise bedingt. Auf das Lesen übertragen sorgt die alphabetische Strategie dafür, dass sich das Kind zunehmend auch hier neue Wörter erschließen kann.

Die alphabetische Strategie ist blinden Kindern voll zugänglich. Wird die Phonem-Graphem-Korrespondenz erfasst und der motorische Schreibprozess der einzelnen Buchstaben erlernt (Tastenkombinationen an der Braille-Schreibmaschine), können blinde Kinder analog zu sehenden Kindern lautorientiert Schreiben. Das Braillelesen funktioniert über die Graphem-Phonem-Zuordnungen im selben Maße wie das Schwarzschriftlesen.

3.5.4 Orthographische Strategien

Mit der Loslösung von der Lautsprache und dem Erkennen morphologischer bzw. silbenbasierter Strukturen und Regeln beginnt ein zunehmend orthographisch korrektes Schreiben. Bedeutsam sind hierfür vielfältige Schreib- und Leseanlässe, die insbesondere im Kontext der Brailleschrift gezielt im Unterricht initiiert werden müssen. Da blinde Kinder verschiedene Braillesysteme (▶ Kap. 3.2) erwerben und insbesondere die Braille-Kurzschrift kein Pendant in der Schwarzschrift aufweist, erscheint das zu erlernende schriftsprachliche Regelwerk blinder Menschen als deutlich komplexer und vielfältiger als das Regelwerk, das sich sehende Menschen aneignen. Blinde Menschen brauchen somit mehr Zeit, um das Braille-Regelwerk integrativ-automatisiert anwenden zu können. Abbildung 3.8 zeigt die im Vergleich zur Schwarzschrift stark unterschiedliche Wortstruktur eines Wortes, je nachdem, in welchem Braillesystem es verschriftet wird.

Vollschrift ohne Großschreibung	Vollschrift mit Großschreibung	8-Punkt-Computerbraille	Kurzschrift
⠁⠗⠃⠑⠊⠞	 ⠠⠁⠗⠃⠑⠊⠞	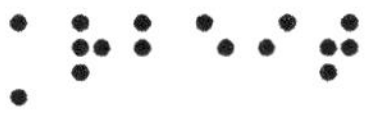 ⠠⠁⠗⠃⠑⠊⠞	 ⠜⠃

Abb. 3.8: Struktur des Wortes »Arbeit« in verschiedenen Braillesystemen

3.6 Herausforderungen und Chancen für die Unterrichtspraxis

Blinde Kinder sind von Anfang an auf eine hochwertige Förderung angewiesen, um vergleichbare Schriftkompetenzen zu erwerben wie sehende Kinder. Im Vergleich zu sehenden Kindern haben sie unterschiedliche Vorerfahrungen und Voraussetzungen. Für den gemeinsamen Unterricht blinder und sehender Schüler:innen ergeben sich daher einige Herausforderungen, aber auch zahlreiche Chancen:

Der Arbeitsplatz eines blinden Grundschulkindes

Ein blindes Kind benötigt zwei bis drei Arbeitsplätze (▶ Abb. 3.9, ▶ Abb. 3.10), um selbständig arbeiten zu können: Einen Arbeitsplatz zum Lesen und zum Ertasten von Materialien, mit einer rutschfesten Unterlage und Materialschalen, neben einem anderen Kind. Außerdem benötigt das blinde Kind einen Platz mit Steckdose, an dem die Punktschrift-Schreibmaschine stehen bleibt (sie sollte nicht auf- und abgebaut werden müssen), sowie später einen Platz für den Computer mit Braillezeile.

Abb. 3.9: Lese-Arbeitsplatz eines blinden Kindes

Abb. 3.10: Schreib-Arbeitsplatz eines blinden Kindes

Am Arbeitsplatz des blinden Kindes sollte in der Nähe der Schreibmaschine eine Ablage mit leeren Punktschriftblättern sowie eine Ablage für abgeschlossene Arbeiten stehen. Neben der Schreibmaschine braucht es ausreichend Platz, um ein Arbeitsblatt ablegen zu können, von dem z. B. die Aufgabenstellung abgelesen wird.

Ein kleines Regal neben dem Arbeitsplatz erleichtert das selbständige Auffinden von Ordnern und zusätzlichen, taktilen Arbeitsmaterialien. Ziel dieser festen Struktur des Arbeitsplatzes ist die größtmögliche Selbständigkeit und Arbeitsgeschwindigkeit des blinden Kindes.

Unterschiedliche Schrift – unterschiedliche Bedarfe an Förderung

Wenn die haptische Diskrimination und Differenzierung eines blinden Kindes weiter vertieft werden muss, kann die für Vorschulkinder konzipierte Materialsammlung »Auf der Taststraße zur Punktschrift« (Lang 2025) (▶ Abb. 3.11) zur weiteren Förderung eingesetzt werden, ebenso das aus neun Bänden bestehende Werk »Punkt für Punkt: Alex und Lilani entdecken die Welt der Buchstaben« (Netthoevel et al. 2022)[2], das zusätzlich für sehende Kinder attraktiv gestaltet ist und zum gemeinsamen Lesen einlädt (▶ Abb. 3.12).

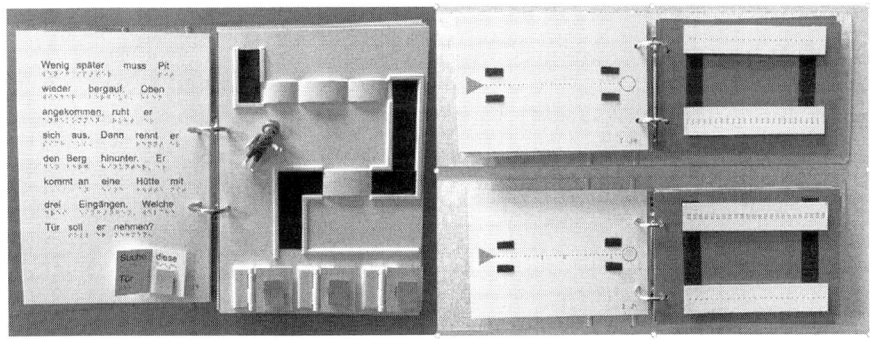

Abb. 3.11: Beispielseiten aus »Auf der Taststraße zur Punktschrift«

Damit eine gute Lesetechnik und das bestmögliche Lesetempo entwickelt werden können, benötigt ein blindes Kind andere Förderung als ein sehendes Kind: Um einzelne Braillebuchstaben einfacher differenzieren und identifizieren zu können, müssen in der alphabetischen Phase bei Syntheseübungen Wörter für blinde Erstleser:innen zunächst mit Lücken zwischen den Buchstaben geschrieben werden.

Blinde Kinder müssen besonders auf eine gute Körperhaltung beim Lesen achten, um die räumliche Anordnung der Braillezeichen richtig zu erfassen. Sie sollen beim Lesen beide Hände unabhängig voneinander einsetzen (Lang 2022, S. 23 f.): Während die Lesefinger (meist die Zeigefinger) lesen, übernehmen die anderen Finger

---

2 https://ppks.ch/de

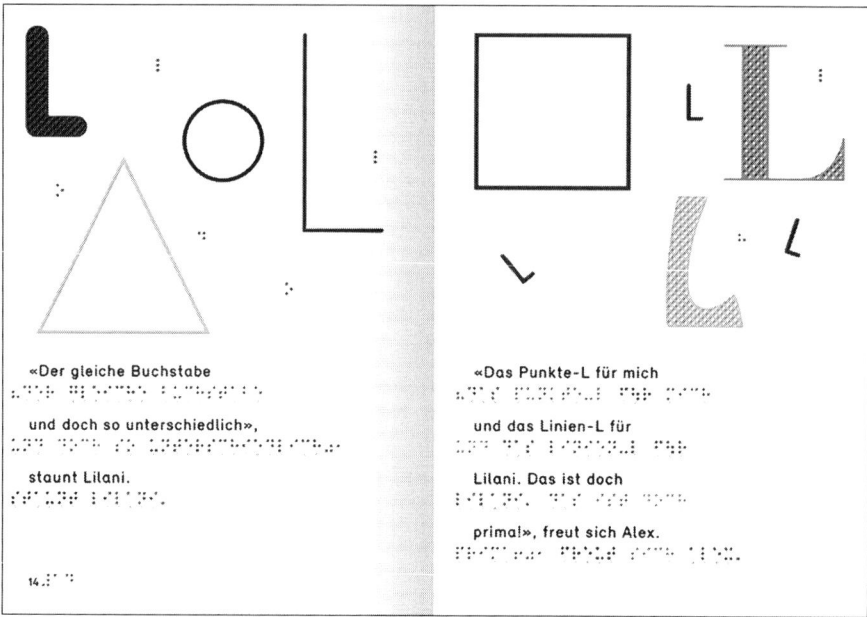

Abb. 3.12: Beispielseite aus »Punkt für Punkt: Alex und Lilani entdecken die Welt der Buchstaben

Orientierungsfunktionen. Das blinde Kind geht mit den Fingern immer auf der gelesenen Zeile zurück, dann erst nach unten, um sicher die nächste Zeile zu finden. Diese Lesetechnik geht später darin über, dass nur noch die rechte Hand die Zeile zu Ende liest, während die linke Hand schon auf der Zeile zurückgeht und den Beginn der nächsten Zeile alleine liest, bis die rechte Hand wieder dazu kommt. Dies muss in Einzelförderung geübt und im Unterricht angewandt werden.

Sowohl Computerbraille (Eurobraille) als auch Vollschrift sind mögliche Erstleseschriftarten. An den Bildungs- und Beratungszentren gibt es ein einheitliches Vorgehen, mit welchem System begonnen wird. Oftmals gelten gefundene Regelungen für das gesamte Bundesland. In inklusiven Kontexten wird i.d.R. bundesweit Computerbraille (Eurobraille) als Erstschrift verwendet.

Vorteile von Vollschrift:

- Aufgrund der geringeren Zeichenanzahl gibt es in Vollschrift weniger Zeichen, die sich in der Punktanordnung und damit im Textureindruck ähneln.
- Wenn in der Öffentlichkeit Punktschrift verwendet wird, ist es i.d.R. Vollschrift.

Vorzüge von Computerbraille (Eurobraille):

- Es gibt eine Eins-zu-eins-Zuordnung zu der Schreibweise der sehenden Kinder, da sich jedes Schwarzschriftzeichen als eigenes Braillezeichen abbilden lässt.

- Es gibt daher auch keine Doppelbelegungen eines Zeichens, die durch ein vorangestelltes Zeichen (z. B. Zahlzeichen) unterschieden werden müsste.
- Blinde Kinder können mit Eurobraille bereits in Klasse 1 oder 2 zusätzlich zur Schreibmaschine auch am Computer arbeiten.

Schwarzschrift und Brailleschrift gegenseitig mitlernen

Für sehende Kinder ist es spannend, Punktschrift kennenzulernen. Blinde Kinder hingegen benötigen Kenntnisse in Schwarzschrift, um später selbständig eine Unterschrift leisten zu können, und als Begriffswissen, da die Form der Buchstaben im Alltag für Beschreibungen genutzt wird (z. B. v-förmig, i-Tüpfelchen).

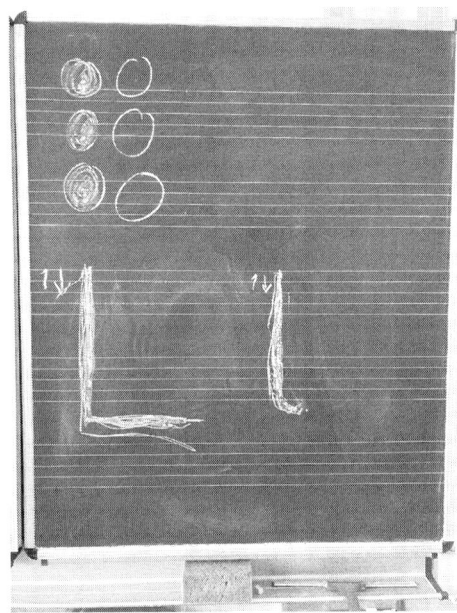

Abb. 3.13: Visuelle Darstellung von Punktschrift und Schwarzschrift

Allen Kindern kann bei Buchstabeneinführungen die Form und die Schreibweise des Punktschrift- und des Schwarzschriftbuchstabens präsentiert werden (▶ Abb. 3.13, ▶ Abb. 3.14), für sehende Kinder visuell, z. B. an der Tafel und an einer Magnettafel. Blinde Kinder benötigen die Darstellung von Punktschrift und Schwarzschrift taktil, z. B. mit einer taktilen Buchstabenkarte (▶ Abb. 3.15, ▶ Abb. 3.16).

Häufig werden nach einer Buchstabeneinführung an verschiedenen Stationen Übungen zu dem neuen Buchstaben gemacht. Hier können z. B. folgende inklusive Stationen eingebaut werden:

3 Schriftspracherwerb vielperspektivisch

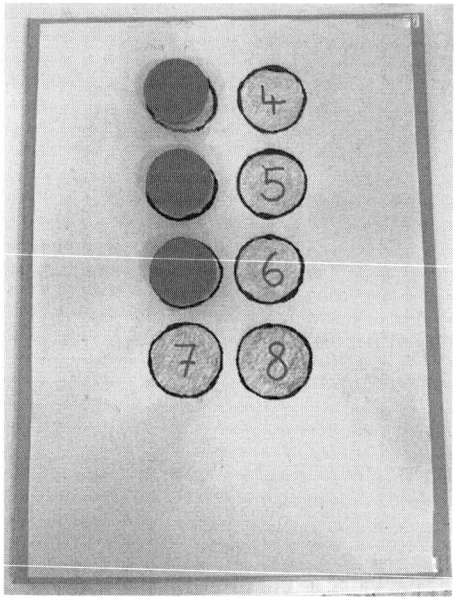

Abb. 3.14: Vergrößerte Darstellung von Punktschrift, Magnettafel

Abb. 3.15: Buchstabenkarte zum Buchstaben L: taktiles Bild: Leiter, Braillebuchstabe (oben in der Ecke der Karte) und Schreibweise (unten, in grün: Brailleeingabetastatur mit Punktmarkierung derjenigen Tasten, die beim Schreiben des Buchstabens gedrückt werden müssen)

- Jedes Kind schreibt den neuen Buchstaben auf der Punktschriftmaschine: Das blinde Kind übt den neuen Buchstaben. Anschließend können die sehenden Kinder (auf einem neuen Blatt) jeweils eine Zeile schreiben; sie notieren ihren Namen mit Bleistift (▶ Abb. 3.17). Wenn alle Kinder fertig sind, kann das Blatt in

Abb. 3.16: Taktiler Schwarzschriftbuchstabe

Streifen geschnitten werden, die sehenden Kinder kleben ihren Streifen in ihr Buchstabenheft ein.
- Schwarzschrift zum Fühlen (▶ Abb. 3.18): Drei bis fünf Holzbuchstaben liegen in einem Säckchen, darunter befindet sich auch der neu gelernte Buchstabe, der taktil herausgefunden werden soll.

Während das Kennenlernen der Punktschrift für die sehenden Kinder eine spannende, zusätzliche Gelegenheit ist, die sie je nach Wunsch und Kapazität wahrnehmen können, beinhaltet das Lernen beider Schriftsysteme für das blinde Kind eine große Fülle neuer Zeichen.

Lehrwerke und Lektüren

Die aktuell an Grundschulen verwendeten Lehrwerke liegen nicht in Punktschrift vor. Zwar gibt es einige Fibeln zum Erlernen der Punktschrift, jedoch würde es im gemeinsamen Unterricht keinen Sinn machen, wenn blinde Kinder ein anderes Lehrwerk als die sehenden Kinder verwenden würden. Das Lehrwerk der Klasse muss daher in Punktschrift adaptiert werden.

Da diese Lehrwerke sich nach den Bedürfnissen von Schwarzschrift lesenden Kindern richten, muss im Voraus geprüft werden, ob sie auch den Bedarfen Punktschrift lesender Kinder entsprechen:

3 Schriftspracherwerb vielperspektivisch

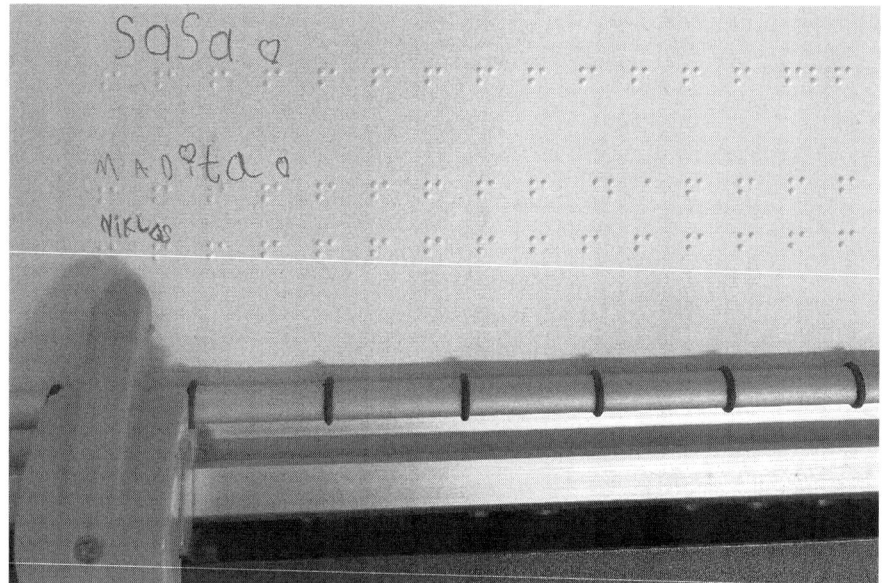

Abb. 3.17: Gemeinsames Üben eines neuen Buchstabens in Punktschrift

Abb. 3.18: Schwarzschriftbuchstaben aus Holz zum Ertasten

- Sind die Buchstaben, die hier zuerst eingeführt werden, für blinde Kinder leicht zu schreiben? Das heißt, welche Anforderungen an die Fingerkoordination stellt der Schreibprozess?
- Kann ausgeschlossen werden, dass im weiteren Verlauf Buchstaben nacheinander eingeführt werden, die sich in Punktschrift stark ähnlich sind, wie z. B. die spiegelbildlich gleichen Buchstaben w und r? Das heißt, weisen die Buchstaben, die aufeinander folgen, eine gut unterscheidbare Textur auf?

Falls hier Probleme abzusehen sind, muss überlegt werden, wie damit umgegangen werden kann. Beispielsweise können in einer Einzelförderung im Voraus einfach zu lesende und zu schreibende Punktschriftbuchstaben eingeführt werden (z. B. a und l). Außerdem können Fingerübungen auf der ausgeschalteten Punktschrift-Schreibmaschine helfen, schwierigere Buchstaben schreiben zu lernen.

Erstellt die Lehrerin bzw. der Lehrer eine Eigenfibel, kann eine für sehende und blinde Kinder günstige Buchstabenreihenfolge gewählt werden (▶ Abb. 3.19).

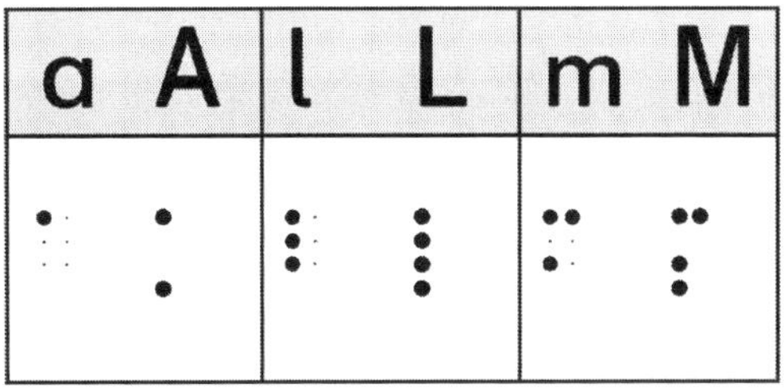

Abb. 3.19: Braille- und Schwarzschriftbuchstaben, die sich haptisch und visuell gut unterscheiden

Neben der Reihenfolge der Buchstaben ist für Punktschrift lesende Kinder die Menge der neu zu lernenden Schriftzeichen bedeutsam:

- Dadurch, dass in den ersten Wochen der ersten Klasse auch die Zahlen eingeführt werden, ist innerhalb kurzer Zeit eine große Menge an neuen Schriftzeichen zu lernen. Für die sehenden Kinder ist das leichter zu bewältigen, da sie die Zahlen oft schon vor der Schulzeit gut kennen.
- Satzzeichen unterscheiden sich in Schwarzschrift in ihrer Form deutlich von den Buchstaben. Punktschrift lesende Kinder stehen hier anderen Herausforderungen gegenüber: Beispielsweise werden in Computerbraille (Eurobraille) sowohl der Buchstabe a als auch die Satzzeichen Komma, Punkt, Anführungszeichen, Ausrufezeichen und Apostroph mit einem Zeichen geschrieben, das aus nur einem Punkt besteht. Welche Bedeutung dieser einzelne Punkt hat, lässt sich nur an seiner Position im Punktschriftzeichen ablesen. Daher sind für Punktschrift lesende Kinder explizite Übungen wichtig, um die einzelnen Satzzeichen kennenzulernen und zu unterscheiden.

Die Beschaffung geeigneter und motivierender Erstleselektüren für blinde Kinder erweist sich als schwierig: In den Punktschriftbibliotheken gibt es nur Erstlesebücher, die mit normalem Buchstabenabstand gedruckt sind. Vollschrift lesende Erstleser:innen können dort eine kleine Auswahl von Lektüren finden. Für Erstleser:innen, die Eurobraille als erste Schrift lernen, ist es am sinnvollsten, wenn die Lehrkraft die Texte selbst digitalisiert und in der gewünschten Art ausdruckt. Es besteht die Chance, attraktive Erstlesebücher (z. B. mit eingeklebten Kleinobjekten oder eigens erstellten Reliefbildern) zu Themen, die die Kinder der Klasse interessieren, selbst herzustellen.

Inklusive Lernmaterialien

Hilfreich sind Materialien, die für unterschiedliche Übungen flexibel einsetzbar und für blinde und sehende Kinder ansprechend sind. Dazu zählen z. B. magnetische Buchstabenplättchen, die in Punktschrift und Schwarzschrift beschriftet sind (▶ Abb. 3.20).

Abb. 3.20: Magnetische Buchstabenplättchen

Die meisten aktuellen Lehrwerke sind Fibellehrwerke, die zusätzlich eine Anlauttabelle enthalten. Die Idee bei der Arbeit mit einer Anlauttabelle ist, das Kind in der alphabetischen Strategie zu unterstützen. Das Kind hat zu diesem Zeitpunkt die Phonem-Graphem-Korrespondenz erkannt: Es versucht beim Schreiben, das Wort, das im Gesprochenen aus einer Lautkette besteht, in seine Einzellaute zu zergliedern, diese mit den zugehörigen Buchstaben zu verbinden und aufzuschreiben. Möchte das Kind nun /o/ schreiben, kann es in der Anlauttabelle das Bild zu »o« suchen (z. B. ein Osterhase) und daneben den Buchstaben finden.

Sehende Kinder können den gefundenen Buchstaben abmalen. Wie in Kapitel 3.5.2 erläutert, ist dies in Punktschrift so nicht möglich. Eine taktile Anlauttabelle muss blinden Kindern also neben dem geschriebenen Buchstaben auch die Schreibweise des Buchstabens zeigen (▶ Abb. 3.21, ▶ Abb. 3.22).

Weitere wichtige Kriterien für Struktur und Aufbau einer Anlauttabelle im gemeinsamen Unterricht:

- Alle Buchstaben des Alphabets in Punktschrift (mit »Schreibweise« des Buchstabens) und Schwarzschrift mit Anlautgegenstand – das nimmt viel Platz ein.

3.6 Herausforderungen und Chancen für die Unterrichtspraxis

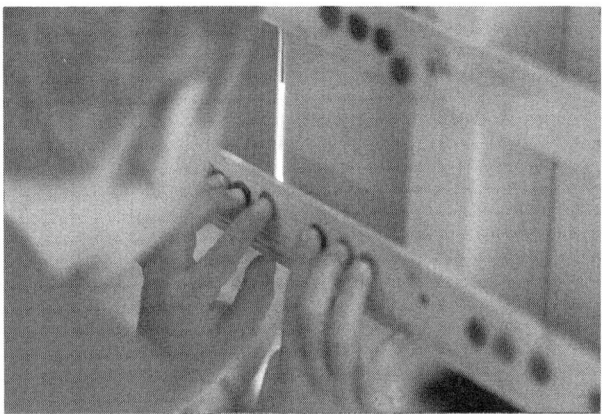

Abb. 3.21: Inklusive, taktile Anlauttabelle

Abb. 3.22: Die Darstellung der »Schreibweise« des Braille-Buchstabens ist mit Punkten aus zwei taktil verschiedenen Materialien aufgeklebt (für das Drücken oder Nichtdrücken der Taste auf der Schreibmaschine) und entspricht in ihrer Größe den Tasten der Braille-Tastatur.

- Es ist entscheidend, sich genau zu überlegen, wie die Anlauttabelle für Grundschulkinder gut nutzbar ist, mit ihrer eher kleinen Körpergröße; auch evtl. vorhandene motorische Einschränkungen müssen berücksichtigt werden.
- Wird die Anlauttabelle an der Wand angebracht, müssen die untersten Buchstaben noch mit waagrechtem Unterarm gelesen werden können.
- Die Anlauttabelle darf für blinde Kinder keine große, »homogene« Wand aus Buchstaben sein, sondern sie muss Strukturen beinhalten, die taktil eine zügige Orientierung ermöglichen.
- Auf jeden Fall benötigen blinde Kinder vor dem Einsatz der Anlauttabelle ausreichend Zeit, um diese in Ruhe zu erkunden.

Eine Anlauttabelle mit herausnehmbaren Gegenständen ist für sehende und blinde Kinder attraktiv und bietet vielfältige Übungsmöglichkeiten. Die gewählten Gegenstände sollten dem blinden Kind bekannt sein.

Unterschiedliches Lesetempo, exemplarische Aufgaben

Das Lesen in Punktschrift benötigt zwei- bis dreimal mehr Zeit als das Lesen von Schwarzschrift. Damit in Lerngruppen aus blinden und sehenden Kindern trotzdem Freude am gemeinsamen Tun besteht, muss man im Unterricht Lösungen finden, um lange Wartezeiten und Stress zu vermeiden, z. B.:

- Blinde Kinder bekommen im Rahmen des Nachteilsausgleichs exemplarische Aufgaben. Diese müssen sehr gut ausgewählt werden, um den blinden Kindern dieselben Lernschritte und Lernerfolge zu ermöglichen.
- Blinde Kinder beginnen vor den sehenden Mitschüler:innen mit einer Aufgabe.
- Sie erkunden ein Material in Ruhe im Voraus, um dann im Unterricht schnell damit klarzukommen.
- Die Arbeitsplatzstruktur ist prägnant und ermöglicht blinden Kindern eine schnelle Orientierung.
- Stationen im Klassenzimmer werden so positioniert, dass sie schnell und selbständig von blinden Kindern aufgesucht werden können.

Gegenüber dem langsameren Tempo beim Lesen kann beim Schreiben von Punktschrift ein gutes Arbeitstempo erreicht werden.

Spezifische Fehleranalyse

Punktschriftzeichen ähneln sich untereinander stärker als Schwarzschriftzeichen, die sich durch mehr Merkmale, wie z. B. gebogene, gerade, senkrechte und diagonale Linien, definieren. In Punktschrift gibt es viele Zeichen, die sich nur durch ihre Raumlage bzw. durch Spiegelbildlichkeit voneinander unterscheiden (▶ Abb. 3.23).

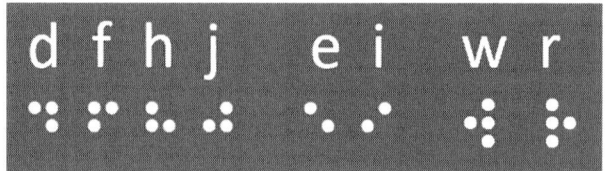

Abb. 3.23: Beispiele von zueinander ähnlichen Punktschriftzeichen

Ein Punktschrift schreibendes Kind macht andere typographische Schreibfehler als ein Schwarzschrift schreibendes Kind. Schreibt es beispielsweise ein w statt einem r, hat es versehentlich den in Punktschrift spiegelbildlichen Buchstaben verwendet. Schreibt es ein h statt einem r (▶ Abb. 3.24), hat es wahrscheinlich vergessen, eine

Taste zu drücken, wodurch dem Buchstaben ein Punkt fehlt und er eine neue Bedeutung erhalten hat.

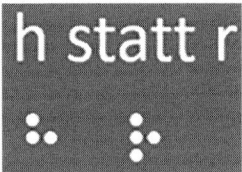

Abb. 3.24: Beispiel für einen Schreibfehler (Tippfehler) in Punktschrift

Bilder als Motivation

Für sehende Kinder sind sehr motivierende Bilder in den Erstlesewerken eingesetzt, z. B. Abbildungen von Tieren und Gegenständen, Bilder der Fibelfiguren oder Bildzuordnungen bei der Lautanalyse. Für blinde Kinder sind taktile Bilder ungleich schwieriger zu erkennen. Für die Übungen zum Erstlesen und -schreiben eignen sich daher gut erkennbare Gegenstände als motivierender Ersatz für die Bilder. Dies kommt nicht nur blinden Kindern entgegen, sondern auch beispielsweise Kindern mit Förderbedarf im Lernen oder Kindern, die Deutsch als Zweitsprache erwerben. Bei Buchstaben- bzw. Themeneinführungen im Sitzkreis können statt Bildern ebenfalls sehr gut Gegenstände als inklusives Lernmaterial eingesetzt werden.

Hilfen und vermeintliche Hilfen für leichteres Lesen

Während für die sehenden Erstleser:innen vergrößerte Buchstaben eine Hilfe im Leseprozess darstellen, benötigen blinde Kinder die Darstellung der Punktschrift in Originalgröße (▶ Kap. 3.5.1). Später kann eine Schwingzelle als vergrößerte Darstellung zur Analyse der komplexeren Punktschriftzeichen eingesetzt werden: Sie zeigt den Zusammenhang zwischen der Form des Buchstabens (▶ Abb. 3.25) und seiner Schreibweise (▶ Abb. 3.26).

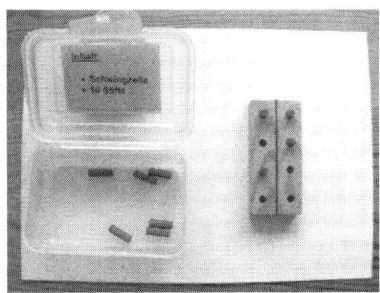

Abb. 3.25: Geschlossene Schwingzelle zeigt die Anordnung der Punkte im Buchstaben

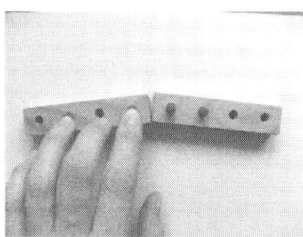

Abb. 3.26: Offene Schwingzelle zeigt die Schreibweise

Großbuchstaben sind in Schwarzschrift einfacher zu erfassen und werden daher gerne z. B. für Hervorhebungen genutzt. In Punktschrift wirkt sich die Verwendung von Großbuchstaben in Computerbraille (Eurobraille) genau umgekehrt aus: Die Punktschriftzeichen von Kleinbuchstaben haben eine geringere Größe und weniger Punkte (▶ Abb. 3.27) und können somit leichter gelesen werden.

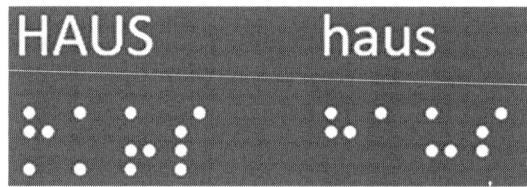

Abb. 3.27: Vergleich von Groß- und Kleinbuchstaben in Computerbraille (Eurobraille) und in Schwarzschrift

Hilfsmittelnutzung im Schriftspracherwerb

Für das Erstlesen und -schreiben sollte grundsätzlich eine Punktschrift-Schreibmaschine verwendet werden, da ein blindes Kind hier stets die Menge des Textes erfassen, ihn gestalten und Textstellen räumlich lokalisieren kann. Wenn die Kinder bereits lesen und schreiben können, bietet der Computer mit Braillezeile gegenüber einer Punktschrift-Schreibmaschine einige Vorteile:

- flexible Überarbeitung von Texten
- schnelle Navigation in langen Texten
- rascher Wechsel zwischen verschiedenen Dokumenten
- sehende Menschen können ohne Punktschriftkenntnisse jederzeit Einblick in den ganzen Text nehmen
- jedes als Textdatei vorliegende Dokument wird in Punktschrift lesbar

Über die Screenreader-Software wird für blinde Menschen nicht nur eine Ausgabe in Punktschrift ermöglicht, sondern auch die auditive Ausgabe von Texten. Dies erscheint als großer Vorzug gegenüber dem mühsameren taktilen Lesen. Jedoch ist es für die Entwicklung einer guten haptischen Lesefähigkeit und der orthographischen Kompetenz unabdingbar, die Texte selbst zu lesen. Zugunsten dieser Entwicklung wird auf den Einsatz der Sprachausgabe im Schriftspracherwerb verzichtet.

Nach dem abgeschlossenen Schriftspracherwerb ist die Nutzung der Sprachausgabe ein großer Gewinn für blinde Menschen, um ein schnelleres Erfassen von längeren Texten im Unterricht zu erreichen.

Literaturverzeichnis

Brailleschriftkomitee der deutschsprachigen Länder (2021) (Hrsg.): Das System der deutschen Brailleschrift. 2., korrigierte Aufl. Marburg: Deutsche Blindenstudienanstalt e. V. Online verfügbar unter: http://www.bskdl.org/textschrift.html#schwarzdruck, zuletzt geprüft am 08.10.2024.
Deutsche Ophthalmologische Gesellschaft (DOG) (2011): Leitlinie Nr. 7. Versorgung von Sehbehinderten und Blinden. Berlin: DOG. Online verfügbar unter: https://dog.org/wp-content/uploads/sites/11/2009/09/Leitlinie-Nr.-7-Versorgung-von-Sehbehinderten-und-Blinden1.pdf, zuletzt geprüft am 08.10.2024.
Füssenich, I. & Löffler, C. (2018): Schriftspracherwerb. Einschulung, erstes und zweites Schuljahr. 3., aktualisierte Aufl. München: Reinhardt.
Hoffmann-Erz, R. (2023): Deutsch in der Grundschule. Eine Einführung. Berlin: J. B. Metzler.
KMK (Ständige Konferenz der Kultusminister der Länder in der Bundesrepublik Deutschland) (2024): Sonderpädagogische Förderung in Schulen 2013 bis 2022. Statistische Veröffentlichungen der Kultusministerkonferenz. Dokumentation Nr. 240 – Februar 2024. Online verfügbar unter: https://www.kmk.org/fileadmin/Dateien/pdf/Statistik/Dokumentationen/Dok_240_SoPae_2022.pdf, zuletzt geprüft am 27.02.2024.
Lang, M. (2017a): Inhaltsbereiche und konkrete Ausgestaltung einer spezifischen Didaktik des Unterrichts mit blinden und hochgradig sehbehinderten Schülerinnen und Schülern. In: Markus Lang, Ursula Hofer und Friederike Beyer (Hrsg.): Didaktik des Unterrichts mit blinden und hochgradig sehbehinderten Schülerinnen und Schülern. 2., überarbeitete Aufl. Stuttgart: Kohlhammer (Grundlagen, Band 1), S. 174–227.
Lang, M. (2017b): Wahrnehmungsförderung und Begriffsbildung als fächerübergreifende Prinzipien des Unterrichts mit blinden und hochgradig sehbehinderten Kindern und Jugendlichen. In: Markus Lang; Ursula Hofer; Friederike Beyer (Hrsg.): Didaktik des Unterrichts mit blinden und hochgradig sehbehinderten Schülerinnen und Schülern. 2., überarbeitete Aufl. Stuttgart: Kohlhammer (Grundlagen, Band 1), S. 228–275.
Lang, M. (2022): Lesen und Schreiben. In: Markus Lang & Ursula Hofer (Hrsg.): Didaktik des Unterrichts mit blinden und hochgradig sehbehinderten Schülerinnen und Schülern. 2. erweiterte und überarbeitete Aufl. Stuttgart: Kohlhammer (Fachdidaktiken, Band 2), S. 19–70.
Lang, M. (2023): Klassifikationen, Ursachen und Prävalenzen zu Sehbeeinträchtigung und Blindheit. In: Sonderpädagogische Förderung heute 68 (1), S. 26–37.
Lang, M. (2025): Auf der Taststraße zur Punktschrift. Fördermaterialien zur Vorbereitung blinder Kinder auf das Lesen der Brailleschrift. 4., neu bearbeitete Aufl. Heiligenbronn: Stiftung St. Franziskus.
Netthoevel, A.; Lang, M.; Meyer, F.; Laemers, F.; Gaberthüel, M.; Adams, S. (2022): Alex und Lilani entdecken die Welt der Buchstaben. Bern: Schulverlag.
Scheerer-Neumann, G. (2023): Lese-Rechtschreib-Schwäche und Legasthenie. Grundlagen, Diagnostik und Förderung. 3., erweiterte und überarbeitete Aufl. Stuttgart: Kohlhammer.
Schründer-Lenzen, A. (2013): Schriftspracherwerb. 4. Aufl. Wiesbaden: Springer VS.

Wright, S. & Stratton, J. M. (2007): On the way to literacy. Early experiences for children with visual impairments. 2. Aufl. Louisville: APH.

4 Grundlagen und Perspektiven des Schriftspracherwerbs im sonderpädagogischen Schwerpunkt Geistige Entwicklung

Stefanie Köb & Karin Terfloth

Erst vor wenigen Jahren haben fachdidaktische Bezüge zu den Kernfächern wie Deutsch und Mathematik Einzug in die Bildungspläne zum sonderpädagogischen Schwerpunkt Geistige Entwicklung gehalten. Eine Ausrichtung an den allgemeinen fachwissenschaftlichen und fachdidaktischen Diskursen ist infolgedessen unerlässlich. Zugleich gilt es mit Blick auf den Unterricht, die Spezifika der Lernvoraussetzungen der Schüler:innen im Schwerpunkt zu berücksichtigen.

Ein zentrales Kernmerkmal stellt dabei das Vorliegen einer kognitiven bzw. intellektuellen Beeinträchtigung dar, die in Anlehnung an die »American Association on Intellectual and Developmental Disabilities« (AAIDD) als bedeutsame, im Kindesalter beginnende und dauerhafte Einschränkung der intellektuellen Funktionen verstanden wird, die mit erheblichen Einschränkungen der adaptiven Kompetenzen mit Blick auf konzeptionelle, soziale und praktische Fähigkeiten zur Bewältigung der sozialen Anforderungen im Alltag einhergeht (Sarimski 2024). Im Schuljahr 2022 wiesen fast 600.000 Schüler:innen in Deutschland einen festgestellten sonderpädagogischen Förderbedarf auf, etwa 18 % von ihnen im sonderpädagogischen Schwerpunkt Geistige Entwicklung, der somit nach dem Schwerpunkt Lernen den zweitgrößten Bereich ausmacht (KMK 2024).

Die folgenden Ausführungen versuchen sich an einer Verschränkung von Fachdidaktik und Sonderpädagogik, indem zunächst die bisherigen Entwicklungsschritte in der schriftsprachlichen Förderung von Schüler:innen des sonderpädagogischen Schwerpunkts Geistige Entwicklung skizziert werden. In Kapitel 2 werden Besonderheiten im Hinblick auf die Lernausgangslagen beleuchtet (▶ Kap. 4.2), bevor in Kapitel 3 ausgewählte didaktische Implikationen dargestellt werden (▶ Kap. 4.3). Die jeweiligen Ausführungen lassen sich innerhalb des KOMET-Modells den Bereichen *individuumsbezogene Faktoren*, *Early Literacy*, *Textproduktion* sowie *Lesefertigkeiten* zuordnen (▶ Abb. 4.1), wenngleich sich für alle Bereiche des KOMET-Modells Spezifika für Schüler:innen des Schwerpunkts ergeben (können).

Die Darstellungen in Kapitel 2 und 3 greifen Aspekte aus dem Grundlagenartikel (▶ Kap. 1) auf und konkretisieren diese mit Blick auf den Schwerpunkt Geistige Entwicklung.

4 Perspektive des sonderpädagogischen Schwerpunkts Geistige Entwicklung

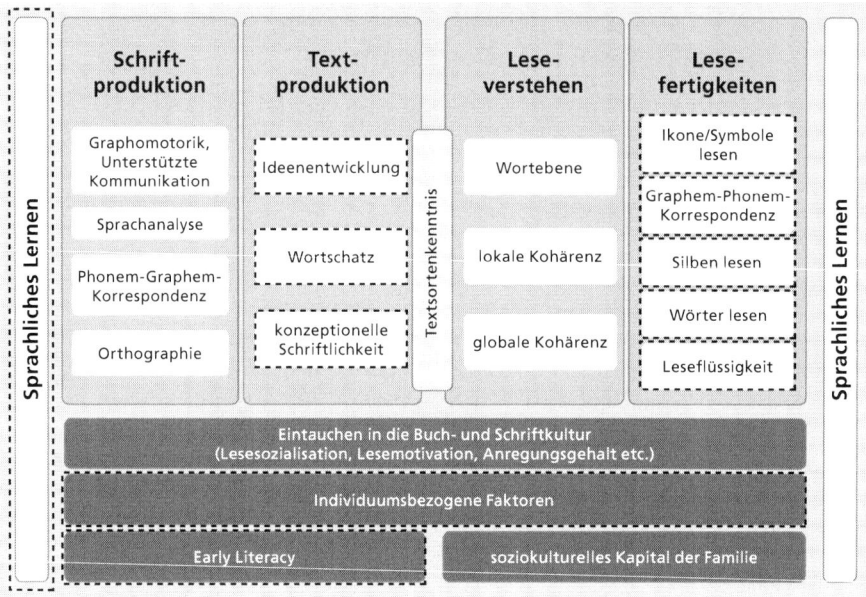

Abb. 4.1: Im Beitrag fokussierte Teilbereiche des KOMET-Modells (▶ Kap. 1)

4.1 Förderung schriftsprachlicher Kompetenzen im Schwerpunkt Geistige Entwicklung – ein Überblick

Der Erwerb schriftsprachlicher Kompetenzen markiert für Schüler:innen im Schwerpunkt Geistige Entwicklung – wie für alle anderen Schüler:innen ohne Beeinträchtigung auch – einen besonderen Meilenstein mit Blick auf soziale und gesellschaftliche Teilhabe, Selbstbestimmung, Lebensqualität und Unabhängigkeit. In einem stark literal geprägten Alltag stellen fehlende Lese- und Schreibfähigkeiten wesentliche Exklusionsrisiken dar und erschweren Kommunikation und soziales Miteinander in Schule, Beruf und Freizeit, um nur einige Aspekte zu nennen. Umso verwunderlicher ist, dass das Lesen- und Schreibenlernen lange Zeit keine Rolle in den Curricula und Bildungsplänen des Schwerpunkts gespielt hat. Vielmehr galt es bis in die 1970er Jahre als höchst umstritten, dass Schüler:innen mit einer kognitiven Beeinträchtigung überhaupt Kompetenzen im schriftsprachlichen Bereich erwerben können (Euker & Koch 2010, S. 262; Sermier Dessemontet et al. 2019, S. 52). Infolgedessen lag der Fokus im Schwerpunkt Geistige Entwicklung jahrzehntelang auf Aspekten der sogenannten lebenspraktischen Bildung, sodass »wesentliche Ansprüche der Fachdidaktiken und des Fachunterrichts […] ausgeklammert und […]

für lange Zeit (konsequent und in Teilen auch noch heute) auf Distanz gehalten« (Musenberg 2019, S. 451) wurden.

Ab den 1980er Jahren zeigte sich, dass zwar eine Annäherung an den Fächerkanon der Regelschule eine größere Bedeutung bekam, damit aber nur eine marginale Orientierung an den jeweiligen Fachdidaktiken einherging, sodass »sonder«pädagogische Zugänge weiterhin im Vordergrund standen. Beispielhaft kann dies etwa beim sogenannten *erweiterten Lesebegriff* (Hublow & Wohlgehagen 1978) aufgezeigt werden. In Abhängigkeit der ›Art‹ des zu lesenden Zeichens wurde der Leseprozess mittels Situationen, Bildern, Symbolen, Signalwörtern, Ganzwörtern und Schrift modelliert – ein Konzept, das überwiegend losgelöst vom (damaligen) fachdidaktischen Diskurs zum Schriftspracherwerb entwickelt und rezipiert wurde. Insbesondere das ›Situationenlesen‹ im Sinne einer Wahrnehmung und Deutung von Situationen und Aktionen als Form des Lesens erfuhr aufgrund der fehlenden Fixierung der zu lesenden Zeichen Kritik (z. B. Kuhl 2018, S. 32). Weitere Schwächen des Modells ergaben sich aus der fehlenden Differenzierung der Stufe des ›Schriftlesens‹, der mangelnden Verknüpfung der Modalitäten Lesen und Schreiben und der Prominenz des Ganzwortlesens (▶ Kap. 4.3).

Aktuell zeigt sich, dass »die Suche nach dem Anschluss an das Fach und an seine Didaktik für die schulische Geistigbehindertenpädagogik ein eher neues Handlungsfeld« (Schäfer 2019, S. 447) darstellt, erste Schritte hin zu einer höheren Anschlussfähigkeit an Fachwissenschaft und -didaktik aber initiiert wurden (KMK 2021; Ratz & Selmayr 2021, S. 117). Unterschiedliche Studien, vorwiegend aus dem englischsprachigen Raum, konnten in diesem Zuge zeigen, dass der Erwerb schriftsprachlicher Kompetenzen im Schwerpunkt Geistige Entwicklung durch einen fundierten, systematischen und gut strukturierten Lese- und Schreibunterricht äußerst positiv begünstigt werden kann (z. B. Allor et al. 2014; Lemons et al. 2015; Sermier Dessemontet et al. 2019).

Für den deutschsprachigen Raum legten zuletzt Ratz und Selmayr (2021) Ergebnisse einer Studie mit 1113 Schüler:innen mit kognitiver Beeinträchtigung vor, die auf eine hohe Spannbreite der schriftsprachlichen Kompetenzen hindeutet. Nach Einschätzung der befragten Lehrkräfte lesen etwa ein Viertel bzw. schreiben etwa ein Fünftel der in die Stichprobe einbezogenen Lernenden (noch) gar nicht, während etwa 6 % bzw. 27 % logographemische, 31 % bzw. 35 % alphabetische und rund 36 % bzw. 18 % orthographische Strategien beim Lesen bzw. Schreiben nutzen. Über 90 % der Schüler:innen können Ikone und 74 % Symbole erkennen (Ratz & Selmayr 2021, S. 124 f.). Auch im Hinblick auf das Textverständnis ergibt sich eine hohe Varianz. Orientiert an den Lesekompetenzstufen nach PISA erreichen etwa 44 % der Schüler:innen das unterste Kompetenzlevel (Fähigkeit zum Verstehen einfachster Texte) nicht. Fast ein Drittel kann eine explizit gekennzeichnete Information aus einem einfachen Text entnehmen; etwa 20 % können einen explizit angegebenen Hauptgedanken in einem Text lokalisieren und Bezug zum Alltagswissen herstellen und 4 % der einbezogenen Schüler:innen können eine Argumentation über mehrere Abschnitte verfolgen (ebd., S. 127).

Aus dieser großen Kompetenzspanne ergibt sich eine enorm hohe Anforderung an Lehrkräfte, die sich damit konfrontiert sehen, Angebote für *alle* Schüler:innen zu entwickeln, damit schriftsprachliche Kompetenzen bestmöglich erworben werden können. Eine weitere zentrale Herausforderung des Anfangsunterrichts im Schwerpunkt Geistige Entwicklung besteht darüber hinaus darin, im Prozess der Verschränkung aus Fachwissenschaft, Fachdidaktik und Sonderpädagogik einerseits das genuin Fachliche, andererseits auch die besonderen, individuellen Bedarfe innerhalb der verschiedenen Lernfelder adäquat zu berücksichtigen (Schäfer 2019, S. 446). Dabei ist ebenso ein intersektionaler Blick auf die Lernvoraussetzungen notwendig, denn diese können auch aufgrund weiterer Heterogenitätsdimensionen wie Erstsprache, soziokulturelle Aspekte, Begabung oder Geschlecht vielfältig sein.

4.2 Besonderheiten der Lernausgangslagen

Die folgenden Ausführungen zu den Besonderheiten des Schriftspracherwerbs beziehen sich auf die individuumsbezogenen Bereiche des KOMET-Modells. Dabei werden neben internalen Faktoren (kognitive Prozesse, exekutive Funktionen etc.) auch eher external zu verortende Aspekte (Erfahrungen und Zugänge zu Schrift, Anregungsgehalt etc.) diskutiert.

Grundsätzlich lässt sich konstatieren, dass sich der Erwerb schriftsprachlicher Kompetenzen bei Schüler:innen mit einer kognitiven Beeinträchtigung nicht wesentlich von dem unbeeinträchtigter Lernender unterscheidet (van Wingerden et al. 2016, S. 218). Vielmehr scheint es sich um einen (teilweise) deutlich verlängerten bzw. verzögerten Erwerbsprozess über die gesamte Schullaufbahn hinweg und ggf. darüber hinaus zu handeln (der sich im Kontext einer komplexen Behinderung mitunter innerhalb eines äußerst basalen Bereichs bewegen kann), dessen Erfolg vor allem von der Passung der unterrichtlichen Angebote und der Berücksichtigung der individuellen Lernvoraussetzungen, wie beispielsweise der Aneignungsmöglichkeiten der Schüler:innen abhängen (Pezzino et al. 2019, S. 586; van Tilborg 2018, S. 79).

Für den Aufbau (schrift-)sprachlicher Kompetenzen ist ein komplexes Zusammenspiel zahlreicher (kognitiver) Komponenten maßgeblich, so beispielsweise der Abruf von kognitiven Ressourcen zur Informationsverarbeitung (Aufmerksamkeit, Wahrnehmung, Gedächtnis), die Koordination mit bereits erworbenem Wissen sowie Handlungsstrategien und Steuerungs- und Kontrollprozesse bei der Organisation von komplexen Handlungen (exekutive Funktionen) (Sarimski 2024). Im Kontext einer kognitiven Beeinträchtigung werden diesbezüglich diverse Spezifika diskutiert, unter denen die (Arbeits-)Gedächtnisleistung, Aufmerksamkeits- und Wahrnehmungsprozesse, exekutive Funktionen sowie die phonologische Informationsverarbeitung und die sprachlichen Kompetenzen eine besondere Relevanz aufweisen und daher im Folgenden detaillierter betrachtet werden. Zudem werden Bezüge zum Fachgebiet der Unterstützten Kommunikation aufgezeigt, um die unterrichtsimmanente Förderung des Spracherwerbs mit dem Erwerb der Schriftsprache zu verknüpfen.

4.2.1 Emergent/Early Literacy

Erste bzw. frühe (oftmals vorschulische) Erfahrungen mit Schriftsprache werden unter dem Begriff der Early Literacy gefasst (▶ Kap. 1.3.1) und als Set von Teilfertigkeiten verstanden (Nickel 2014, S. 7). Literacy-Entwicklung wird durch Anregungen und Modellierungen der Umwelt evoziert, daher ist es von Bedeutung, Interaktionen zwischen Kindern und Bezugspersonen in den Blick zu nehmen (ebd.). Empirische Befunde deuten darauf hin, dass bei Kindern mit einer kognitiven Beeinträchtigung insbesondere das familiäre Literacy-Umfeld wichtige Impulse mit Blick auf Wortschatz, Wissen über Schrift und Leseverständnis setzen kann und somit große Auswirkungen auf die Ausbildung von Early Literacy hat (Biggs et al. 2023, S. 2119). Diese frühe Literacy mündet später in den intentionalen Erwerb der Schrift und die erweiterte Teilhabe an Schriftlichkeit, weist dabei jedoch von Anfang an eine eigene Wertigkeit auf (Nickel 2014, S. 668).

Gerade im Hinblick auf Schüler:innen im Schwerpunkt Geistige Entwicklung ist es sinnvoll, die unterschiedlichen Kompetenzbereiche früher Literalität weiter auszudifferenzieren. Gemäß Dunst (2006, S. 2) sowie Vach und Roos (2022, S. 137) können dabei die Bereiche der Preliteracy, Emergent Literacy und Early Literacy voneinander unterschieden werden. Während *Preliteracy* Aspekte im Bereich nonverbaler und sozialer Kommunikation umfasst, die mit dem Spracherwerb und der Entwicklung von Literalität assoziiert sind bzw. diesen zugrunde liegen (z. B. geteilte Aufmerksamkeit, Sprachwahrnehmung, Lautproduktion, Vokalisierungen, Bildverständnis und -erkennung), werden unter *Emergent Literacy* verbale und nicht verbale Fähigkeiten verstanden, die im Zusammenhang mit dem Schriftspracherwerb stehen, wie z. B. Sprachproduktion, -gebrauch und -verständnis auf Wort- und Satzebene, Wortschatzentwicklung, Schrift- und Symbolerkennung, Zeichenverständnis und Entwicklung diskursiver Fähigkeiten. Emergent Literacy wird als zweidimensionales Konstrukt konzeptualisiert. Es handelt sich einerseits um metasprachliche Teilfertigkeiten des Kindes und andererseits auf der Verhaltensebene um die Teilhabe an einer literalen Praxis (Nickel 2014, S. 668). Fähigkeiten im Bereich der *Early Literacy* schließlich beinhalten sowohl eher schriftbasierte Fähigkeiten wie alphabetisches Wissen, Schriftbewusstheit, Schriftproduktion und Textverständnis als auch stärker sprachverarbeitende Fähigkeiten (phonologische Bewusstheit, grammatisches Wissen und Hörverständnis) (Dunst 2006, S. 2; Vach & Roos 2022, S. 137).

Vorschulische Literacy-Erfahrungen im familiären Kontext von Kindern mit einer kognitiven Beeinträchtigung unterscheiden sich oftmals von denen, die Kinder ohne eine Beeinträchtigung machen. So nennen Eltern von Kindern mit einer kognitiven Beeinträchtigung beispielsweise störende Verhaltensweisen, eine hohe Ablenkbarkeit und motorische Unruhe als Gründe für (vergleichsweise) weniger gemeinsame Vorlesesituationen (Wakeman et al. 2021, S. 93). In einem Review aus über 60 Studien zum Thema konnten Biggs et al. (2023) zudem zeigen, dass Eltern Literalitätserfahrungen zwar einen hohen Stellenwert beimessen, gleichzeitig aber unsicher sind, wie sie ihre Kinder angemessen bei der Entwicklung der unterschiedlichen Early-Literacy-Facetten unterstützen können (ebd., S. 2135). Dies führt dazu, dass weniger Impulse zur Ausbildung der phonologischen Bewusstheit gegeben werden und seltener ein Austausch im Rahmen gemeinsamer Vorlesesituationen etwa zu Motiven von Figuren oder zu Vermutungen über den weiteren Verlauf von Geschichten initiiert wird (ebd.).

4.2.2 Sprachentwicklung/Spracherwerb

Die sprachliche Entwicklung lässt sich grundsätzlich auf vier zentralen Ebenen beschreiben:

- *pragmatisch-kommunikativ* (Dimension des sozialen Austausches),
- *phonetisch-phonologisch* (Dimension der Aussprache),
- *semantisch-lexikalisch* (Dimension der Bedeutung) und
- *syntaktisch-morphologisch* (Dimension der Grammatik).

Der Spracherwerb kann als interdependentes Zusammenwirken kognitiver, sozialpragmatischer und aufmerksamkeitssteuernder Faktoren aufgefasst werden (Nickel 2014, S. 664) und umfasst etwa die ersten neun Lebensjahre. Ein regelentwickeltes Kind hat dann die Regularitäten seiner Muttersprache in allen Bereichen erworben und gilt als sprachkompetent (Nonn 2020, S. 91).

Eine bedeutsame Funktion für den frühen Spracherwerb wird dem triangulären Blick zugeschrieben. Dieser stellt eine hohe Integrationsleistung kognitiver, sozialer und emotionaler Entwicklungsaspekte dar und gilt als wichtige Basis für Grammatikerwerb und Wortschatz (Sarimski 2017, S. 203; Nonn 2020, S. 93). Bei Kindern mit kognitiver Beeinträchtigung lässt sich oftmals eine verzögerte Entwicklung der Triangulation und eine zunächst ausbleibende bzw. verzögert einsetzende Lautsprachentwicklung (Sarimski 2020, S. 401) beobachten – mit großen interindividuellen bzw. syndromtypischen Unterschieden hinsichtlich aller Kompetenzdimensionen (Pragmatik, Semantik, Syntax etc.) (Aktas et al. 2017, S. 306). Dies zeigt sich häufig in passiven Verhaltensweisen in der sozialen Kommunikation, einer weniger ausdauernden Erkundung der dinglichen Umwelt und der Schwierigkeit, den Aufmerksamkeitsfokus flexibel und situationsangemessen zu wechseln (Sarimski 2013, S. 54). Eine stützende Sprache (scaffolding) erleichtert durch häufige Objektbezeichnungen das Herstellen einer gemeinsamen Aufmerksamkeit (joint attention) und standardisierte Interaktionsmuster (Formate) in einer Dialogstruktur den Einstieg in den produktiven Spracherwerb, insbesondere den Aufbau der frühen, nominalen Sprache und des Wortschatzes. Ein derart gestalteter sprachlicher Input unterstützt Kinder beim Herstellen der Beziehung zwischen Wörtern und deren Bedeutung (Nickel 2014, S. 664).

Im Schwerpunkt Geistige Entwicklung ist ein hoher Anteil (noch) nicht sprechender Schüler:innen zu verzeichnen (Sachse & Bernasconi 2024, S. 109). Die Ursachen für die fehlende oder eingeschränkte Lautsprache können entwicklungsbedingt, erworben oder progredient sein. Kognitive, motorische und sensorische Beeinträchtigungen können hierbei zugrunde liegen und sich wechselseitig bedingen, ein Unterstützungsbedarf kann auf eine Störung der Sprache, des Sprechens, der Stimme oder der Kommunikation zurückzuführen sein. Nicht sprechende

Schüler:innen werden durch Formen der Unterstützten Kommunikation (UK) gefördert. Im Rahmen der Kommunikationsförderung werden Hilfsmittel zum Spracherwerb bzw. zur Sprachproduktion angeboten und dabei ein besonderes Augenmerk auf die Anpassung von Vokabular, Symbolen und Ansteuerungsmöglichkeiten (z. B. Augensteuerung, Zeigehilfen, Scanning-Verfahren) gelegt. Darüber hinaus wird auch die interaktionale Wechselwirkung zwischen UK-Nutzer:innen, Bezugspersonen, UK-Modi (Form, Inhalt, Funktion) und gesellschaftlichen Rahmenbedingungen betrachtet und berücksichtigt, um eine umfassende und effiziente Förderung zu gestalten (Braun 2020, S. 21 ff.).

Die Schülerschaft, die von UK profitiert, ist äußerst heterogen. Der Bedarf wird auf ca. 840.000 Personen bzw. 1,04 % der Gesamtbevölkerung geschätzt und umfasst die gesamte Lebensspanne (Boenisch et al. 2021, S. 11). UK erscheint neben gezielten Einzelfördersituationen primär unterrichtsimmanent als besonders effektiv, da in diesen Kontexten die Funktion von Kommunikation für UK-Nutzer:in und Umfeld (Lehrpersonen und Mitschüler:innen) erlebt wird.

4.2.3 Repräsentationale Einsicht

Grundlegend für einen erfolgreichen Erwerb der Schriftsprache ist das Zeichenverständnis, also die Erkenntnis, dass etwas für etwas Anderes stehen kann. Die Entwicklung dieser repräsentationalen Einsicht vollzieht sich i. d. R. im zweiten und dritten Lebensjahr im Rahmen des psychomotorischen Spiels als erste Phase des Spielens (Drexler 2018, S. 4 f.). Kinder lernen einerseits Materialmerkmale und erste physikalische Eigenschaften kennen, andererseits erleben sie sich als Akteur:in. Sie erlangen in der Entwicklung der Symbolisierungsfähigkeit die Erkenntnis der Objektpermanenz.

Darauf aufbauend entwickelt sich im Fantasiespiel die Fähigkeit des So-tun-als-ob, die Substitution von anwesenden Objekten und Situationen. Ein vorhandener Gegenstand wird hierbei durch Objekttransformation zu einem anderen umgewandelt (DeLoache 2004). Mit zunehmendem Alter gelingt es, Perspektivwechsel vorzunehmen und so gewinnt das Spiel an Flexibilität. Durch Dekontextualisierungen können Kinder zunehmend Spielhandlungen ohne Unterstützungsmaterial vornehmen. Sie sind in der Lage, ein gebrauchtes symbolisches Objekt als Repräsentation von etwas anderem als sich selbst zu nutzen (*duale Repräsentation*).

Es zeigt sich im Kontext einer kognitiven Beeinträchtigung häufig eine verzögerte Ausbildung der repräsentationalen Einsicht (Sutherland & Isherwood 2016, S. 306). Ursächlich dafür können neben einer verringerten Arbeitsgedächtniskapazität beispielsweise Beeinträchtigungen in der Sinneswahrnehmung und der motorischen Entwicklung sein. Zudem ist die Sensitivität und Responsivität von Bezugspersonen bedeutsam, um angemessene Anregungen und Kontingenzerfahrungen zu ermöglichen. Uneindeutige Signale und Reaktionen der Kinder mit Beeinträchtigungen können dabei zu Unsicherheiten der Bezugspersonen führen (Hansen 2021, S. 261).

4.2.4 (Arbeits-)Gedächtnisleistungen, Wahrnehmung und Aufmerksamkeit

Wahrnehmungs-, Aufmerksamkeits- und Gedächtnisprozesse spielen eine zentrale Rolle im Hinblick auf Aufnahme, Koordination, Verarbeitung und Speicherung von Informationen. Gängige Modellvorstellungen unterscheiden dabei die kurzzeitige, unmittelbare Verarbeitung von Informationen von der Langzeitspeicherung. Eine Präzisierung der bei der Kurzzeitspeicherung ablaufenden Prozesse ermöglicht das Mehrkomponentenmodell des Arbeitsgedächtnisses von Baddeley und Hitch (1974; zuletzt 2021).

Zentrale Verarbeitungsprozesse werden innerhalb des Modells durch vier Komponenten moduliert, die zum einen für die modalitätsspezifische Verarbeitung (sprachlich = *phonologische Schleife*; visuell-räumlich = *visuell-räumlicher Notizblock*) und deren episodische Verknüpfung (*episodischer Puffer*) zuständig sind, zum anderen die Steuerung und Koordination von Aufmerksamkeit und Wahrnehmung, die Auswahl und Nutzung von Strategien sowie den Abruf aus dem Langzeitgedächtnis (*zentrale Exekutive*) ermöglichen (Baddeley et al. 2021, S. 11). Kontinuierlich hohe Anforderungen an (Arbeits-)Gedächtnis, Wahrnehmung und Aufmerksamkeit ergeben sich beim Schriftspracherwerb aus der Notwendigkeit, dass simultan sowohl visuelle als auch phonologische Informationen wahrgenommen, fokussiert und mit Wissensbeständen aus dem Langzeitgedächtnis verknüpft und gespeichert werden müssen. Vereinfacht ausgedrückt: Leseanfänger:innen müssen beim Lesen ihre Aufmerksamkeit bewusst auf die repräsentierten Zeichen richten, sie visuell als Buchstaben wahrnehmen, eine Verbindung zu den korrespondierenden Lauten herstellen, diese möglichst simultan synthetisieren und schließlich mit Einträgen aus dem Langzeitgedächtnis (genauer: *semantisches Lexikon*) abgleichen und die Bedeutung des Wortes abrufen. Insbesondere in den Stadien des frühen Lesens (▶ Kap. 1) ist das phonologische Rekodieren äußerst kapazitätsintensiv (Baddeley & Hitch 2019, S. 98 f.), während durch eine zunehmende Automatisierung Lese- und Schreibprozesse effizienter werden und das Arbeitsgedächtnis weniger stark beanspruchen (Peng et al. 2018, S. 63).

Studien, die die Arbeitsgedächtnisleistung bei Menschen mit einer kognitiven Beeinträchtigung untersuchen, geben Hinweise darauf, dass die generelle Kapazität des Arbeitsgedächtnisses im Vergleich zu Menschen ohne Beeinträchtigung verringert ist (Danielsson et al. 2012, S. 605), wobei insbesondere Schwächen in der phonologischen Schleife zu verzeichnen sind (Kehl & Scholz 2021, S. 123). Hierfür wird als maßgeblich angenommen, dass die phonologische Speicherkapazität deutlich reduziert ist (Schuchardt et al. 2011, S. 1938; Lifshitz et al. 2016, S. 160), sodass sprachliche Informationen nicht ausreichend lange präsent gehalten werden können, um sie adäquat weiterzuverarbeiten. Das Wissen um und die Anwendung von expliziten Gedächtnisstrategien, die diese Schwierigkeiten zumindest zum Teil kompensieren könnten, ist nach Lifshitz et al. (2016) ebenfalls eingeschränkt bzw. wird oftmals nur verzögert ausgebildet (Poloczek et al. 2016, S. 92). Im Bereich des Langzeitgedächtnisses scheint vor allem der Abruf von expliziten Wissensinhalten innerhalb des deklarativen Gedächtnisses eine besondere Herausforderung für

Menschen mit kognitiver Beeinträchtigung zu sein (Vicari et al. 2016). Besonderheiten im Hinblick auf Aufmerksamkeit- und Wahrnehmungsprozesse äußern sich (syndromspezifisch) überwiegend in Schwächen bezüglich der auditiven Daueraufmerksamkeit (Kaplan-Kahn et al. 2023, S. 264), der geteilten und selektiven Aufmerksamkeit (Hronis et al. 2017, S. 194; Kirk et al. 2021, S. 200) sowie der auditiven und visuellen Wahrnehmung (Pezzino et al. 2019, S. 588).

4.2.5 Phonologische Informationsverarbeitung

Das Konzept der phonologischen Informationsverarbeitung wird im Beitrag von Mayer in diesem Band vorgestellt (▶ Kap. 5), deshalb werden an dieser Stelle nur die Besonderheiten im Kontext einer kognitiven Beeinträchtigung dargestellt. Grundsätzlich lässt sich konstatieren, dass die Zusammenhänge innerhalb der drei Komponenten der phonologischen Informationsverarbeitung (phonologische Bewusstheit, phonologisches Rekodieren im Arbeitsgedächtnis und phonologisches Rekodieren beim Zugriff auf das semantische Lexikon) zwischen Menschen mit und ohne Beeinträchtigung prinzipiell vergleichbar sind (Barker et al. 2013, S. 373).

Im Hinblick auf die Verarbeitungsgeschwindigkeit, die i. d. R. über die automatische Benennungsgeschwindigkeit (rapid automized naming, RAN) operationalisiert wird (Christopher et al. 2012, S. 473), zeigt sich eine deutlich reduzierte Geschwindigkeit bei Lernenden im Schwerpunkt Geistige Entwicklung (de Chambrier 2021, S. 5 f.; van Tilborg et al. 2018, S. 9; Nilsson et al. 2021, S. 1). Das führt dazu, dass visuell repräsentierte Zeichen (Ikone, Symbole, Buchstaben) i. d. R. nicht in ausreichender Geschwindigkeit identifiziert und die mit ihnen zusammenhängenden Eintragungen im Langzeitgedächtnis nicht schnell genug aktiviert und abgeglichen werden können. Für Lernende birgt die reduzierte Verarbeitungsgeschwindigkeit demnach die Gefahr eines langen Verharrens beim buchstabenweise synthetisierenden Erlesen, das wiederum extrem kapazitätsintensiv für das Arbeitsgedächtnis ist. Es zeigt sich ein starker Zusammenhang zwischen der Benennungsgeschwindigkeit, der phonologischen Bewusstheit und den basalen Lesefähigkeiten bei Schüler:innen mit kognitiver Beeinträchtigung (Alhwaiti 2024, S. 13 f.). Zudem scheint die phonologische Bewusstheit bei ihnen signifikant schwächer ausgebildet (van Tilborg et al. 2018, S. 6; Anjos et al. 2019, S. 5) und gleichzeitig für die Dekodierfähigkeiten länger als bei Schüler:innen ohne Förderbedarf bedeutsam zu sein (Nilsson et al. 2021, S. 11).

4.2.6 Exekutive Funktionen

Unter exekutiven Funktionen werden »Fähigkeiten zur flexiblen Steuerung der Aufmerksamkeit, zur Kontrolle über impulsive Reaktionen, zur Speicherung im Arbeitsgedächtnis und zur Auswahl und Kontrolle von Handlungs- und Lösungsstrategien bei der Bearbeitung von Aufgaben« (Sarimski 2024; Spaniol & Danielsson 2022, S. 9) subsumiert, die für die Steuerung und Koordination zielgerichteter Handlungen grundlegend sind. Insbesondere in Situationen mit neuartigen oder ungewohnten Anforderungen sind exekutive Funktionen für die Planung, Ausführung und Kontrolle von komplexeren Handlungssequenzen maßgeblich (Rauch 2022, S. 164).

Mit Blick auf den Erwerb schriftsprachlicher Kompetenzen sind vor allem basale exekutive Funktionen, wie die Fähigkeit zur Hemmung irrelevanter Reize und Reaktionen (*inhibition*), der dynamische Wechsel des Aufmerksamkeitsfokus (*shifting*) und die Verarbeitung im Arbeitsgedächtnis zentral (Cantin et al. 2016, S. 74). Unterschiedliche Studien deuten auf niedrigere Kompetenzen von Kindern und Jugendlichen mit Beeinträchtigung in allen Bereichen der exekutiven Funktionen im Vergleich zu unbeeinträchtigten Gleichaltrigen hin (von Seeler & Agha 2021, S. 144). Darüber hinaus werden Zusammenhänge zwischen der Fähigkeit zur Inhibition, der Aufmerksamkeit und des Arbeitsgedächtnisses mit rezeptiven und produktiven Sprachkompetenzen bei Menschen mit einer kognitiven Beeinträchtigung vermutet (Kristensen et al. 2022, S. 158).

4.2.7 Zwischenfazit

Neben den dargestellten Aspekten, die vor allem entlang einer kognitionspsychologischen Zugriffsweise auf Lese- und Schreibkompetenzen zentral sind, spielen für den Erwerb schriftsprachlicher Kompetenzen weitere Faktoren eine Rolle, die sich auf Bereiche wie Motivation, Selbstkonzept, Beteiligung, aber auch auf Möglichkeiten der Anschlusskommunikation und der Einbettung in soziale Kontexte beziehen (Groeben 2004; Hurrelmann 2002; vgl. auch Rosebrock & Nix 2020). Kursorisch lässt sich diesbezüglich herausstellen, dass Schüler:innen im Schwerpunkt Geistige Entwicklung signifikant seltener intrinsisch motiviert sind, wenn es um die Beschäftigung mit schulischen Inhalten im Allgemeinen (Daniel & Cooc 2018, S. 108) und das Lesen und Schreiben im Besonderen geht – vor allem dann, wenn sie sich von Themen wenig angesprochen fühlen (Poblete et al. 2022, S. 486). Häufig weisen sie im Vergleich zu Schüler:innen ohne eine kognitive Behinderung ein niedrigeres Selbstkonzept in Bezug auf schriftsprachliche Bereiche (Garrels 2019, S. 204) auf, was mit (wiederholten) Misserfolgserfahrungen, dem Nichtbewältigen akademischer Herausforderungen und nicht passgenauer unterrichtlicher Angebote zusammenhängen könnte.

4.3 Didaktische Implikationen entlang ausgewählter Bereiche des KOMET-Modells

Im Folgenden werden zu den Bereichen Early Literacy, Lesefertigkeiten und Textproduktion konkrete Ideen für die Unterrichtsgestaltung im sonderpädagogischen Schwerpunkt Geistige Entwicklung sowie mit Blick auf den inklusiven Unterricht skizziert.

4.3 Didaktische Implikationen entlang ausgewählter Bereiche des KOMET-Modells

4.3.1 Early Literacy und sprachliches Lernen

Für die Ausbildung von Kompetenzen im Bereich der frühen Literalität sind vielfältige und ebenso vielschichtige Erfahrungen mit (Schrift-)Sprache maßgeblich. Um im Unterricht angemessene, auf die Schüler:innen und deren (heterogene) Lernausgangslagen abgestimmte Angebote machen zu können, ist die Orientierung an den oben dargestellten Teilbereichen früher literarischer Erfahrungen und ihren spezifischen Schwerpunktsetzungen lohnenswert. Im Bereich der Preliteracy können beispielsweise basale Erfahrungen mit dem Klang und Rhythmus von Sprache spielerisch und altersgerecht durch einfache literarische Formen wie Abzählverse, Fingerspiele, Kindergedichte und Kinderlieder ermöglicht werden und auf diese Weise für lautlich-klangliche Aspekte sensibilisieren (Hurrelmann 2004, S. 178; Lypp 2012, S. 93). Gerade innerhalb spielerisch-ritualisierter Dialoge können diese klanglichen Eindrücke aufgenommen und reproduziert werden. Auch das mimisch-gestische Begleiten von Äußerungen durch Mitschüler:innen kann ein motivierender Zugang zu Sprache sein, insbesondere für Schüler:innen, die (noch) keine Lautsprache nutzen. Auch für die Imitation von prosodischen Aspekten (Intonation, Sprachmelodie, Rhythmus, Tempo etc.) müssen Schüler:innen über keine (konventionalisierte) Sprachkompetenz verfügen – »So-tun-als-ob«-Sprechen funktioniert auch in einer Phantasiesprache. Sprachliches Lernen stellt als Querlagenkompetenz einen äußerst bedeutsamen Teilbereich schulischer Lernangebote dar und sollte daher kontinuierlich im Unterricht mitgedacht werden.

Hinsichtlich eher schriftbasierter Aspekte im Bereich der Early Literacy schafft das gemeinsame Betrachten von Bilderbüchern Räume zur wechselseitigen Bezugnahme (Reziprozität) und ermöglicht – beispielsweise im Rahmen des *dialogischen Vorlesens* –, dass Schüler:innen zum Vorgelesenen Bezug nehmen, es kommentieren, Fragen stellen oder Vermutungen äußern, was sich zugleich auch positiv auf den expressiven und rezeptiven Wortschatz auswirkt (Allor et al. 2023, S. 66; Sarimski 2024). Die Zugänglichkeit wird erleichtert, wenn Lehrkräfte als Sprachvorbilder ihre eigenen Assoziationen zum Gelesenen äußern und dadurch textbezogene Strategien aufzeigen (*modeling;* Biggs et al. 2023, S. 2135 f.). Besonders motivierend kann dabei eine Kombination aus sprachlich-literalem und literarischem Lernen sein (Vach & Roos 2022, S. 135) und mitunter eine Brückenfunktion zwischen dem Mündlichen und Schriftlichen einnehmen (Hurrelmann 2004, S. 178 f.). Grundstein der pädagogisch-didaktischen Praxis sollte dabei die Maßgabe sein, sinnhafte und bedeutsame Erfahrungen mit Schrift zu ermöglichen (Sachse 2022, S. 276; Liebers et al. 2023, S. 219), die kontinuierlich in den schulischen Alltag integriert werden.

Über den fach- und fachrichtungsspezifischen Bezug hinaus werden auch Ansätze der Familiy-Literacy diskutiert. Literalität scheint in eine beständige und generationsübergreifend wirksame Milieulogik eingebunden, sodass eine konzeptionelle Entwicklung von Angeboten, die die familiäre Schriftkultur stärken, notwendig erscheint (Pape 2021, S. 13). Hierbei wird für Familien ein niederschwelliger Erfahrungsraum eröffnet, in dem der Kompetenzerwerb für Kinder und Eltern intendiert wird.

4.3.2 Lesefertigkeiten

Analog zu den Ausführungen im Grundlagenartikel dieses Bandes (▶ Kap. 1) werden im Folgenden Überlegungen zu didaktischen Entscheidungs- und Handlungsmöglichkeiten entlang eines steigenden Elaborationsgrades der Lesefertigkeiten präsentiert, die mit Blick auf den begrenzten Umfang dieses Beitrags jedoch jeweils nur eine Auswahl unterschiedlicher Aspekte abbilden können.

Ikone und Symbole lesen

Während sich Kompetenzen im Bereich der repräsentationalen Einsicht (visual bzw. pictorial literacy; z. B. Alberto et al. 2007, S. 238) bei Kindern ohne Förderbedarf oftmals ohne spezifische Förderung entwickeln, bedarf es im Kontext einer kognitiven Beeinträchtigung i. d. R. eines strukturierten Aufbaus dieser Kompetenzen. Zentral dafür sind verlässlich wiederkehrende Bedeutungszuschreibungen, die von einer sprachlichen Einkleidung gerahmt werden und auf den jeweiligen Abstraktionsgrad des (Bild-)Materials abgestimmt sind. Dieser *Ikonizitätsgrad* reicht von einer naturgetreuen Abbildung der Wirklichkeit (Fotos) über vereinfachte, aber noch realitätsnahe Illustrationen (Bilder, Zeichnungen) und Stilisierungen (Piktogrammen) bis hin zu abstrakten Darstellungen (Symbolen), die keine Ähnlichkeit zum Bezeichneten mehr aufweisen.

Im Schulalltag verankerte Zeichen (z. B. Tages- bzw. Stundenpläne, Visualisierungen im Klassenzimmer etc.) spielen wegen der unmittelbaren Relevanz in der Lebenswelt der Schüler:innen eine wichtige Rolle. Oftmals sind dabei die Übergänge zwischen transparenten (ikonischen), transluzenten (partiell durchlässig), opaken (undurchlässig) und abstrakten (symbolischen) bildlichen Darstellungen fließend. Ikonische Darstellungen (z. B. in Bilderbüchern – je nach Entwicklungsalter und Interessen auch Graphic Novels und Comics) stellen zudem einen wichtigen Anknüpfungspunkt für das Lernen im Bereich der Visual Literacy dar. Im Hinblick auf den beginnenden schulischen Schriftspracherwerb zeigt sich perspektivisch vor allem die Rezeption von Symbolen als besonders zentral, da – wie analog zu Buchstaben als literalen Zeichen – die Beziehung zwischen dem Zeichen und dem Bezeichneten arbiträr, also willkürlich ist, auf Konventionen beruht und erworben werden muss. Die Rezeption eines symbolischen Zeichens weist demnach auf ein elaborierteres Zeichenverständnis hin und stellt somit den Übergang zur Rezeption literaler Zeichen dar.

Herausfordernd erscheint im Kontext der UK die Auswahl von Ikonen und Symbolen zur Kommunikation. Dabei ist jedoch nicht ausschließlich die Auswahl des Kern- und Randvokabulars im Sinne eines Wortschatzaufbaus relevant (▶ Kap. 4.3.3), sondern die Möglichkeit der Abbildbarkeit von Begriffen. Konkrete Begriffe, sogenannte Inhaltswörter, die für etwas Gegenständliches stehen, sind »bildgebend« und lassen sich in transparente Ikone umsetzen. Eine direkte Interpretation wird möglich, sofern das Weltwissen hierzu bei der rezipierenden Person vorhanden ist (Fröhlich 2020, S. 240). Abstrakte Begriffe sind Funktionswörter bzw. grammatische Wörter für etwas nicht Gegenständliches. Diese gelten als »nicht bildgebend« und werden in »opake« Symbole umgesetzt. Ein direktes Verstehen ist nicht unmittelbar möglich, da die Symbolbedeutung erlernt werden muss. Ein verlässlicher und schulübergreifender Rückgriff auf ausdifferenzierte, erprobte und altersadäquate Symbolsammlungen erscheint daher notwendig (ebd., S. 241).

Graphem-Phonem-Korrespondenz

Basale Lesefertigkeiten

Der Erwerb der Graphem-Phonem-Korrespondenzen stellt aufgrund der Besonderheiten des Arbeits- und Langzeitgedächtnisses und der phonologischen Informationsverarbeitung (▶ Kap. 4.2) im Kontext einer kognitiven Beeinträchtigung häufig eine besonders hohe Anforderung dar: Eine visuelle Repräsentation (Buchstabe) muss präzise wahrgenommen und mit der entsprechenden lautlichen Form (Laut) verknüpft, gespeichert und bei erneuter Präsentation korrekt und möglichst schnell abgerufen werden. Eine Vielzahl an Studien weist hierbei auf die Bedeutsamkeit und Effizienz von intensiven und systematischen Graphem-Phonem-Einführungen für Lernende im Schwerpunkt Geistige Entwicklung hin (Sermier Dessemontet et al. 2019; Bakken et al. 2021). Insbesondere die Systematik, anhand derer die Buchstaben eingeführt werden, zeigt sich dabei als zentrale Stellschraube im didaktischen Handlungsraum.

Aufgrund der dargestellten Schwächen des Arbeitsgedächtnisses im Bereich des phonologischen Speichers ergibt sich die Notwendigkeit, die phonologische Gestalt, also den Klang eines Lautes, so deutlich wie möglich erfahrbar zu machen. Zentral hierfür ist die sogenannte *Sonorität*, die Schall- bzw. Klangfülle eines Lautes, als Marker »der maximalen Wahrnehmbarkeit« (Keller & Leuninger 2004, S. 271). Sonorante Laute können akustisch als Klang wahrgenommen werden, was die korrekte Identifizierung immens erleichtert. Ebenso entscheidend für die Wahrnehmbarkeit ist die Lautierbarkeit eines Lautes (Kuhl et al. 2015, S. 45). Dauerlautierbare Laute (z. B. Langvokale) können durch die langgezogene Aussprache die Defizite in der phonologischen Schleife zu einem gewissen Maß ausheblen, sodass die akustische Wahrnehmung und Verarbeitung erleichtert und der Abruf aus dem Langzeitgedächtnis begünstigt wird.

Daraus ergibt sich, dass möglichst mit Buchstaben, die im Anlaut in sonorante und dauerlautierbare Lauten (Langvokale, aber auch m, n, l und r) transformiert werden, begonnen werden sollte, bevor Buchstaben, die als Laute weniger sonorant, aber trotzdem dauerlautierbar sind (z. B. f, s, w), und schließlich Plosive (k, p, t, etc.) eingeführt werden. Weitere Gesichtspunkte stellen die Häufigkeit und die Unterscheidbarkeit dar. So sollten frequentere Buchstaben (z. B. e, n, i) vor seltener vorkommenden (y, x, q) und ähnliche Buchstaben (b und d; p und q) zeitlich getrennt thematisiert werden. Gerahmt werden sollte die Einführung der Phonem-Graphem-Korrespondenzen von einem expliziten Training der phonologischen Bewusstheit (Allor et al. 2023, S. 68).

Der Einsatz von Lautgebärden

Unter Lautgebärden werden Handzeichen verstanden, die einzelne Laute motorisch visualisieren. Es gibt unterschiedliche Systeme, die sich in Bezug auf die jeweilige Ausführung der Lautgebärden (konkrete Bewegung, semantische Assoziation, Artikulationsort, Mund- und Zungenstellung usw.) unterscheiden (Tebbe 2023, S. 3 f.). Als semiotisches Vermittlungssystem fungieren Lautgebärden insbesondere als »visuelle Verstärkung« (Sallat 2022, S. 53) und somit als Brücke zwischen der phonologischen und graphematischen Repräsentation eines Buchstabens. Ihr Einsatz hat in der deutschsprachigen Sonderpädagogik in unterschiedlichen Fachrichtungen (Geistige Entwicklung, Hören, Sprache) bereits eine lange Tradition (Tebbe 2023, S. 4), wird aber auch kritisch diskutiert. So werden Lautgebärden einerseits als effektive Erinnerungshilfe, andererseits als zusätzliche Belastung für das Arbeitsgedächtnis durch »die Einbeziehung dieses dritten Zeichensystems« (Valtin & Sasse 2020, S. 204) diskutiert.

Zur Aufhebung dieser scheinbaren Kontroverse ist ein detaillierter Blick auf die Spezifika des Arbeitsgedächtnisses lohnend. Wie weiter oben dargestellt, weisen Schüler:innen im Schwerpunkt Geistige Entwicklung oftmals eine relative Stärke im visuell-räumlichen Notizblock bei gleichzeitigen Kapazitätsproblemen im phonologischen Speicher auf, sodass auf dieser Grundlage Lautgebärden eine sinnvolle visuelle Brückenfunktion für die auditive Diskriminierung und den Erwerb der Phonem-Graphem-Korrespondenzen einnehmen können (Tebbe & Schäfer 2024, S. 5 f.). Demnach erweist sich der Einsatz von Lautgebärden insbesondere im Bereich des frühen Lesens als sinnvoll und effektiv (Tebbe 2023, S. 316). Initial können Lautgebärden auch noch die beginnende Lautsynthese durch fließende Bewegungsübergänge visualisierend begleiten, im weiteren Verlauf des Schriftspracherwerbs müssen sie jedoch sukzessive zugunsten des synthetisierenden Lesens und des Lesens von größeren Einheiten (Silben) abgebaut werden.

Silben und Wörter lesen

Das Fundament zur Arbeit mit und an der Silbe stellt eine sichere Beherrschung der Graphem-Phonem-Korrespondenzen dar, was sich u. a. auch anhand der Benennungsgeschwindigkeit (RAN) ablesen lässt. Wenn Schüler:innen in der Lage sind, die den Buchstaben zugeordneten Laute in ausreichender Geschwindigkeit aus dem Langzeitgedächtnis abzurufen, sollten sich Angebote zur Synthese anschließen. Auch hier ist auf die Aspekte der Sonorität und Dauerlautierbarkeit bei der Auswahl der Laute zu achten. Dauerlautierbare Laute ermöglichen die sogenannte *connected phonation* (siehe hierzu auch Gonzalez-Frey & Ehri 2022), bei der der Sprechfluss nicht unterbrochen werden muss, wodurch die Synthese erleichtert wird. Dieses synthetisierende Lesen auf der Basis der Graphem-Phonem-Korrespondenzen wird im Zwei-Wege-Modell des Wortlesens (Coltheart 2007; Scheerer-Neumann 2023; ▶ Kap. 1) als indirekter Weg des Lesens bezeichnet, der äußerst kapazitätsintensiv für das Arbeitsgedächtnis, fehleranfällig und langsam ist (Koch & Euker 2019, S. 466; Richter & Müller 2017, S. 53).

Der Übergang zur Silbe ist demnach ein entscheidender Schritt im Schriftspracherwerb im Kontext einer kognitiven Beeinträchtigung, weil durch die Bündelung der zu verarbeitenden Einheiten (von der seriellen Verarbeitung einzelner Buchstaben zur sequentiellen Verarbeitung ganzer Silben) das Arbeitsgedächtnis zunehmend entlastet wird (Koch & Euker 2019, S. 466 f.). Im Sinne des Zwei-Wege-Modells wird somit eine Automatisierung des direkten lexikalischen Zugriffs beim Lesen angestrebt. Kennzeichnend für diesen direkten Zugriff ist, dass häufig präsentierte Buchstabenfolgen (z. B. Silben) assoziativ eng mit ihrem phonologischen und ihrem semantischen Gehalt im mentalen orthographischen Lexikon gespeichert (*orthographic mapping*; Ehri 2022, S. 54) und beim Lesen wiedererkannt und aktiviert werden (= Sichtwörter der Gruppe 3, ▶ Kap. 1; weiterführend auch Scheerer-Neumann 2023, S. 62 f. Aufgrund der Besonderheiten des Arbeitsgedächtnisses und der oftmals verringerten phonologischen Speicherkapazität im Kontext einer kognitiven Beeinträchtigung kann die Anbahnung eines Sicht*silben*schatzes ein wichtiger Zwischenschritt auf dem Weg zum Aufbau eines Sicht*wort*schatzes sein (▶ Kap. 1). Um dieses Ziel zu erreichen, müssen aus didaktischer Sicht eine Reihe unterschiedlicher Aspekte abgewogen werden, u. a. die Auswahl der Silben, die Nutzung visueller Unterstützungsformate und der strukturierte Aufbau des Sichtwort- bzw. Sichtsilbenschatzes.

Zunächst steht die Wahrnehmung der Silbe im Vordergrund. Effektive Unterstützung können hierfür Visualisierungen bieten, die die Wahrnehmbarkeit der Silbe erleichtern, beispielsweise Silbenbögen, Silbenschieber oder alternierende Einfärbungen der Silben. Eine Kombination mit bewegungsbezogenen Wahrnehmungsangeboten, bei denen Silben beispielsweise ›gerutscht‹, ›gehüpft‹ oder geschwungen werden, ist ebenso denkbar. Analog zu den Empfehlungen zur Einführung der Phonem-Graphem-Korrespondenzen sollten vorzugsweise offene Silben (auf den Vokal folgt kein Konsonant) mit gespanntem Langvokal und einfachem, sonorantem (m, n, l, r) Anfangsrand (z. B. ma, na, la, ra etc.) gewählt werden. Um die automatisierte Wahrnehmung zu unterstützen, sollte darauf geachtet werden, dass der Vokal im Silbenreim zunächst konstant bleibt (ma, la, ra etc.). Mit zunehmender Sicherheit kann der Silbenreim dann variiert (ma, lu, ro etc.) und auf diese Weise das Inventar erweitert werden, sodass der Übergang vom Aufbau eines Sichtsilbenschatzes zum Sichtwortschatz fließend ist.

Als zentral im Hinblick auf die Automatisierung und die Leseflüssigkeit hat sich für Schüler:innen im sonderpädagogischen Schwerpunkt Geistige Entwicklung eine kombinierte Förderung unterschiedlicher Bereiche erwiesen. Dabei sind insbesondere eine kontinuierliche Verankerung im (schulischen) Alltag (Sermier Dessemontet et al. 2021, S. 8), kurze, aber dafür intensive Fördereinheiten (Fuhrer & Winkes 2018, S. 158; Connor et al. 2022, S. 8), die systematisch abgestimmte Angebote mit ansteigendem Schwierigkeitsgrad (Fälth et al. 2023, S. 10) enthalten, als besonders wirksam einzuschätzen. Methoden der direkten Instruktion (Afacan et al. 2018, S. 238), Lautleseverfahren (ebd.) und wiederholtes Lesen mit systematischer Fehlerkorrektur scheinen darüber hinaus effektiv zur Erhöhung der Leseflüssigkeit beizutragen (Strickland et al. 2020, S. 769).

Exkurs: Zur Kritik an der Ganzwortmethode

Für die didaktischen Handlungsmöglichkeiten erweist sich eine unsaubere Trennung zwischen *Ganzwörtern* und *Sichtwörtern* als folgenschwer. Das dahinterliegende Konzept und die Funktionsweise von Sichtwörtern wurde bereits thematisiert: Durch das häufige synthetisierende Erlesen von Buchstabenfolgen (und Silben, Morphemen und Wörtern) werden die graphematisch-morphologischen Beschaffenheiten mit den phonologischen und semantischen Strukturen des Gelesenen zunehmend enger verknüpft und als »Informationsbündel« im mentalen orthographischen Lexikon abgespeichert. Rein visuelle Aspekte spielen dabei nur eine marginale Rolle (Scheerer-Neumann 2023, S. 63). Grundlegend für den Aufbau eines Sichtwortschatzes ist demnach, dass jedes Wort zunächst durch häufiges *Erlesen* analysiert und abgespeichert werden muss, bevor es automatisiert als Sichtwort abgerufen werden kann. Vertreter der Ganzwort- bzw. Ganzheitsmethode (insbesondere die Brüder Kern, z. B. 1930) hingegen gingen in den 1920er Jahren davon aus, dass Wörter als Ganzheit, d. h. als vollständige, visuelle Wortbilder erkannt und eingeprägt werden. Sie verstanden Lesen in diesem Sinne als ganzheitlichen visuellen Wahrnehmungsprozess der Wortgestalt (Schründer-Lenzen 2013, S. 154).

Später wurde diese Vorstellung insofern aufgebrochen, als das (überarbeitete) Konzept der Brüder Kern (1963) einen Phasenplan enthielt, innerhalb dessen die Ganzwortmethode den ersten Schritt markierte, den sie als »naiv-ganzheitliches Lesen« bezeichneten. In diesem Rahmen wurde mit den Schüler:innen ein ganzheitlicher Merkwortbestand visuell erarbeitet und auswendig gelernt (was dazu führte, dass die Kinder zum Raten verleitet wurden). In der Unterrichtspraxis wurde der Phase des ganzheitlichen Lesens und der visuellen Verarbeitung von Buchstabenmerkmalen große Bedeutung beigemessen, da man der Überzeugung war, dass sich die Wortgestalt anhand des Wortbildes unmittelbar einprägen und somit sowohl zu korrektem Lesen als auch zu richtigem Schreiben führen würde (Schründer-Lenzen 2013, S. 154).

Durch unzählige Studien konnte bereits Ende der 1960er Jahren gezeigt werden, dass die Orientierung an der Ganzwortmethode inadäquat für das Erlernen einer Alphabetschrift ist, auf falschen Annahmen beruht und die beim Lesen ablaufenden Prozesse gänzlich falsch abbildet (Ehri 2022, S. 54). Infolgedessen verlor die Ganzwortmethode Ende der 1960er-Jahre zunehmend an Bedeutung und auch die Wortbildtheorie gilt längst als überholt (Hochstadt et al. 2022, S. 73; Hoffmann-Erz 2023, S. 106). Umso kritischer muss festgehalten werden, dass sich die Ganzwortmethode auch 60 Jahre später noch vereinzelt als Methode der Wahl im Schwerpunkt Geistige Entwicklung vorfinden lässt. Daher sei an dieser Stelle nochmals auf wissenschaftlich fundierte Erkenntnisse eingegangen, die gegen die Anwendung der Ganzwortmethode sprechen:

Ganz grundsätzlich basiert die Ganzwortmethode auf einer falschen Vorstellung der deutschen Schrift als Logografie, also einem Schriftsystem wie dem Chinesischen, in dem logografische Elemente eine Bedeutung tragen (Hoffmann-Erz 2023, S. 106). Die deutsche Schrift als Alphabetschrift basiert hingegen auf dem phonographischen Prinzip, bei dem Buchstaben mit Lauten korrespondieren und nicht mit semantischen Inhalten; Informationen werden also auf Buchstabenebene entnommen. Das Charakteristikum einer Alphabetschrift besteht infolgedessen darin, dass mit einem äußerst begrenzten Zeicheninventar der gesamte deutsche Wortschatz dargestellt werden kann – sofern man die Korrespondenz zwischen Buchstaben und Lauten herstellt. Visuelle Ähnlichkeiten von Wortbildern sagen demgegenüber i. d. R. nichts über eine semantische Verwandtschaft aus (siehe beispielsweise die unterschiedlichen Bedeutungen der visuell sehr ähnlichen Worte handeln – wandeln – sandeln; legen – lesen – leben). Geht man demnach im Sinne der Ganzwortmethode rein visuell vor, konterkariert man das Schriftsystem und die begrenzte Anzahl an Buchstaben stellt umgekehrt eine nicht zu bewältigende Anforderung an visuelle Wahrnehmung, Aufmerksamkeit und Gedächtnis dar (▶ Kap. 4.2).

Insbesondere in Bezug auf Schüler:innen mit einer kognitiven Beeinträchtigung ist die Ganzwortmethode wegen der bereits dargestellten Spezifika im Bereich der visuellen Wahrnehmung, des Arbeitsgedächtnisses und der Langzeitspeicherung somit als vollkommen ungeeignet zu bezeichnen (Bakken et al. 2021, S. 15; Hoffmann-Erz 2023, S. 106). Gegen die Annahmen der Ganzwortmethode spricht zudem, dass Rechtschreibfehler von Kindern i. d. R. Bereiche betreffen, die zu einer Veränderung der Gestalt eines Wortes führen (beispielsweise Klein- statt Großschreibung, Verwendung anderer Buchstaben, Einfügung oder Auslassung von Kürze- oder Längemarkierungen etc.). Sollten visuelle Speicherungen in Form von Wortbildern möglich sein, müssten Schreibanfänger:innen hingegen Fehler produzieren, die dem richtigen Wortbild ähneln (Hochstadt et al. 2022, S. 75).

4.3.3 Textproduktion

Wie im Einführungstext erörtert, liegt auch diesem Beitrag ein weiter Textbegriff zugrunde, der Texte als sprachlich komplexe Einheiten versteht, die medial schriftlich verfasst, aber auch mündlich geäußert werden können. Sind Schüler:innen im Förderschwerpunkt Geistige Entwicklung noch nicht in der Lage, Schriftproduktion zur Textproduktion zu nutzen, ist es dennoch zielführend, die Erarbeitung von Kompetenzen zur Textproduktion anzuregen. Dabei können ikonische und symbolische Zeichen ebenso wie abstrakte Zeichen zur Schriftproduktion und zugleich auch zur Textproduktion im Sinne eines erweiterten Textbegriffs genutzt werden (Warnecke 2014, S. 134 ff.).

Im Fokus der Textproduktion steht die Fähigkeit, eigene Gedanken in eine Form zu bringen. »Schrift bildet eigene Gedanken und Wahrnehmungen ab, bringt diese hervor und steuert sie – der Fluss der Gedanken bekommt beim Aufschreiben eine Richtung« (Christensen & Dehn 2012, S. 25). Zu den Textproduktionskompetenzen, die vorrangig auf das Produkt ausgerichtet sind, gehört klassisch die Fähigkeit, einen an die schriftliche Kommunikationssituation angemessenen Text zu entwickeln. Zentral ist dabei ein Adressatenbezug. Die Einsicht, dass der Text an eine Leser:innenschaft ausgerichtet und von dieser verstanden oder auch missverstanden werden kann, ist dafür entscheidend. Ebenso bedeutsam ist, dass dem:der Autor:in bewusst wird, dass das Textverstehen und die Wirkungsweise eines Textes beeinflusst werden können (Baurmann & Pohl 2009, S. 76).

Grundsätzlich sind während des Schreibens prozessbezogene und produktbezogene Schreibkompetenzen relevant (Fix 2008, S. 26 ff.): Mit Blick auf den Prozess stehen interdependent Fragen nach dem Ziel, dem Schreibanlass und der Motivation im Vordergrund: Warum und für wen schreibe ich? Darüber hinaus müssen inhaltliche Entscheidungen getroffen werden. Informationen müssen gesammelt, bewertet, ausgewählt und strukturiert werden. Dabei ist das Wissen um Textsorten strukturgebend und für die Produktion hilfreich. Darüber hinaus ist auch der Ausgleich fehlender Ausdrucksqualitäten wie Mimik/Gestik durch lexikalische und syntaktische Mittel sowie eine Kontextualisierungskompetenz notwendig (Sturm 2021, S. 19 ff.). Prinzipien des Scaffoldings (▶ Kap. 2) in Form von vorstrukturiertem Vorgehen können in diesem Kontext auch für Schüler:innen mit kognitiver Beeinträchtigung hilfreiche Impulse liefern und Erfolgserlebnisse eröffnen. Ziel ist es, bei der:dem Lernenden Interesse zu wecken, die Aufgabe zu lösen, auf zentrale Herausforderungen im Tun hinzuweisen und Frustrationen bei der Aufgabenbearbeitung zu vermeiden. Das »Gerüst« wird jedoch zurückgebaut, wenn es nicht mehr notwendig ist (Skerra 2018, S. 8).

Ideenentwicklung

Ausgangspunkt der Textproduktion sind eigene Ideen der Schüler:innen oder das Auswählen eines Schreibanlasses, der motivierend wirkt, weil der Nutzen des Schreibprozesses für die Schüler:innen erkannt und akzeptiert wird. Des Weiteren müssen Ideen generiert, gesammelt und dokumentiert werden. Um dies leisten zu können, muss Imagination entfaltet, Vorwissen aktiviert und Informationen beschafft werden. Zur Unterstützung der Ideenentwicklung zur Textproduktion sind Erfahrungen mit (literarischen) Texten (z. B. durch Vorlesen, Hörspiele etc.) hilfreich (Schüler 2021, S. 18). Gerade Schreiber:innen mit geringer literarischer Erfahrung, einem schwächer ausgeprägten schreibbezogenen Selbstkonzept oder Sprachschwierigkeiten profitieren von sprachlichen Vorbildern und/oder inhaltlichen Anknüpfungspunkten (Naugk et al. 2016, S. 230). Denn gemeinsame Vorlesesituationen und auch Bilderbuchbetrachtungen bieten Anknüpfungspunkte für Vorstellungsbildung und Textverständnis, für Figurenverstehen sowie dem Wechsel zwischen Fiktion und Wirklichkeit (Schüler 2021, S. 19). Darüber hinaus können sich Gegenstände, Bilder, Wortkarten oder Musik als Assoziationshilfen für Schreibanlässe anbieten.

Im Sinne des Scaffolding können bei der adressatenbezogenen Ideensammlung situierte Aufgaben mit ausformulierten Schreibzielen (z. B. Schreiben zu einem Foto, zu einer durchgeführten Fantasiereise oder anderem mit konkreten Fragen) unterstützen (Sturm 2021, S. 20). Auch das bewusste und an einer Textidee orientierte Zusammenstellen von Gegenständen und Bildelementen, die die Gedanken der Schüler:innen repräsentieren, kann als Textstruktur in einer anderen medialen Form verstanden werden (Dreschinski & Terfloth 2020, S. 373). Auch das Ausdrucken von Aussagen, die im Rahmen der Nutzung von symbolorientierten Oberflächen von UK-Hilfsmitteln (z. B. GoTalkNow) entstanden sind, können als niedergelegte Textideen verstanden werden. Ein prozessbezogenes Feedback kann zudem für das Aufrechterhalten der Motivation hilfreich sein.

Wortschatz

Neben einem ungesteuerten Wortschatzaufbau im Rahmen des Spracherwerbs ist im schulischen Kontext eine gesteuerte, systematische Wortschatzerweiterung und Vertiefung unbestritten. Studien im Rahmen der UK von Boenisch und Sachse zum Gebrauchswortschatz von Schüler:innen mit und ohne kognitive Beeinträchtigung (8 bis 16 Jahre) kommen zu dem Schluss, dass ein identisches Kernvokabular benutzt wird, das hauptsächlich aus Funktionswörtern besteht. 80 % des Alltagsvokabulars sind dabei alters- und bildungsunabhängig (Boenisch & Sachse 2020, S. 110f.). Dieses Vokabular wird als situationsabhängiges Kernvokabular bezeichnet und muss im Rahmen der Kommunikationsförderung bei noch nicht sprechenden Schüler:innen vorrangig im Sinne eines Fokusvokabulars erarbeitet werden. Die häufigsten Wörter sind Personalpronomen und Modalverben. Aus diesen Studien lassen sich Wortlisten zur konkreten UK-Förderung ableiten und zum Wortschatzaufbau mit Hilfe der Methode des Modellings nutzen (ebd., S. 114.).

Die Weiterentwicklung der Wortschatzkompetenz geht noch über den Wortschatzaufbau hinaus. Als lexikalisch-semantische Kompetenz

> »wird die Fähigkeit verstanden, mit Hilfe einer bewussten Verfügung über Wörter einer Sprache und über Bedeutungspotentiale sowie Gebrauchsrestriktionen dieser Wörter in verschiedenen gesellschaftlichen Kommunikations- und Praxisbereichen kommunikative und kognitive Aufgaben erfolgreich lösen und eigene Ziele erreichen zu können« (Kilian 2019, S. 353 f.).

Mit dem Beginn des Schriftspracherwerbs und der Möglichkeit, sich auf unterschiedliche Weise mit Texten auseinanderzusetzen, wächst nicht nur das Wissen, sondern auch der Zugang zu neuen Wortschatzbereichen (Steinhoff 2013, S. 16) und somit auch die Fähigkeit zur Imagination und die Fortführung der Begriffsentwicklung (Christensen 2021, S. 179). Dieser Prozess wird bei den Zielgruppen der UK gezielt unterstützt. Lernende erwerben ein Wortwissen, das verschiedene strukturelle und funktionale (semantische, pragmatische und syntaktische) Aspekte umfasst (ebd., S. 180). Zentral für die Erweiterung des Wortschatzes ist, wie sich die sprechende Person die Wörter selbst herleiten kann. Die Herleitung kann beispielsweise durch eigene Erfahrung (pragmatisch-episodisches Wissen) geschehen, indem in der Situation das Wort und der bezeichnete Gegenstand im Wahrnehmungsraum präsent sind und durch Zeigen ein Bezug hergestellt werden kann. Im Rahmen der Kommunikationsförderung werden hierfür zahlreiche Lernanlässe geschaffen.

Zur Wortschatzerarbeitung können literarische Texte der Ausgangspunkt sein, indem gemeinsam nach den kindlichen Deutungen gefragt wird. Dabei sollten es nicht nur neue, sondern auch bekannte Wörter sein, die im Fokus stehen, um Könnenserleben zu ermöglichen (ebd., S. 189). Für die Wortschatzarbeit im Kontext der Textproduktion ist das Clustern und Mindmapping im Vorfeld des Schreibprozesses hilfreich.

Konzeptionelle Schriftlichkeit

Koch und Oesterreicher (2008, S. 201) unterscheiden eine mediale und eine konzeptionelle Dimension von Schriftlichkeit bzw. Mündlichkeit. Mit Blick auf den medial schriftlichen Aspekt ist eine Erweiterung um graphische Darstellungen denkbar. Konzeptionelle Mündlichkeit bzw. Schriftlichkeit bilden keine Dichotomie, sondern ein Kontinuum mit vielen graduellen Abstufungen. Das Konzept ist zudem nicht an das Medium gebunden, ein schriftlicher Text kann auch in der Sprachauswahl eher konzeptionell mündlich gestaltet sein.

Um Schüler:innen, die noch am Beginn des Schriftspracherwerbs stehen, zum konzeptionell schriftlichen Formulieren anzuregen, ist das Diktieren besonders geeignet (Merklinger 2021). Lernende am Übergang vom Sprechen zum Schreiben sind den Situationsbezug der Sprachproduktion gewohnt. Würde nun eine andere Person einfach nur aufschreiben, ohne den Prozess des Schreibens für die Lernenden transparent zu machen, würde nur ein medialer Wechsel stattfinden. Daher ist es zentral, den Unterschied von flüchtiger gesprochener Sprache und dem Geschriebenen, das unabhängig von Raum und Zeit rezipiert werden kann, zu erleben und dem Lernenden zu ermöglichen, eine Haltung des Schreibens einzunehmen (Merklinger 2021, S. 96 ff.). Diese wird nach außen sichtbar durch gemeinsame Aufmerksamkeit, Blickverhalten und Gestik. Die Autor:innenschaft und Skriptor:innenschaft werden getrennt und der monologische Schreibprozess wird interaktiv (Päßler & Geist 2021, S. 151). Schüler:innen, die diktierend schreiben, lernen, die eigenen Gedanken zum Ausdruck zu bringen und somit auch ihre Handlungsweisen zu erweitern.

Um Schüler:innen mit Schwierigkeiten im Bereich der Aufmerksamkeit und der Gedächtnisleistungen bei der Ideensammlung zu unterstützen, können die einzelnen Arbeitsschritte zur Textproduktion visualisiert werden. Zum Beispiel hilft das Zurverfügungstellen einer schematischen Storygrammar (Sturm 2021, S. 18 f.) dabei, einen prototypischen Aufbau für spezifische Textsorten sowie deren zentrale Elemente zu erfahren und sich vor Augen zu halten. Die Struktur kann dabei eine Memorierungsfunktion sowohl bei der Planung als auch bei der Überarbeitung des Textes übernehmen. Für ältere und im Diktieren geübte Schüler:innen bieten sich auch assistive Technologien, wie die Diktierfunktionen von Textverarbeitungsprogrammen (ebd., S. 21), an.

4.4 Inklusive Lernsettings

In erster Linie zeigen die vorgestellten Aspekte die Notwendigkeit, dass Lehrpersonen über fachbezogene diagnostische Kompetenzen verfügen müssen, um sinnvoll und zielführend im (inklusiven) Unterricht zum Schriftspracherwerb differenzieren zu können (Lösener 2019, S. 302). Zu berücksichtigen ist zudem, dass in inklusiven Lernsettings nicht nur die sonderpädagogische Perspektive auf Lernvoraussetzungen, sondern vielmehr auch andere Differenzlinien wie beispielweise auch Migrationserfahrung, Lebenssituation und Bildungshintergrund der Familie von Relevanz sind und mit aktuellen fachwissenschaftlichen und fachdidaktischen Ansätzen verschränkt und mit Blick auf die individuellen Lernausgangslagen der Schüler:innen Grundlage der Unterrichtsplanung sein müssen. Da der Erwerb der Schriftsprache im Schwerpunkt Geistige Entwicklung häufig weit über die ersten Schuljahre hinaus bis in die Berufsschule gehen kann, sollte bei der Gestaltung von Lernmaterial auch das Lebensalter der Lernenden beachtet werden.

Zudem ist das Spannungsfeld zwischen Individualisierung und gemeinsamen Lernsituationen zu berücksichtigen. Die Herausforderung besteht darin, gemeinsames Lernen unterschiedlicher Schüler:innen zu initiieren, um wechselseitige Anregung und strukturgebende Elemente durch die Lehrperson zu ermöglichen, auch wenn eine Differenzierung des Schwierigkeitsgrades und eine variable sprachliche Gestaltung der Lernaufgaben unumgänglich ist (Uhl & Topalovic 2017, S. 167; Lösener 2019, S. 303). Es gilt, der Anforderung gerecht zu werden, einen gemeinsamen Gegenstand zu fokussieren, dabei aber gleichzeitig Freiräume zur Individualisierung und Differenzierung zu eröffnen. Somit scheint es erforderlich, inklusiven Schriftspracherwerb unter dem Desiderat der Zugänge zu denken – Zugänge zu Literalität und deren Bedeutung und Bedeutsamkeit (Schüler 2021, S. 11) insbesondere für Schüler:innen, denen der Erwerb schriftsprachlicher Kompetenzen schwerfällt. Ein inklusiver Schriftspracherwerbsunterricht sollte demnach flankiert von sozialen Situationen werden, die einerseits Einsicht in die Bedeutsamkeit des Erlernens von Schriftsprache eröffnen (Groß-Kunkel 2021, S. 200), andererseits aber auch motivierend und ansprechend sind (Fabio et al. 2023, S. 9).

Eine Herausforderung in jeglichen heterogenen Lerngruppen liegt ferner in der Auswahl geeigneter Materialien. Dabei gehen Lehrkräfte häufig eklektisch vor und kombinieren Material aus verschiedenen Lehrgängen mit selbst entwickelten Aufgaben (Treutlein, Roos & Schöler 2009, S. 157). Dies lässt sich aktuell auch durch einen Blick auf den Lehrmittelmarkt noch nicht vollständig lösen. Auch wenn Materialsätze auf den Markt kommen, die Differenzierungsbedarfe berücksichtigen, werden häufig nicht alle relevanten Kompetenzbereiche adäquat abgedeckt. Im Folgenden wird daher kein konkretes Werk empfohlen, sondern ausgehend von den relevanten Einsichten und Erfahrungen der Lernenden Kriterien zur Einschätzung von Material abgeleitet.

Für gemeinsame Lernsituationen bieten sich Lesetexte in Druckschrift (ebd., S. 159) an, die sowohl Text als auch bildliche Darstellungen nutzen. Zeitaufwändiges Suchen oder Adaptieren von Texten entfällt somit und die Lernenden können sich gemeinsam über erschlossene Sinnzusammenhänge austauschen. Eine konsequente Umsetzung von silbischem Druck stellt eine Leseerleichterung für die Schüler:innen dar. Dabei ist auch die Verwendung von Pseudowörtern als Leseübung anzuraten, um die Rekodierfähigkeit zu üben (ebd., S. 158). Zu den Lesetexten sollten entsprechend differenzierte Lernaufgaben mit transparenten Angaben zu den Schwierigkeitsgraden gegeben sein, die durch die Verwendung von Piktogrammen für Arbeitsanweisungen für Lernende mit unterschiedlichen Leseerfahrungen zugänglich sind.

Zur Unterstützung der Einsicht in die Graphem-Phonem-Korrespondenz kann die Bereitstellung einer Anlauttabelle hilfreich sein. Um eine Überforderung zu vermeiden, sollte diese sukzessive anwachsend angelegt sein, sodass mit einer leeren Tabelle gestartet wird, die mit den jeweils neu eingeführten Buchstaben gefüllt wird. Eine Verknüpfung mit Lautgebärden kann dabei eine sinnvolle visuelle Brückenfunktion für die auditive Diskriminierung darstellen. Zudem ist der sukzessive Aufbau eines Sichtsilben- bzw. Sichtwortschatzes, wie bereits dargestellt, im Bereich des frühen Lesens zentral. Dabei sollte auf kurze, häufig vorkommende und möglichst lautgetreue Wörter geachtet werden, die gerade in Texten am Lesebeginn von großer Bedeutung sind (der, die, das, ich, du, ein etc.; Tebbe & Schäfer 2023, S. 10).

Abschließend ist zu berücksichtigen, dass eine gut verständliche Lehrer:innensprache und gut strukturierte Lernsituationen und -anlässe wesentlich für die Unterrichtsgestaltung sind, die methodisch durch Flexibilisierung und Individualisierung charakterisiert sein sollte. Dabei lassen sich vier Bereiche in den Blick nehmen: Sprache (Reduktion von Komplexität in den Äußerungen, Wiederholung und Modellierungstechniken), Sprechen (Akzentuierung, Variationen, Pausen), nonverbale Unterstützung durch Blickkontakt und Mimik sowie Anschaulichkeit durch Einsatz von Visualisierung oder handlungsbegleitendem Sprechen (Stecher & Rauner 2019).

Literaturverzeichnis

Afacan, K; Wilkerson, K. L.; Ruppar, A. L. (2018): Multicomponent reading interventions for students with intellectual disability. In: Remedial and Special Education 39 (4), S. 229–242.

Aktas, M.; Müller, C.; Wolf, S. M. (2017): Die sprachliche Entwicklung von Kindern mit einer geistigen Behinderung. In: Kinder- und Jugendmedizin 17 (5), S. 305–311.

Alberto, P. A.; Fredrick, L.; Hughes, M.; McIntosh, L.; Cihak, D. (2007): Components of visual literacy: Teaching logos. In: Focus on autism and other developmental disabilities 22 (4), S. 234–243.

Alhwaiti, M. (2024): Phonological awareness and rapid automatized naming as predictors of early literacy skills among children with mild to borderline intellectual functioning. In: Applied Neuropsychology: Child 13 (1), S. 8–16.

Allor, J. H.; Mathes, P. G.; Roberts, J. K.; Cheatham, J. P.; Otaiba, S. A. (2014): Is scientifically based reading instruction effective for students with below-average IQs? In: Exceptional Children 80 (3), S. 287–306.

Allor, J.; Gregor, C.; Al Otaiba, S. (2023): How to Implement Evidence-Based Literacy Practices with Students with Intellectual and Developmental Disabilities: Examples from a Text-Centered Literacy Intervention. In: DADD Online 64 (10), S. 64–79.

Anjos, A.; Barbosa, A.; Azoni, C. (2019): Phonological processing in students with developmental dyslexia, ADHD and intellectual disability. In: Revista CEFAC 21(5), S. 1–7.

Baddeley, A. D.; Hitch, G. J. (1974): Working memory. In: Gordon H. Bower (Hrsg.): The Psychology of Learning and Motivation (Volume 8). Stanford: Academic Press, S. 47–89.

Baddeley, A. D.; Hitch, G. J. (2019): The phonological loop as a buffer store: An update. In: Cortex 112, S. 91–106.

Baddeley, A. D.; Hitch, G. J.; Allen, R. (2021): A multicomponent model of working memory. In: Robert H. Logie; Valerie Camos; Nelson Cowan (Hrsg.): Working memory: State of the science. Oxford: University Press, S. 10–43.

Bakken, R.; Næss, K.; Lemons, C.; Hjetland, H. (2021): A systematic review and meta-analysis of reading and writing interventions for students with disorders of intellectual development. In: Education Sciences 11(10), S. 1–19.

Barker, R. M.; Sevcik, R. A.; Morris, R. D.; Romski, M. (2013): A model of phonological processing, language, and reading for students with mild intellectual disability. In: American Journal on Intellectual and Developmental Disabilities 118 (5), S. 365–380.

Baurmann, J.; Pohl, T. (2009): Schreiben – Texte verfassen. In: Albert Bremerich-Vos; Dietlinde Granzer; Ulrike Behrens; Olaf Köller (Hrsg.): Bildungsstandards für die Grundschule. Berlin: Cornelsen, S. 75–103.

Biggs, E. E.; Arserio, A. P.; Robison, S. E.; Ross, M. E. (2023): Home Literacy Environment and Interventions for Children With Intellectual and Developmental Disabilities: A Scoping Review. In: Journal of Speech, Language and Hearing Research 66 (6), S. 2118–2140.

Boenisch, J.; Sachse, S.; Bernasconi, T. (2021): Erweiterung des Selektivvertrages zu Maßnahmen der Unterstützten Kommunikation – Ergebnisbericht. Online verfügbar unter: https://innovationsfonds.g-ba.de/beschluesse/muk-erweiterung-des-selektivvertrags-zu-massnahmen-der-unterstuetzten-kommunikation.107, zuletzt geprüft am: 02.06.2024.

Boenisch, J.; Sachse, S. (2020): Kernvokabular – Bedeutung für den Sprachgebrauch. In: Jens Boenisch; Stefanie K. Sachse (Hrsg.): Kompendium Unterstützte Kommunikation. Stuttgart: Kohlhammer, S. 108–116.

Braun, U. (2020): Entwicklung der Unterstützten Kommunikation in Deutschland. Eine systematische Einführung. In: Jens Boenisch; Stefanie K. Sachse (Hrsg.): Kompendium Unterstützte Kommunikation. Stuttgart: Kohlhammer, S. 19–32.

Cantin, R. H.; Gnaedinger, E. K.; Gallaway, K. C.; Hesson-McInnis, M. S.; Hund, A. M. (2016): Executive functioning predicts reading, mathematics, and theory of mind during the elementary years. In: Journal of experimental child psychology 146, S. 66–78.

Cartwright, K. B.; Marshall, T. R.; Huemer, C. M.; Payne, J. B. (2019): Executive function in the classroom: Cognitive flexibility supports reading fluency for typical readers and teacher-identified low-achieving readers. In: Research in Developmental Disabilities 88, S. 42–52.

Christensen, T.; Dehn, M. (2012): Formulieren kann jeder. Schreiben im inklusiven Unterricht. In: Deutsch differenziert (1), S. 25–29.

Christensen, T. (2014a): Vom Gedanken, zum Wort, zum Text und zurück. Aufschreiben und Formulieren in der ersten Klasse. In: Grundschulunterricht (1), S. 17–21.

Christensen, T. (2014b): Sprache lernen im Wechselspiel von Literarität und Literalität. In: Johannes Hennies; Michael Ritter (Hrsg.): Deutschunterricht in der Inklusion. Auf dem Weg zu einer inklusiven Deutschdidaktik. Stuttgart: Fillibach, S. 75–88.

Christensen, T. (2021): Elementare Zugänge zu Wörtern. In: Lis Schüler (Hrsg.): Elementare Schriftkultur in heterogenen Lernkontexten. Hannover: Kallmeyer Klett, S. 177–190.

Christopher, M. E.; Miyake, A.; Keenan, J. M.; Pennington, B.; DeFries, J. C.; Wadsworth, S. J.; Willcutt, E.; Olson, R. K. (2012): Predicting word reading and comprehension with executive function and speed measures across development: A latent variable analysis. In: Journal of Experimental Psychology: General 141 (3), S. 470–488. Online verfügbar unter: https://doi.org/10.1037/a0027375, zuletzt geprüft am 02.06.2024.

Conner, C.; Allor, J. H.; Al Otaiba, S.; Yovanoff, P.; LeJeune, L. (2022): Early reading outcomes in response to a comprehensive reading curriculum for students with autism spectrum disorder and intellectual disability. In: Focus on Autism and Other Developmental Disabilities 39 (2), S. 1–13.

Daniel, J. R.; Cooc, N. (2018): Teachers' perceptions of academic intrinsic motivation for students with disabilities. In: The journal of special education 52 (2), S. 101–112.

Danielsson, H.; Henry, L.; Messer, D.; Rönnberg, J. (2012): Strengths and weaknesses in executive functioning in children with intellectual disability. In: Research in developmental disabilities 33 (2), S. 600–607.

DeLoache, J. (2004): Becoming symbol-minded. Trends in Cognitives Sciences 8 (2), S. 66–70.

de Chambrier, A. F.; Dessemontet, R. S.; Martinet, C.; Fayol, M. (2021): Rapid automatized naming skills of children with intellectual disability. In: Heliyon, 7 (5).

Dreschinski, J.; Terfloth, K. (2019): Schreibunterricht. In: Christiane Hochstadt; Ralph Olsen (Hrsg.): Deutschunterricht und Inklusion. Übersicht und Kritik. Weinheim: Beltz, S. 370–386.

Drexler, H. (2018): Die Entwicklung von pictorial literacy. Zur Interpretation piktografischer Zeichen im Vorschulalter. In: Journal für Psychologie 26 (1), S. 156–177. Online verfügbar unter: https://doi.org/10.30820/8247.10, zuletzt geprüft am 02.06.2024.

Ehri, L. C. (2022): What teachers need to know and do to teach letter–sounds, phonemic awareness, word reading, and phonics. In: The Reading Teacher 76 (1), S. 53–61.

Euker, N.; Koch, A. (2010): Der erweiterte Lesebegriff im Unterricht für Schülerinnen und Schüler mit geistiger Behinderung. Bestandsaufnahme und Neuorientierung. In: Zeitschrift für Heilpädagogik 61 (7), S. 261–268.

Fabio, R. A.; Bhattacharya, U.; Wei, X.; Canegallo, V. (2023): Reading and Writing in Severe Intellectual Disability: a Systematic Review. In: Current Developmental Disorders Reports 10 (5), S. 1–13.

Fröhlich, N. (2020): Grafische Symbole und nichtelektronische Kommunikationshilfen in der UK. In: Jens Boenisch; Stefanie K. Sachse (Hrsg.): Kompendium Unterstützte Kommunikation. Stuttgart: Kohlhammer, S. 240–249.

Fuhrer, N.; Winkes, J. (2018): Der Einsatz von Lautleseverfahren bei Menschen mit geistiger Behinderung: Ein Erfahrungsbericht zu einem Leseförderprojekt. In: Sabine Kutzelmann; Cornelia Rosebrock (Hrsg.): Praxis der Lautleseverfahren. Baltmannsweiler: Schneider Hohengehren, S. 144–166.

Garrels, V. (2019): Student-directed learning of literacy skills for students with intellectual disability. In: Journal of Research in Special Educational Needs 19 (3), S. 197–206.

Gonzalez-Frey, S. M.; Ehri, L. C. (2021): Connected phonation is more effective than segmented phonation for teaching beginning readers to decode unfamiliar words. In: Scientific Studies of Reading 25 (3), S. 272–285.

Groß-Kunkel, A. (2021): Übergänge zum schulischen Schriftspracherwerb und Literaturunterricht in der Frühförderung schaffen – die soziale Literacy Theorie. In: Britta Gebhard; Liane Simon; Kerstin Ziemen; Günther Opp; Anke Groß-Kunkel (Hrsg.): Transitionen: Übergänge in der Frühförderung gestalten. Idstein: SchultzKirchner, S. 196–204.

Hansen, F. (2020): Basale Förderung bei Menschen mit komplexen Beeinträchtigungen in Kommunikation und Interaktion. In: Jens Boenisch; Stefanie K. Sachse (Hrsg.): Kompendium Unterstützte Kommunikation. Stuttgart: Kohlhammer, S. 259–268.

Hochstadt, Ch.; Krafft, A.; Olsen, R. (2022): Deutschdidaktik. Konzeptionen für die Praxis. Tübingen: Francke.

Hochstadt, Ch.; Olsen, R. (2019, Hrsg.): Deutschunterricht und Inklusion. Übersicht und Kritik. Weinheim: Beltz.

Hoffmann-Erz, R. (2023): Deutsch in der Grundschule: Eine Einführung. Berlin, Heidelberg: Springer.

Hronis, A.; Roberts, L.; Kneebone, I. I. (2017): A review of cognitive impairments in children with intellectual disabilities: Implications for cognitive behaviour therapy. In: British Journal of Clinical Psychology 56 (2), S. 189–207.

Kaplan-Kahn, E. A.; McKernan, E. P.; Kopec, J. B.; Matsuba, E.; Russo, N. (2023): The Development of Attention Among Persons With Down Syndrome. In: Jacob A. Burack; Jamie O. Edgin; Leonard Abbeduto (Hrsg.): The Oxford Handbook of Down Syndrome and Development. Oxford: Academic, S. 239–271. Online verfügbar unter: https://doi.org/10.1093/oxfordhb/9780190645441.013.13, zuletzt geprüft am 02.06.2024.

Kehl, S.; Scholz, M. (2021): Systematisches Literaturreview der Arbeitsgedächtnisbesonderheiten bei Personen mit sogenannter geistiger Behinderung unspezifischer Ätiologie. In: Empirische Sonderpädagogik 13 (2), S. 110–132.

Keller, J.; Leuninger, H. (2004): Grammatische Strukturen – Kognitive Prozesse. Tübingen: Narr.

Kern, A.; Kern, E. (1963): Praxis des ganzheitlichen Lesenlernens. Freiburg: Herder.

Kern, A.; Kern, E. (1930): Lesen und Lesenlernen. Eine psychologisch-didaktische Untersuchung. Freiburg: Herder.

Kilian, J. (2019): Adaptive Wortschatzarbeit. In: Christiane Hochstadt; Ralph Olsen (Hrsg.): Deutschunterricht und Inklusion. Übersicht und Kritik. Weinheim: Beltz, S. 353–369.

Kirk, H. E.; Raber, A.; Richmond, S.; Cornish, K. M. (2021): Examining potential predictors of attention training outcomes in children with intellectual and developmental disorders. In: Journal of Intellectual & Developmental Disability 46 (3), S. 197–203.

Koch, P.; Oesterreicher, W. (2008): Mündlichkeit und Schriftlichkeit von Texten. In: Nina Janich (Hrsg.): Textlinguistik. 15 Einführungen. Tübingen: Narr, S. 199–216.

Kristensen, K.; Lorenz, K. M.; Zhou, X.; Piro-Gambetti, B.; Hartley, S. L.; Godar, S. P.; Diel, S.; Neubauer, E.; Litovsky, R. Y. (2022): Language and executive functioning in young adults with Down syndrome. In: Journal of Intellectual Disability Research 66 (1–2), S. 151–161. Online verfügbar unter: https://doi.org/10.1111/jir.12868, zuletzt geprüft am 02.06.2024.

Kuhl, J.; Euker, N.; Ennemoser, M. (2015): Förderung des lautorientierten Lesens bei Schülerinnen und Schülern mit intellektueller Beeinträchtigung. In: Empirische Sonderpädagogik 7 (1), S. 41–55.

KMK (Ständige Konferenz der Kultusminister der Länder in der Bundesrepublik Deutschland) (2024): Sonderpädagogische Förderung in Schulen 2013–2022. Online verfügbar unter: https://www.kmk.org/fileadmin/Dateien/pdf/Statistik/Dokumentationen/Dok_240_SoPae_2022.pdf, zuletzt geprüft am 02.06.2024.

KMK (Ständige Konferenz der Kultusminister der Länder in der Bundesrepublik Deutschland) (2021): Empfehlungen zur schulischen Bildung, Beratung und Unterstützung von Kindern und Jugendlichen im sonderpädagogischen Schwerpunkt Geistige Entwicklung. Beschluss der Kultusministerkonferenz vom 18.03.2021. Online verfügbar unter: https://www.kmk.org/fileadmin/veroeffentlichungen_beschluesse/2021/2021_03_18-Empfehlungen-Schwerpunkt-Geistige-Entwicklung.pdf, zuletzt geprüft am 02.06.2024.

Lemons, C. J.; King, S. A.; Davidson, K. A.; Puranik, C. S.; Fulmer, D.; Mrachko, A. A.; Fidler, D. J. (2015): Adapting phonological awareness interventions for children with Down Syndrome based on the behavioral phenotype: A promising approach? In: Intellectual and Developmental Disabilities 53 (4), S. 271–288. Online verfügbar unter: https://doi.org/10.1352/1934-9556-53.4.271, zuletzt geprüft am 02.06.2024.

Lifshitz, H.; Kilberg, E.; Vakil, E. (2016): Working memory studies among individuals with intellectual disability: An integrative research review. In: Research in Developmental Disabilities 59, S. 147–165.

Lösener, H. (2019): Sprachmündigkeit und poetisches Sprachlernen. In: Christiane Hochstadt; Ralph Olsen (Hrsg.): Deutschunterricht und Inklusion. Übersicht und Kritik. Weinheim: Beltz, S. 291–306.

Mayer, A. (2021): Lese-Rechtschreibstörungen (LRS). München: Reinhardt.

Musenberg, O. (2019): Fachdidaktik und Fachunterricht aus der Perspektive des Förderschwerpunkts geistige Entwicklung. In: Holger Schäfer (Hrsg.): Handbuch Förderschwerpunkt geistige Entwicklung. Weinheim, Basel: Beltz, S. 450–460.

Merklinger, D. (2021): Diktierendes Schreiben. In: Lis Schüler (Hrsg.): Elementare Schriftkultur in heterogenen Lernkontexten. Zugänge zu Schrift und Schriftlichkeit. Hannover: Klett Kallmeyer, S. 90–105.

Naugk, N.; Ritter, A.; Ritter, M.; Zielinski, S. (2016): Deutschunterricht in der inklusiven Grundschule. Perspektiven und Beispiele. Weinheim, Basel: Beltz.

Nickel, S. (2014): Sprache & Literacy im Elementarbereich. In: Rita Braches-Chyrek; Charlotte Röhner; Heinz Sünker; Michaela Hopf (Hrsg.): Handbuch frühe Kindheit. Budrich: Leverkusen, S. 645–658.

Nilsson, K.; Danielsson, H.; Elwér, Å.; Messer, D.; Henry, L.; Samuelsson, S. (2021): Decoding abilities in adolescents with intellectual disabilities: The contribution of cognition, language, and home literacy. In: Journal of Cognition 4 (1), S. 1–16.

Nonn, K. (2020): Sprachentwicklung unterstützt kommunizierender Kinder. In: Jens Boenisch; Stefanie K. Sachse (Hrsg.): Kompendium Unterstützte Kommunikation. Stuttgart: Kohlhammer, S. 91–100.

Pape, N. (2021): Milieu und Literalität – Implikationen für Family-Literacy-Ansätze. In: Schweizer Zeitschrift für Heilpädagogik 27 (3), S. 8–14.

Päßler, S.; Geist, B. (2021): Zur Grundhaltung der Schriftsprachlichkeit für Schüler mit zugeschriebenem Förderbedarf geistige Entwicklung. In: Lis Schüler (Hrsg.): Elementare Schriftkultur in heterogenen Lernkontexten. Zugänge zu Schrift und Schriftlichkeit. Hannover: Klett Kallmeyer, S. 150–156.

Peng, P.; Barnes, M.; Wang, C.; Wang, W.; Li, S.; Swanson, H. L.; Tao, S. et al. (2018): A meta-analysis on the relation between reading and working memory. In: Psychological bulletin 144 (1), S. 48–76.

Peng, P.; Zhang, Z.; Wang, W.; Lee, K.; Wang, T.; Wang, C.; Lin, J. et al. (2022): A meta-analytic review of cognition and reading difficulties: Individual differences, moderation, and language mediation mechanisms. In: Psychological Bulletin 148 (3–4), S. 227–272.

Pezzino, A. S.; Marec-Breton, N.; Lacroix, A. (2019): Acquisition of reading and intellectual development disorder. Journal of psycholinguistic research 48, S. 569–600.

Poloczek, S.; Henry, L. A.; Danielson, H.; Büttner, G.; Mähler, C.; Messer, D. J.; van der Molen, M. J.; et al. (2016): Strategic verbal rehearsal in adolescents with mild intellectual disabilities: A multi-centre European study. In: Research in Developmental Disabilities 58, S. 83–93.

Ratz, C.; Selmayr, A. (2021): Schriftsprachliche Kompetenzen. In: Dominika Baumann; Wolfgang Dworschak; Miriam Kroschewski; Christoph Ratz; Anna Selmayr; Michael Wagner (Hrsg.): Schülerschaft mit dem Förderschwerpunkt geistige Entwicklung II (SFGE II). Baltmannsweiler: Schneider Hohengehren, S. 117–134.

Rauch, W. A. (2022): Exekutive Funktionen. In: Markus Gebhardt; David Scheer; Michael Schurig (Hrsg.): Handbuch der sonderpädagogischen Diagnostik. Grundlagen und Konzepte der Statusdiagnostik, Prozessdiagnostik und Förderplanung. Regensburg: Universitätsbibliothek, S. 163–174.

Sachse, S. K. (2022): Das Merge-Modell beim Schriftspracherwerb. Eine Zusammenführung verschiedener Perspektiven. In: Zeitschrift für Heilpädagogik 73 (6), S. 273–283.

Sachse, S. K.; Bernasconi, T. (2024): Früher Schriftspracherwerb von Schülerinnen und Schülern mit kognitiver Beeinträchtigung. In: Zeitschrift für Heilpädagogik 75 (3), S. 108–118.

Sallat, S. (2022): Sprachstörungen in Kita und Schule: Alltags-und unterrichtsintegrierte Intervention und Adaption. In: Spektrum Patholinguistik 15. Potsdam: Universitätsverlag, S. 47–70.

Sarimski, K. (2013): Psychologische Theorien geistiger Behinderung. In: Gerhard Neuhäuser; Hans Christoph Steinhausen; Frank Häßler; Klaus Sarimski (Hrsg.): Geistige Behinderung. Stuttgart: Kohlhammer, S. 44–58.

Sarimski, K. (2017): Grundlagen der Sprachtherapie bei Kindern mit genetischen Syndromen. In: Sprachförderung und Sprachtherapie in Schule und Praxis 6 (4), S. 202–207.

Sarimski, K. (2020): Sprachentwicklung bei Kindern mit Behinderungen. In: Stefanie Sachse; Ann-Katrin Bockmann; Anke Buschmann (Hrsg.): Sprachentwicklung: Entwicklung – Diagnostik – Förderung im Kleinkind- und Vorschulalter. Berlin: Springer, S. 399–414.

Schäfer, H. (2019): Handbuch Förderschwerpunkt geistige Entwicklung. Weinheim, Basel: Beltz.

Schuchardt, K.; Mähler, C.; Hasselhorn, M. (2011): Functional deficits in phonological working memory in children with intellectual disabilities. In: Research in developmental disabilities 32 (5), S. 1934–1940.

Schüler, L. (2021): Elementare Schriftkultur in heterogenen Lernkontexten. Zugänge zu Schrift und Schriftlichkeit. Hannover: Klett Kallmeyer.

Schründer-Lenzen, A. (2007): Schriftspracherwerb und Unterricht: Bausteine professionellen Handlungswissens. Wiesbaden: Springer VS.

Schründer-Lenzen, A. (2013): Zur historischen Entwicklung von Lese- und Schreiblehrmethoden (bis 1980). In: Agi Schründer-Lenzen (Hrsg.): Schriftspracherwerb. Wiesbaden: Springer, S. 147–172.

Sermier Dessemontet, R.; Martinet, C.; de Chambrier, A.-F.; Martini Willemin, B.-M.; Audrin, C. (2019): A meta-analysis on the effectiveness of phonics instruction for teaching decoding skills to students with intellectual disability. In: Educational Research Review 26, S. 52–70.

Sermier Dessemontet, R.; de Chambrier, A. F.; Martinet, C.; Meuli, N.; Linder, A. L. (2021): Effects of a phonics-based intervention on the reading skills of students with intellectual disability. In: Research in Developmental Disabilities 111, S. 1–10.

Skerra, A. (2018): Scaffolding – Erfolgreich Sprache bilden und fördern im inklusiven Unterricht. In: Potsdamer Zentrum für empirische Inklusionsforschung (ZEIF) 6, S. 1–11.

Spaniol, M.; Danielsson, H. (2022): A meta-analysis of the executive function components inhibition, shifting, and attention in intellectual disabilities. In: Journal of Intellectual Disability Research 66 (1–2), S. 9–31.

Spencer, M.; Wagner, R. K. (2018): The comprehension problems of children with poor reading comprehension despite adequate decoding: A meta-analysis. In: Review of Educational Research 88 (3), S. 366–400.

Stecher, M.; Rauner, R. (2019): Unterrichtsqualität im Förderschwerpunkt Hören und Kommunikation. Heidelberg: Median.

Steinhoff, T. (2013): Wortschatz im Zentrum von Sprachgebrauch und Kompetenzförderung. In: Steffen Gaiberger; Frauke Wietzke (Hrsg.): Handbuch Kompetenzorientierter Deutschunterricht. Weinheim, Basel: Beltz, S. 12–29.

Strickland, W. D.; Boon, R. T.; Mason, L. L. (2020): The use of repeated reading with systematic error correction for elementary students with mild intellectual disability and other co-morbid disorders: A systematic replication study. In: Journal of Developmental and Physical Disabilities 32, S. 755–774.

Sturm. A. (2021): Lesen und Schreiben gleichzeitig fördern. In: Schweizerische Zeitschrift für Heilpädagogik 27 (3), S. 15–22.

Sutherland, R. J.; Isherwood, T. (2016): The evidence for easy-read for people with intellectual disabilities: A systematic literature review. In: Journal of Policy and Practice in Intellectual Disabilities 13 (4), S. 297–310.

Tebbe, M. (2023): Lautgebärden im Schriftspracherwerb. In: Sonderpädagogische Förderung heute 68 (3), S. 306–320.

Tebbe, M.; Schäfer, H. (2024): Der Einsatz von Lautgebärden zur Förderung der Verbindung von Sprache und Schrift. In: Lernen konkret (2), S. 34–39.

Tebbe, M.; Schäfer, H. (2023): Förderung des Sichtwortschatzes im SGE. In: Lernen konkret (4), S. 10–11.

Treutlein, A.; Roos, J.; Schöler, H. (2009): Merkmale des Anfangsunterrichts. In: Jeanette Roos; Hermann Schöler (Hrsg.): Entwicklung des Schriftspracherwerbs in der Grundschule. Wiesbaden: Verlag für Sozialwissenschaften, S. 145–162.

Uhl, B.; Topalovic, E. (2017): Gemeinsames Lernen im Sprachunterricht: Wie können Lernaufgaben sprachlich variiert werden? In: Frank Hellmich; Eva Blumberg (Hrsg.): Inklusiver Unterricht in der Grundschule. Stuttgart: Kohlhammer, S. 155–169.

Vach, K.; Roos, J. (2022): Frühe Literalität und die Bedeutung frühen literarischen Lernens. In: Herbert Günther; Walter Bindel (Hrsg.): Deutsche Sprache in Kindergarten und Vorschule (Handbuch Deutschunterricht in Theorie und Praxis). Baltmannsweiler: Schneider Hohengehren S. 135–148.

Valtin, R.; Sasse, A. (2020): Schriftspracherwerb. In: Ulrich Heimlich; Franz B. Wember (Hrsg.): Didaktik des Unterrichts bei Lernschwierigkeiten. 5. Aufl. Stuttgart: Kohlhammer, S. 197–209.

van Tilborg, A.; Segers, E.; van Balkom, H.; Verhoeven, L. (2018): Modeling individual variation in early literacy skills in kindergarten children with intellectual disabilities. In: Research in Developmental Disabilities 72, S. 1–12.

van Wingerden, E.; Segers, E.; van Balkom, H.; Verhoeven, L. (2017): Foundations of reading comprehension in children with intellectual disabilities. In: Research in developmental disabilities 60, S. 211–222.

Vicari, S.; Costanzo, F.; Menghini, D. (2016): Memory and learning in intellectual disability. In: International review of research in developmental disabilities (50), S. 119–148.

von Seeler, I.; Agha M. (2021): Exekutive Funktionen von Schülerinnen und Schülern mit geistiger Behinderung. In: Empirische Sonderpädagogik 13 (2), S. 133–147.

Wakeman, S. Y.; Pennington, R.; Cerrato, B.; Saunders, A.; Ahlgrim-Delzell, L. (2021): Parent perceptions regarding literacy instruction for students with intellectual disability. In: Journal of Intellectual Disability Research 65 (1), S. 86–98.

Warnecke, F. (2014): Kreatives Schreiben im inklusiven Deutschunterricht. In: Johannes Hennies; Michael Ritter (Hrsg.): Deutschunterricht in der Inklusion. Auf dem Weg zu einer inklusiven Deutschdidaktik. Stuttgart: Fillibach, S. 141–154.

5 Schrift*sprach*erwerbsstörungen aus der Perspektive der Sprachheilpädagogik

Andreas Mayer

Einleitung

Der für den Titel des vorliegenden Beitrags ganz bewusst gewählte Begriff der Schrift*sprach*erwerbsstörung soll zum Ausdruck bringen, dass es sich beim Lesen und Schreiben um sprachliche Tätigkeiten handelt. Im Symbolsystem einer alphabetischen Schrift wird die phonologische Struktur der Sprache visualisiert. Beim Schreiben werden sprachliche Einheiten (Phoneme, Silben, Morpheme, Wörter) in das visuelle Symbolsystem der Schrift rekodiert. Beim Lesen müssen die Einheiten des visuellen Symbolsystems in eine sprachliche Form rekodiert werden, die nicht zwingend lautsprachlich offensichtlich werden muss. Aus diesem Grund ist es nicht weiter verwunderlich, dass ein Großteil der Kinder mit lautsprachlichen Einschränkungen – insbesondere Kinder, bei denen im Vorschulalter eine Sprachentwicklungsstörung diagnostiziert wurde – Schwierigkeiten beim Erwerb der Schriftsprache entwickelt. Die ICF 11 ordnet diese Probleme im Kapitel »neurodevelopmental disorders« unter 6 A03 ein und weist darauf hin, dass es neben kombinierten Lese-Rechtschreibstörungen auch isolierte Lesestörungen und isolierte Rechtschreibstörungen gibt (Schulte-Körne 2021). In der Definition von Mayer (2021) wird in Anlehnung an Begriffsklärungen aus dem angloamerikanischen Raum (Lyon et al. 2003) angenommen, dass Lese-Rechtschreibstörungen aus sprachlichen Einschränkungen insbesondere im Bereich der phonologischen Verarbeitung resultieren und häufig mit Sprachentwicklungsstörungen einhergehen können. Einen guten Überblick über die in der wissenschaftlichen Forschung diskutierten Ursachen von Lese-Rechtschreibstörungen liefern Rüsseler (2006) und Linkersdörfer (2011).

Bereits Ende der 1980er Jahre stellten Stark und Tallal (1988, zit. nach Bishop & Snowling 2004, S. 863) fest, »that the vast majority of children with reading impairment may also have some degree of oral language deficit«. Wie im Folgenden gezeigt werden soll, lassen sich sprachlich beeinträchtigte Kinder beim Schriftspracherwerb zum einen dadurch charakterisieren, dass sie beim Lesen Schwierigkeiten haben, die hierarchieniedrigen Fähigkeiten der Worterkennung (phonologisches Rekodieren und automatisierte Worterkennung) zu erlernen. Zum anderen entwickeln sie in der Folge dieser Probleme, aber auch aufgrund ihrer lexikalischen und grammatischen Defizite sowie eingeschränkter Strategiekompetenz Schwierigkeiten im Hinblick auf das Leseverstehen.

Ordnet man die folgenden Ausführungen in das KOMET-Modell ein (▶ Kap. 1), fokussiert der Beitrag aus der komplexen Problematik der Schriftspracherwerbsstörungen die Teilbereiche der Lesefertigkeit und des Leseverstehens. Die auch im KOMET-Modell vorgenommene Trennung zwischen Lesefertigkeit und Leseverstehen ist auch aus einer didaktischen Perspektive sinnvoll. Bei der Lesefertigkeit handelt es sich um eine Technik, die erlernt werden muss, während es sich beim Leseverstehen um eine aktive Konstruktionsleistung handelt, bei der mentale Repräsentationen der im Text enthaltenen inhaltlichen Aussagen generiert, Schlussfolgerungen gezogen, nicht explizit genannte Informationen ergänzt und aktiv mit dem Vor-, Welt- und Sprachwissen verknüpft werden (Artelt et al. 2002).

Was die Lesefertigkeit angeht, steht v. a. die Automatisierung der Worterkennung als Teilkomponente der Leseflüssigkeit im Mittelpunkt, da es sich um die Kernproblematik leseschwacher Kinder handelt, die eine relativ transparente Orthographie – wie die deutsche – erlernen. Darüber hinaus nimmt die Leseflüssigkeit eine Brückenfunktion zwischen den Dekodierfähigkeiten und dem Leseverstehen ein. Durch die Automatisierung der Worterkennung wird das Arbeitsgedächtnis entlastet und es stehen kognitive Kapazitäten für die inhaltliche Auseinandersetzung mit dem Gelesenen zur Verfügung (LaBerge & Samuels 1974). Im Zusammenhang mit dem Leseverstehen wird ausschließlich auf Methoden eingegangen, die auf die Bildung lokaler Kohärenz zielen, während die Vermittlung von Strategien, die geeignet erscheinen, sich aktiv ein vollständiges Bild des Gelesenen konstruieren zu können (hierarchiehöhere Prozesse, Herstellung globaler Kohärenz) aufgrund der Schwerpunktsetzung des vorliegenden Buches nicht thematisiert werden.

Sprachentwicklungsgestörte Kinder benötigen im Rahmen des schriftsprachlichen Anfangsunterrichts spezifische Unterstützungsmaßnahmen im Bereich der Worterkennung und des Leseverstehens, um die übergeordneten Ziele sprachheilpädagogischen Handelns – eine maximale Partizipation und Autonomie – erreichen zu können. Was den Bereich der Rechtschreibung angeht, sei in diesem Zusammenhang auf den Beitrag von Sauerborn und Köb in diesem Band verwiesen (▶ Kap. 1).

5.1 Sprachentwicklungsgestörte Kinder als Risikogruppe für die Ausbildung von Lese-Rechtschreibschwierigkeiten

Bei einer Sprachentwicklungsstörung handelt es sich um »bedeutsame Abweichungen von der unauffälligen Sprachentwicklung, die sich negativ auf soziale Interaktionen, den Bildungsverlauf und / oder die soziale Teilhabe auswirken können« (Kauschke et al. 2023, S. 9). Von einer »bedeutsamen Abweichung« wird ausgegangen, wenn die Testwerte eines Kindes im Vergleich zu gleichaltrigen Kindern 1.5 Standardabweichungen oder mehr unter dem Mittelwert liegen, wobei der Bereich zwischen einer und 1.5 Standardabweichungen als unterdurchschnittlicher Grenzbereich interpretiert werden kann (Kauschke et al. 2023; Neumann & Kiese-Himmel

2022). Um eine Sprachentwicklungsstörung zu diagnostizieren, werden insbesondere die lexikalische und die syntaktisch-morphologische Ebene sowie das Sprachverständnis überprüft. Ein Testverfahren, das alle drei dieser Bereiche für Kinder im Schulalter abdeckt, ist der Sprachstandserhebungstest für Kinder im Alter zwischen fünf und zehn Jahren von Petermann (2018).

Diese bedeutsamen Abweichungen von der unauffälligen Sprachentwicklung lassen sich bei etwa 5 bis 8 % eines Jahrgangs nachweisen (Tomblin et al. 1997; Kiese-Himmel 2022; Petermann 2016), ohne dass sich die Problematik durch das Vorhandensein sensorischer, organischer, mentaler oder gravierender sozio-affektiver Defizite erklären lässt. Sie können aber auch das Resultat anderer Entwicklungsstörungen oder Primärerkrankungen (z. B. Autismus-Spektrum-Störungen, Hörschädigungen, kognitive Beeinträchtigungen, genetische Syndrome, Verhaltensstörungen) sein sowie im Kontext des Aufwachsens in einem anregungsarmen, bildungsbenachteiligten sozialen Umfeld offensichtlich werden.

Obwohl eine Spracherwerbsproblematik also unterschiedliche Ursachen haben kann, lassen sich in Bezug auf die Symptomatik durchaus Parallelen bei den betroffenen Kindern nachweisen. Bei betroffenen Schüler:innen lassen sich produktive und rezeptive Schwierigkeiten auf der phonetisch-phonologischen (Aussprache), der syntaktisch-morphologischen (Grammatik), der semantisch-lexikalischen (Wortschatz) und der pragmatischen Ebene nachweisen, wobei im Kontext von Schriftspracherwerbsstörungen insbesondere die Schwierigkeiten mit der Verarbeitung phonologischer Informationen sowie die grammatischen und lexikalischen Beeinträchtigungen eine bedeutsame Rolle spielen. Die Ausführungen des folgenden Beitrags beziehen sich ausschließlich auf Kinder, deren Auffälligkeiten der Sprachentwicklung nicht in Zusammenhang mit einer komplexen Primärbeeinträchtigung stehen.

McArthur et al. (2000) kommen auf der Grundlage von sieben Studien mit insgesamt mehr als 200 sprachentwicklungsgestörten und/oder leseschwachen Kindern zu dem Ergebnis, dass bei etwa der Hälfte der Kinder sowohl die lautsprachlichen als auch schriftsprachlichen Kompetenzen betroffen sind. Catts et al. (1999) untersuchten die Lesekompetenzen von Zweitklässlern, die im Vorschulalter als sprachentwicklungsgestört diagnostiziert wurden (n=328) und verglichen sie mit einer Gruppe sprachlich unauffälliger Kinder (n=276). Die Autoren konnten bei ca. 70 % der Zweitklässler mit Schwierigkeiten im Leseverständnis bereits im Vorschulalter sprachliche Beeinträchtigungen (z. B. Wortschatz) und/oder Defizite in der phonologischen Informationsverarbeitung nachweisen.

In einer Studie derselben Forschungsgruppe (Catts et al. 2002) konnten die Autoren zeigen, dass unabhängig davon, ob das beeinträchtigte Leseverständnis oder Defizite in der Worterkennung als Kriterium für Leseschwierigkeiten herangezogen wurden, bei 52,9 % bzw. 48,1 % der sprachentwicklungsgestörten Vorschulkinder in der zweiten und vierten Klasse Leseschwierigkeiten offensichtlich wurden. Als Gruppe betrachtet schnitten sprachentwicklungsgestörte Kinder zu beiden Zeitpunkten bei normierten Überprüfungen der Worterkennung und des Leseverständnisses etwa eine Standardabweichung schlechter ab als sprachlich unauffällige Kinder. Während das Risiko, Lese-Rechtschreibschwierigkeiten zu entwickeln, für sprachnormale Kinder bei etwa 8 % lag, wurde die Problematik bei sprachentwicklungsgestörten Kindern etwa sechsmal so häufig, also etwa bei der Hälfte aller Kinder mit Sprachentwicklungsstörungen, diagnostiziert.

Aufgrund der hohen Prävalenz von Schriftspracherwerbsstörungen bei Kindern mit sprachlichen Einschränkungen und der damit verbundenen Notwendigkeit einer spezifischen sprachheilpädagogischen Gestaltung des schriftsprachlichen Anfangsunterrichts handelt es sich bei der Erforschung der Ursachen von Lese-Rechtschreibschwierigkeiten sowie der Entwicklung von Unterrichts- und Therapiekonzepten auch um ein Aufgabengebiet der Sprachheilpädagogik. Berufsgruppen, die mit sprachlich beeinträchtigten Kindern arbeiten, müssen über theoretisches Hintergrundwissen zu den Faktoren verfügen, die den Schriftspracherwerb beeinflussen, um eine auf die individuellen Bedürfnisse abgestimmte Förderung realisieren zu können.

5.2 Phonologische Informationsverarbeitung, lautsprachliche Kompetenzen und Schriftspracherwerb

5.2.1 Das Konstrukt der phonologischen Informationsverarbeitung

Im Grundlagenkapitel (▶ Kap. 1) wurde die *phonologische Informationsverarbeitung* bereits als Teilbereich der internalen individuumsbezogenen Faktoren verortet. In der aktuellen Forschungsliteratur werden üblicherweise Defizite innerhalb dieses Aspekts als zugrunde liegende Problematik für die Ausbildung von Lese-Rechtschreibschwierigkeiten verantwortlich gemacht (»phonologische Defizithypothese«, Linkersdörfer 2011; Rüsseler 2006). Wagner und Torgesen (1987) verstehen darunter die Fähigkeit, bei der Produktion und der Verarbeitung gesprochener und geschriebener Sprache Informationen über die phonologische Struktur der Sprache wahrzunehmen, bewusst damit umzugehen (= phonologische Bewusstheit), sie zu speichern und zu verarbeiten (= phonologisches Arbeitsgedächtnis) bzw. auf phonologische Repräsentationen im Langzeitgedächtnis automatisiert zugreifen zu können (= Benennungsgeschwindigkeit).

In Anlehnung an das zweidimensionale Modell der phonologischen Bewusstheit von Schnitzler (2007) werden der phonologischen Bewusstheit die bewusste Identifizierung, Segmentation, Synthese und Manipulation *sprachlicher* Einheiten auf den *sublexikalischen* Ebenen (Mayer 2021, S. 84) der Silbe, des Onsets und Silbenreims sowie des Phonems unterschieden. Der Zusammenhang zwischen der phonologischen Bewusstheit und dem Schriftspracherwerb, insbesondere dem Verstehen und der Anwendung des alphabetischen Prinzips beim Lesen und Schreiben lässt sich gut nachvollziehen. Aus dem komplexen Konstrukt der phonologischen Bewusstheit referiert der Begriff der Phonemsynthese auf die Fähigkeit, einzelne

Laute zu größeren sprachlichen Einheiten, insbesondere Wörtern koartikulatorisch verschmelzen (= synthetisieren) zu können. Genau diese Fähigkeit wenden Schüler:innen beim Erlernen des phonologischen Rekodierens (= synthetisierendes Lesen) unter Einbezug schriftsprachlichen Materials an. Die einzelnen Buchstaben eines Wortes werden in Phoneme umgewandelt und synthetisiert. Was die segmentale Schreibstrategie (»lautgetreues Schreiben«) angeht, werden die Wörter in Einzellaute segmentiert und diesen müssen die – auf der Grundlage der erlernten Phonem-Graphem-Korrespondenzen – entsprechenden Buchstaben zugeordnet werden. Die Schüler:innen wenden also die Phonemsegmentation an und wandeln die in einem Wort reihenfolgenrichtig identifizierten Phoneme in Buchstaben um.

Unter der Benennungsgeschwindigkeit (»rapid automatized naming«, RAN) versteht man die Fähigkeit, »eine Abfolge gleichzeitig sichtbarer vertrauter Bilder oder Symbole (z.B. Buchstaben, Zahlen, Farben) möglichst schnell visuell zu verarbeiten und zu identifizieren, die entsprechenden verbalen Repräsentationen im mentalen Lexikon zu aktivieren, einen artikulatorisch-motorischen Plan zu entwerfen und das entsprechende Wort (oder den entsprechenden Laut) schließlich zu artikulieren« (Mayer 2021, S. 99). Sie gilt als stabilster Prädiktor für die Automatisierung der Worterkennung und damit der Lesegeschwindigkeit. Der Zusammenhang lässt sich gemäß Bowers et al. (1994) folgendermaßen erklären: Kinder mit einem RAN-Defizit haben Schwierigkeiten, visuelle Symbole (z.B. <m>, »3«) in ausreichender Geschwindigkeit zu identifizieren und/oder die mit den Symbolen im Langzeitgedächtnis assoziativ verknüpften verbalen Repräsentationen (z.B. /m/ oder /draɪ/) automatisiert zu aktivieren.

Beim Lesen wird diese Problematik bei Leseanfänger:innen dann dahingehend offensichtlich, dass die einzelnen Buchstaben beim synthetisierenden Lesen eines Wortes sehr langsam erkannt werden oder dass die jeweiligen Phoneme nicht in ausreichender Geschwindigkeit aktiviert werden. Das führt dazu, dass es betroffenen Schüler:innen nur unter erschwerten Bedingungen gelingt, ihre Aufmerksamkeit auf Buchstabengruppen (z.B. Silben, Morpheme, häufig vorkommende orthographische Muster) zu lenken und diese als Einheiten zu verarbeiten. Sie bleiben auf der Stufe des buchstabenweisen Erlesens von Wörtern (alphabetische Strategie) stehen und haben besondere Schwierigkeiten mit dem Erwerb der orthographischen Strategie. Es gelingt ihnen kaum, die Worterkennung zu automatisieren (Bowers et al. 1994).

Das Arbeitsgedächtnis ist für die vollständige und reihenfolgenrichtige Speicherung und Verarbeitung unterschiedlicher, insbesondere visueller und sprachlicher (phonologischer) Informationen zuständig (Baddeley 2003). Während die phonologische Bewusstheit und die Benennungsgeschwindigkeit in einem besonders engen Zusammenhang mit der Worterkennung und der Rechtschreibung stehen, lassen sich für das Arbeitsgedächtnis primär Einflüsse auf das Leseverständnis annehmen. Während des Lesens eines Textes müssen die bereits gelesenen Wörter, Phrasen, Sätze und Abschnitte in sprachlicher Form im Arbeitsgedächtnis *gespeichert* werden, während parallel dazu die folgenden Abschnitte sinnentnehmend *verarbeitet* werden müssen. Bei einer beeinträchtigten Kapazität des Arbeitsgedächtnisses besteht die Gefahr, dass die bereits verarbeiteten Abschnitte nicht lange genug gespeichert werden können, um sich eigenaktiv ein Gesamtbild des Gelesenen konstruieren zu können.

5.2.2 Der Einfluss sprachlicher Kompetenzen auf das Leseverständnis

Die Fähigkeit, Schriftsprache aus der visuellen Modalität in eine sprachliche Form umzuwandeln, gilt als notwendige, wenn auch längst nicht hinreichende Voraussetzung für sinnentnehmendes Lesen, für die aktive Auseinandersetzung mit dem Gelesenen, also für das Leseverständnis. Die Worterkennung stellt die conditio sine qua non des Lesevestehens dar. Ohne die Umwandlung der visuellen Symbole in eine sprachliche Form ist ein Zugriff auf die Bedeutung kaum möglich. Je automatisierter und müheloser gedruckte Wörter, Sätze und Texte in eine sprachliche Form umgewandelt werden können, desto mehr kognitive Ressourcen stehen für die Sinnentnahme zur Verfügung. Muss ein Leser dagegen ein zu hohes Ausmaß der vorhandenen Ressourcen und Aufmerksamkeitskapazitäten auf die Lesetechnik lenken, stehen für die lexikalische und grammatische Entschlüsselung und die aktiv-strategische Auseinandersetzung mit dem Text kaum mehr Kapazitäten zur Verfügung (LaBerge & Samuels 1974). Beeinträchtigungen im Bereich der Worterkennung sind bei leseschwachen Kindern auch noch im späten Grundschulalter und in der Sekundarstufe anzunehmen, weshalb bei dieser Klientel neben der Vermittlung von Verstehensstrategien zur Förderung des Leseverständnisses insbesondere auch die beeinträchtigte Worterkennung berücksichtigt werden muss.

Erst wenn es Schüler:innen gelingt, Texte in lesetechnischer Hinsicht einigermaßen sicher zu bewältigen, kann die Aufmerksamkeit auf die lexikalische und grammatische Entschlüsselung gelenkt werden und dürften strategieorientierte Ansätze zur Förderung des Leseverständnisses ihre potenzielle Wirksamkeit entfalten können. In einer eigenen Studie lagen die Mittelwerte für die Worterkennung bei Schüler:innen aus vierten Klassen an Sonderpädagogischen Förderzentren etwa zwei Standardabweichungen unter dem Mittelwert. Sie waren im Durchschnitt lediglich in der Lage, zwölf Wörter pro Minute zu lesen Um ein durchschnittliches Ergebnis zu erreichen (T-Wert: 50) müssten die Kinder etwa doppelt so viele Wörter lesen. Unterschiede im Bereich der Worterkennung konnten zwischen 35 % und 54 % der Unterschiede im Leseverständnis erklären (Mayer 2020). Auch zahlreiche andere Studien konnten die Bedeutung der Worterkennung für das Leseverständnis insbesondere bei leseschwachen Schüler:innen belegen (Oslund et al. 2018; van Steensel et al. 2016; Ehrlich et al. 1993).

Mit zunehmender sprachlicher Komplexität der Lesetexte und Automatisierung der Worterkennung ab dem späten Grundschulalter gewinnt der Einfluss lautsprachlicher, insbesondere lexikalischer und grammatischer Fähigkeiten auf das Leseverständnis vor allem bei Kindern mit durchschnittlicher Lesefertigkeit zunehmend an Bedeutung.

Insbesondere der Umfang und die Differenziertheit des Wortschatzes stellen ab diesem Zeitpunkt einen der einflussreichsten Prädiktoren des Leseverständnisses dar. So ermittelten Ricketts et al. (2007) in einer Studie mit acht- und neunjährigen

Schüler:innen der Primarstufe einen höchst signifikanten Zusammenhang zwischen lexikalischen Fähigkeiten und dem Leseverstehen (r= .63). Darüber hinaus konnten die Autoren zeigen, dass sich Schüler:innen mit beeinträchtigtem Textverständnis im Vergleich zu Schüler:innen mit durchschnittlichen Fähigkeiten durch einen signifikant geringeren Wortschatz charakterisieren lassen (cohen's d = 1,85). Bei Schüler:innen der Sekundarstufe konnten Cromley und Azevedo (2007) sowie van Steensel et al. (2016) für lexikalische Fähigkeiten einen besonders starken Einfluss auf das Leseverständnis nachweisen.

Vergleichbares gilt für syntaktisch-morphologische Fähigkeiten, deren Bedeutung für das Textverständnis dann besonders relevant wird, wenn das Textmaterial sprachlich so komplex ist, dass die Sinnentnahme nicht mehr primär von der Worterkennung und lexikalischen Fähigkeiten gesteuert werden kann (Brimo et al. 2017; Mokhtari & Niederhauser 2013). Die Fähigkeit, die syntaktisch-morphologischen Strukturen sprachlicher Äußerungen (z. B. Passiv, Konjunktiv, subordinierte Nebensätze) zu dekodieren, spielt im Konstrukt des Textverständnisses deshalb eine bedeutende Rolle, da grammatische Kompetenzen es Leser:innen ermöglichen, die interne Struktur von Sätzen zu dekodieren, mit Hilfe derer die Beziehungen zwischen Wörtern ausgedrückt werden.

Deacon und Kieffer (2018) konnten einen direkten Einfluss syntaktischer Bewusstheit, operationalisiert über das Korrigieren syntaktisch inkorrekter Sätze, in einer repräsentativen Stichprobe von 100 Dritt- und Viertklässler:innen ermitteln, der mit der Bedeutung lexikalischer Fähigkeiten weitgehend identisch ausfiel. Die Bedeutung lexikalischer und grammatischer Fähigkeiten im Kontext des Leseverständnisses wurde von Mokhtari und Niederhauser (2013) in einer Stichprobe von Schüler:innen der fünften Jahrgangsstufe untersucht. Die Autorinnen konnten zeigen, dass die beiden Prädiktoren gemeinsam etwa 68 % der Unterschiede im Textverständnis erklären konnten. Bei gleichzeitiger Kontrolle syntaktischer Fähigkeiten war es möglich, 28 % der Unterschiede im Leseverständnis durch den Wortschatz zu erklären. Analog konnte für den Faktor »Syntax« ermittelt werden, dass 32 % der Unterschiede im Leseverständnis durch den spezifischen Einfluss syntaktischer Fähigkeiten erklärt werden können, nachdem der Einfluss lexikalischer Fähigkeiten kontrolliert wurde.

Auf der Grundlage dieser Forschungsergebnisse lässt sich nun auch nachvollziehbar begründen, warum sprachentwicklungsgestörte Kinder zu einer besonders relevanten Risikogruppe für die Ausbildung von Leseschwierigkeiten gehören. Kinder mit Sprachentwicklungsstörungen haben im Kleinkindalter spezifische Schwierigkeiten, sich das phonologische Regelsystem ihrer Muttersprache anzueignen. Es ist davon auszugehen, dass Fehlfunktionen auf neurobiologischer Ebene für subtile Schwierigkeiten bei der Wahrnehmung, Identifizierung und/oder der Verarbeitung phonologischer Informationen verantwortlich sind, die u. a. zur Ausbildung abstrakter phonologischer Repräsentationen im phonologischen Lexikon von geringer Qualität führen. An der Oberfläche werden diese in Form von zahlreichen Aussprachefehlern und phonologischen Vereinfachungsprozessen offensichtlich. Auf (meta-)sprachlich-kognitiver Ebene kann dies zu Beeinträchtigungen im Bereich der phonologischen Bewusstheit, dem schnellen und automatisierten Zugriff auf phonologische Repräsentationen im Langzeitgedächtnis (z. B. Benennungsgeschwindigkeit) und der Speicherung und der Verarbeitung phonologischer Informationen im Arbeitsgedächtnis führen. Damit sind bei einem Großteil sprachentwicklungsgestörter Kinder Defizite in der phonologischen Informationsverarbeitung anzunehmen, die wie oben dargestellt, die Entwicklung des Wortlesens erschweren können.

Darüber hinaus lassen sich sprachentwicklungsgestörte Kinder per Definition durch produktive und rezeptive Schwierigkeiten auf lexikalischer und syntaktisch-morphologischer Ebene charakterisieren, die nicht nur auf lautsprachlicher Ebene offensichtlich werden, sondern auch das Leseverständnis erschweren. Lexikalische und grammatische Strukturen, die lautsprachlich nicht verarbeitet (und damit verstanden) werden können, dürften auch in der schriftsprachlichen Modalität nicht dekodiert werden können. Vielmehr dürften die Schwierigkeiten mit dem Leseverständnis offensichtlicher ausfallen als die Probleme mit dem Sprachverständnis in der lautsprachlichen Modalität, da in der Schriftsprache zahlreiche nonverbale Informationsträger sowie der räumliche und situative Kontext nicht zur Verfügung stehen und einer exakten sprachlichen Dekodierung beim Lesen deshalb eine besondere Bedeutung zukommt. Aus diesem Grund benötigen sprachentwicklungsgestörte Kinder spezifische Unterstützungsmaßnahmen, die sowohl auf die Worterkennung als auch auf das Leseverstehen abzielen.

5.3 Unterstützungsmaßnahmen im Unterricht

5.3.1 Förderung der phonologischen Bewusstheit

Zu Beginn der 2000er Jahre rückte das Konzept der phonologischen Bewusstheit auch im deutschsprachigen Raum in den Fokus der Forschung zu möglichen Ursachen von Lese-Rechtschreibstörungen sowie als präventive Methode bei (drohenden) Lese-Rechtschreibstörungen. Dies führte zur Veröffentlichung zahlreicher, recht einfach umsetzbarer Trainingsprogramme für das Vorschulalter und die Eingangsklassen an Grund- und Förderschulen (Forster & Martschinke 2021; Küspert & Schneider 2018). Nach einer anfänglichen Euphorie hinsichtlich der Auswirkungen einer Förderung der phonologischen Bewusstheit auf den Schriftspracherwerb belegen aktuelle Metaanalysen (Fischer & Pfost 2015; Wolf et al. 2016), dass insbesondere die Effekte auf das Lesen bestenfalls als marginal beurteilt werden können. Phonologisch orientierte Fördermaßnahmen können Schüler:innen in den Eingangsklassen an Grund- und Förderschulen ggf. dabei unterstützen, das alphabetische Prinzip der Schriftsprache zu verstehen, die in wissenschaftlichen Studien nachgewiesenen Auswirkungen auf das Lesen sind dagegen aus praktischer Perspektive nahezu irrelevant. Deutlichere Effekte lassen sich dagegen für den Bereich der Rechtschreibung belegen. Nichtsdestotrotz lernen Schüler:innen lesen und schreiben weniger durch phonologisch orientierte Maßnahmen in der lautsprachlichen Modalität als vielmehr im Symbolsystem der Schrift.

Eine in den Rahmen des schriftsprachlichen Anfangsunterrichts eingebettete systematische Förderung der phonologischen Bewusstheit ist insbesondere für Kinder, die sich beim Lesen- und Schreibenlernen unauffällig entwickeln, überflüssig. Für »Risikokinder« ist es dagegen wiederum nicht ausreichend, die im Handel erhältlichen Trainingsprogramme weitgehend unreflektiert einzusetzen. Aus diesem Grund werden im Folgenden einige Kriterien skizziert, die geeignet erscheinen, auch Risikokindern die Einsicht in die phonologische Struktur der Lautsprache zu erleichtern. Ausführliche Erläuterungen dazu finden sich beispielsweise bei Mayer (2021).

Parallel zum schriftsprachlichen Anfangsunterricht sollte der Schwerpunkt einer Förderung der phonologischen Bewusstheit auf der Phonemebene liegen. Übungen auf Reim- und Silbenebene können die Aufmerksamkeit der Schüler:innen zwar auf die Klanggestalt der Sprache lenken, unmittelbare Auswirkungen auf den Schriftspracherwerb sind dagegen nicht zu erwarten. Übungen mit nicht sprachlichen Stimuli (z.B. Geräusche, Klänge) werden gar nicht dem Konzept der phonologischen Bewusstheit zugeordnet.

Von besonderer Bedeutung für Kinder mit Defiziten in der phonologischen Verarbeitung ist die Integration von Lautgebärden (Handzeichen), also von visuellen Gesten für die einzelnen Phoneme der Lautsprache (▶ Kap. 4). Für Kinder, die mit der akustischen Identifizierung von Lauten in Wörtern noch Schwierigkeiten haben, können diese mit Hilfe der »Geheimzeichen« sichtbar gemacht werden, indem parallel zur Präsentation eines Wortes die entsprechenden Handzeichen ausgeführt werden. Wenn ein Kind Schwierigkeiten hat, den Endlaut im Wort Maus zu hören, kann die Lehrkraft diesen durch die parallele Ausführung der Lautgebärde visualisieren und somit in das Zentrum der Aufmerksamkeit des:der Schüler:in rücken. Bei Übungen zur Phonemsegmentation (Zerlegen eines Wortes in Einzellaute) gilt dasselbe. Hier werden parallel zu einer langsamen und gedehnten Aussprache des Wortes die Handzeichen für alle Laute ausgeführt. Für Kinder, die beim Erlernen des synthetisierenden Lesens besondere Schwierigkeiten mit der koartikulatorischen Verschmelzung der einzelnen Laute zu Wörtern haben, kann durch eine dynamische, ineinander übergehende Ausführung der einzelnen Lautzeichen die Synthese visualisiert werden. Aus sprachheilpädagogischer Perspektive sind Gebärdensysteme zu empfehlen, die den Artikulationsort oder den Artikulationsmodus symbolisieren. Eine empfehlenswerte kritische Bewertung gängiger Systeme findet sich bei Schäfer und Leis (2008).

Für das Erlernen der An- und Auslautidentifizierung sowie der Phonemsynthese und der Phonemsegmentation sollte auf eine sprachwissenschaftlich orientierte Auswahl der Wörter geachtet werden, anhand derer diese komplexen Fähigkeiten vermittelt werden sollen. So sind in Abhängigkeit von der phonologischen und der Silbenstruktur der Übungswörter unterschiedliche Schwierigkeiten anzunehmen (siehe auch den Grundlagenbeitrag ▶ Kap. 1). Am einfachsten zu verarbeiten sind ein- und zweisilbige Wörter, die ausschließlich aus gespannten Vokalen und gedehnt artikulierbaren Konsonanten bestehen (z.B. Maus, Sofa). Im Hinblick auf die Silbenstrukturen sollten Wörter mit einfachen Konsonant-Vokal-Strukturen gewählt werden, auf Wörter mit Konsonantenhäufungen sollte insbesondere zu Beginn der Förderung verzichtet werden. Wenn die Kinder bei der Synthese und Segmentation solcher Wörter Sicherheit gewonnen haben, können sukzessive Wörter mit Plosiven sowie mit Konsonantenhäufungen integriert werden, die ausschließlich aus gedehnt artikulierbaren Konsonanten bestehen (z. B. /ʃl/, /ʃm/, /fr/ vs. /tr/, /br/, /kl/).

5.3.2 Erlernen der alphabetischen Strategie des phonologischen Rekodierens

Das Erlernen des synthetisierenden Lesens (phonologisches Rekodieren) sollte eng auf die Förderung der phonologischen Bewusstheit mit dem Schwerpunkt der Phonemsynthese abgestimmt werden. Haben die Kinder das Prinzip der koartikulatorischen Verschmelzung von Lauten zu Wörtern in der lautsprachlichen Modalität verstanden, ist zu erwarten, dass sie diese Fähigkeit auch auf schriftsprachliches Material übertragen können. Die oben skizzierte Bedeutung der Lautgebärden sowie der linguistisch orientierten Wortauswahl (▶ Kap. 5.3.1) sind auch für das Erlernen der indirekten Lesestrategie anzuwenden.

Insbesondere in der Arbeit mit leseschwachen Kindern sollte berücksichtigt werden, dass es sich beim Erlernen dieser Lesestrategie um eine Technik handelt, die systematisch vermittelt und gelernt werden sollte. Damit die Kinder beim Erlernen dieser Technik nicht zu sehr von der inhaltlichen Auseinandersetzung mit dem Gelesenen abgelenkt werden, sollten hier v. a. Übungen auf Wort- und Satzebene eingesetzt werden (z. B. Wort-Bild-Memory, Domino etc.). Obwohl die Prämisse des Spracherfahrungsansatzes, dass »Leseaktivitäten als sinnvolle Tätigkeiten in einer anregenden Lesekultur erfahrbar sein« (Brinkmann 2018, S. 29) sollen, als Zielsetzung des Unterrichts uneingeschränkt korrekt ist und Kinder bei möglichst allen Leseaufgaben auch motiviert werden sollten, dem Gelesenen die korrekte Bedeutung zu entnehmen, muss der Schwerpunkt des Leseunterrichts bei Kindern mit spezifischen Schwierigkeiten im Bereich der Worterkennung zunächst in der Vermittlung der Lesefertigkeit liegen. Diese Technik kann selbst durch sinnfreies Lesematerial eingeübt werden, indem die Schüler:innen in spielerischen Kontexten z. B. Silben und Pseudowörter rekodieren. Insbesondere gilt dies für Kinder mit sonderpädagogischem Förderbedarf, denen es zu einem großen Teil auch am Ende der Primarstufe noch nicht gelingt, einfachste Sätze lesetechnisch zu bewältigen (Mayer & Marks 2021).

Für die systematische Vermittlung der Lesefertigkeit ist für leseschwache Kinder insbesondere der kleinschrittig vorgehende Kieler Leseaufbau zu empfehlen (Dummer-Smoch & Hackethal 2021), mit dem die Schüler:innen das phonologische Rekodieren auf der Grundlage hierarchisch angeordneter Schwierigkeitsstufen, unterstützt durch Handzeichen, die Lesetechnik z. B. mit Hilfe sogenannter »Silbenteppiche« erlernen. Dabei handelt es sich um Vokal-Konsonant- bzw. Konsonant-Vokal-Verbindungen, die die Schüler:innen möglichst hochfrequent mit Hilfe von Lautgebärden erlesen sollen (Tab. 5.1).

Tab. 5.1: Silbenteppich (Dummer-Smoch/Hackethal 2021)

ma	me	mi	mo	mu
fa	fe	fi	fo	fu
sa	se	si	so	su
ra	re	ri	ro	ru
na	ne	ni	no	nu

5.3.3 Förderung der automatisierten Worterkennung

Aufgrund der im Vergleich zur englischen Orthographie relativ hohen Transparenz der deutschen Schriftsprache stellt der Erwerb der indirekten Lesestrategie des phonologischen Rekodierens für deutschsprachige Kinder i. d. R. nicht die zentrale Hürde beim Schriftspracherwerb dar. Kinder mit spezifischen Leseschwierigkeiten lassen sich zweifelsfrei zu Beginn des Schriftspracherwerbs durch Schwierigkeiten mit dem Einprägen der Graphem-Phonem-Korrespondenzen sowie dem Erlernen des phonologischen Rekodierens charakterisieren. Diese Unsicherheiten werden von den meisten Kindern aber relativ schnell überwunden, sodass sie im Laufe der Grundschulzeit eine mit durchschnittlich lesenden Kindern vergleichbare Lesegenauigkeit entwickeln. Frith et al. (1998) konnten beispielsweise zeigen, dass deutschsprachige Kinder Ende der ersten Klasse Pseudowörter bereits zu 85 % korrekt rekodieren können und die alphabetische Strategie bereits recht erfolgreich anwenden, während dies englischsprachigen Kindern, die eine sehr unregelmäßige Orthographie erlernen müssen, nur zu 50 % gelingt. Ebenso kommen Aro und Wimmer (2003) zu dem Ergebnis, dass der Erwerb einer maximalen Lesegenauigkeit für Kinder aus dem englischen Sprachraum einen wesentlich längeren Lernprozess als für Kinder aus Ländern mit regelmäßigen Orthographien darstellt. Während deutschsprachige Kinder, ähnlich wie Kinder aus den Niederlanden, Finnland, Schweden und Spanien Pseudowörter bereits am Ende der ersten Klasse mit einer Genauigkeit von etwa 90 % lesen konnten, wurde dieser Wert von englischsprachigen Kindern erst Ende der vierten Klasse erreicht.

Etwas anders dürfte sich dies allerdings bei Kindern mit sonderpädagogischem Förderbedarf in den Bereichen Sprache und/oder Lernen verhalten. In einer eigenen Studie mit Schüler:innen zwischen der zweiten und der vierten Klasse an Sonderpädagogischen Förderzentren lag der prozentuale Anteil an Fehlern beim Lesen einer Liste aus echten Wörtern (SLRT II, Moll & Landerl 2014) zwischen 8,35 % und 24,41 %. Für das Lesen von Pseudowörtern lag der Fehlerprozentwert zwischen 10,8 % und 16,45 % (Mayer 2018), sodass bei dieser Klientel nicht von einer sehr hohen Lesegenauigkeit auszugehen ist.

Ungeachtet dessen dürfte die größte Schwierigkeit leseschwacher Kinder, die eine transparente Orthographie erlernen, darin liegen, das langsame und mühevolle synthetisierende Lesen zugunsten einer automatisierten Worterkennung abzubauen. In einer Untersuchung von Wimmer (1993) lagen die Mittelwerte der dyslektischen Kinder für die Lesegeschwindigkeit beispielsweise doppelt so hoch wie die der Kontrollkinder. Leseschwache Kinder der vierten Klassen lasen im Durchschnitt langsamer als durchschnittliche Leser:innen der zweiten Klasse. Vergleichbare Resultate konnten für leseschwache Kinder nachgewiesen werden, die die ähnlich transparente spanische und italienische Schriftsprache erwerben (Tressoldi et al. 2007; Serrano & Defior 2008).

Da bei Schwierigkeiten mit der Automatisierung der Worterkennung ein Großteil der kognitiven Ressourcen auf die lesetechnische Bewältigung von Texten gelenkt werden muss, stehen betroffenen Kindern kaum mehr Kapazitäten zur sinnentnehmenden Auseinandersetzung mit dem Gelesenen zur Verfügung. Ein Schwerpunkt der Arbeit mit leseschwachen Kindern muss demzufolge im Bereich der Automatisierung der Worterkennung liegen, sobald die Schüler:innen das alphabetische Prinzip der Schriftsprache verstanden haben. Aufgrund des angenommenen Zusammenhangs mit dem Leseverstehen kann eine Förderung, die auf die Automatisierung der Lesefertigkeit abzielt, zumindest indirekt auch als Förderung des Leseverständnisses interpretiert werden. So kommen Chard et al. (2002) in einer Analyse des Forschungsstandes zu dem Ergebnis, dass eine Verbesserung der direkten Worterkennung in vielen Fällen mit Fortschritten im Bereich des Leseverständnisses einhergeht, auch wenn das nicht das eigentliche Ziel der Intervention war.

Es ist davon auszugehen, dass sich die Worterkennung in dem Maße automatisiert, in dem es Schüler:innen gelingt, die schriftsprachlichen Einheiten (Buchstaben, Silben, häufige orthographische Muster, Morpheme, Wörter), die ganzheitlich-simultan verarbeitet, als Einheiten erkannt und benannt werden können, sukzessive zu vergrößern. Zu Beginn des Schriftspracherwerbs werden Wörter erlesen, indem jeder einzelne Buchstabe bewusst in einen Laut umgewandelt wird und die einzelnen Laute synthetisiert werden (= phonologisches Rekodieren, ▶ Kap. 1). Durch intensive Leseerfahrungen, systematischen Unterricht und zunehmende Perfektionierung dieser Strategie gelingt es den Kindern immer besser, mehrere Buchstaben und ganze Wörter als Einheiten zu erfassen und zu verarbeiten und mit der entsprechenden Phonologie zu verknüpfen. Wenn Kinder Silben, Stammmorpheme oder häufig vorkommende Wörter ganzheitlich simultan erkennen können, entlastet das das Arbeitsgedächtnis, das Lesen wird müheloser, automatisierter und schneller. Die Ressourcen, die nicht mehr für die lesetechnische Bewältigung benötigt werden, stehen nun für die inhaltliche Auseinandersetzung mit dem Gelesenen zur Verfügung.

Schwierigkeiten mit der Automatisierung der Worterkennung betreffen v. a. Kinder, deren Leseschwierigkeiten mit einem Defizit in der Benennungsgeschwindigkeit assoziiert sind, die also spezifische Schwierigkeiten mit der visuellen Verarbeitung von Symbolen und/oder dem automatisierten Zugriff auf die verbalen Repräsentationen haben. Ihnen gelingt es nur unter erschwerten Bedingungen, die indirekte durch die direkte Lesestrategie zu ergänzen. Sie benötigen im Unterricht systematische Unterstützung, um die Worterkennung sukzessive automatisieren zu können. Die Lesegeschwindigkeit ausschließlich dadurch zu fördern, dass die Kinder zum Lesen motiviert werden, dürfte bei Kindern mit spezifischen Leseschwierigkeiten zu kurz greifen.

In der Literatur werden für die Automatisierung der Worterkennung unterschiedliche Methoden empfohlen. Dazu gehören u. a.

- das wiederholte Lesen desselben Wortmaterials,
- Maßnahmen auf der Grundlage des »Test-Fading-Paradigmas«,
- die Unterstützung bei der ganzheitlich-simultanen Verarbeitung häufig vorkommender orthographischer Muster.

Beim wiederholten Lesen von Texten werden den Kindern altersangemessene, den (schrift-)sprachlichen Kompetenzen angepasste Texte zur Verfügung gestellt, die so häufig gelesen werden, bis ein vorab festgelegtes Erfolgskriterium (z. B. Anzahl korrekt gelesener Wörter/Minute) erreicht ist. Um mit dieser Methode auch die Anzahl an Wörtern erhöhen zu können, die als Einheiten automatisiert erkannt werden können (Ausbildung eines Sichtwortschatzes, ▶ Kap. 1), sind insbesondere Texte mit einer geringen sogenannten »Type-Token-Relation« zu empfehlen, also Texte mit einem möglichst eng umgrenzten Wortschatz, der aber möglichst hochfrequent vorkommt (Glück 2000).

Dieselbe Zielsetzung verfolgt die Methode des wiederholten Lesens von Wörtern. Der Dudenredaktion (2020) zu Folge machen die 100 häufigsten Wörter der deutschen Orthographie fast die Hälfte aller Wörter in den Texten des Dudenkorpus aus. Mit den häufigsten 2525 Wörtern deckt man 75 % der Wörter in Texten ab. Vor diesem Hintergrund ist zu erwarten, dass Texte bereits relativ flüssig gelesen werden können, wenn Kinder in der Lage sind, die häufigsten Wörter automatisiert zu erkennen. Zu den häufigsten Wörtern gehören ausschließlich unspezifische Artikel, Pronomen, Präpositionen etc.

Das »Text-Fading-Paradigma« versucht durch das sukzessive Ausblenden des Lesematerials am PC, die Aufmerksamkeit der Kinder auf größere schriftsprachliche Einheiten (Silben, Morpheme, häufig vorkommende orthographische Muster und Wörter) zu lenken und die Kinder dabei zu unterstützen, das buchstabenweise Lesen durch effizientere Strategien zu ersetzen. Dabei werden die einzelnen Silben oder Wörter eines Textes, angepasst an die aktuelle Lesegeschwindigkeit, softwaregesteuert in Leserichtung ausgeblendet. Gelingt es den Probanden, das präsentierte Material sinnentnehmend zu lesen, wird die Geschwindigkeit des Ausblendens sukzessive erhöht. Positive Auswirkungen dieses Ansatzes auf die Leseflüssigkeit, ohne dass auf Seiten des Leseverständnisses Einbußen zu verzeichnen waren, konnten für jugendliche und erwachsene Leser:innen nachgewiesen werden. Aber auch für leseschwache Kinder wurden überzeugende Effektivitätsnachweise erbracht (Korinth & Nagler 2021; Nagler et al. 2015).

Die Effektivität eines ähnlich angelegten Lesetrainings, bei dem die Aufmerksamkeit der Schüler:innen zusätzlich durch optische Hervorhebungen auf die einzelnen Silben jedes Worts gelenkt wurde, konnte von Tressoldi et al. (2007) für dyslektische italienische Kinder bestätigt werden. Aktuell wird am Lehrstuhl für Sprachheilpädagogik der LMU München die Effektivität eines Trainings auf der Grundlage des Text-Fading-Paradigmas evaluiert.[1]

Ein weiterer Ansatz, der auf die Automatisierung der Worterkennung und damit die Lesegeschwindigkeit abzielt, ist das Training der ganzheitlichen Verarbeitung

---

[1] https://www.edu.lmu.de/shp/forschung/forschung/10-foerderung-lesegeschwindigk/index.html

sublexikalischer Einheiten. Dabei werden leseschwache Kinder mit häufig vorkommenden Buchstabenfolgen (orthographischen Mustern) hochfrequent konfrontiert. Sind Kinder in der Lage, Repräsentationen dieser sublexikalischen Einheiten zu abstrahieren, sollte dies ein Generalisierungslernen hohen Ausmaßes ermöglichen, da diese die Worterkennung zahlreicher orthographisch ähnlich strukturierter Wörter lenken können. Bei der »Blitzschnellen Worterkennung« (Mayer 2022) handelt es sich um ein ausgearbeitetes Förderprogramm für Kinder, die das alphabetische Prinzip der Schriftsprache bereits erfolgreich anwenden können, aber spezifische Schwierigkeiten mit dem Erlernen der orthographischen Strategie haben. Die Blitzschnelle Worterkennung beinhaltet zwanzig Fördereinheiten, in denen die 60 in der deutschen Schriftsprache am häufigsten vorkommenden Buchstabenfolgen (Signalgruppen) zunächst isoliert und anschließend auf Wortebene eingeübt werden.

Im ersten Teil jeder Fördereinheit werden jeweils drei orthographische Muster (z. B. <ing>, <ock>, <iege>) zunächst isoliert präsentiert und Übungen zur immer schnelleren Erkennung dieser Signalgruppen durchgeführt, wobei der methodische Schwerpunkt auf einem hochfrequenten Lesen dieser Einheiten liegt. Wenn es den Kindern gelingt, diese orthographischen Muster automatisiert zu verarbeiten, werden sie in unterschiedlichen Spielen und Übungen mit sieben Trainingswörtern pro Signalgruppe konfrontiert, die aus den Buchstabenfolgen gebildet werden (z. B. ringen, singen, bocken, Locken, Ziege, wiegen). Das Manual bietet zahlreiche spielerische Übungen (Bingo, Memory, Domino, kleine Kartenspiele) an, die alle das Ziel einer hochfrequenten Verarbeitung der Signalgruppen und der daraus gebildeten Wörter verfolgen. Die Arbeit mit Signalgruppen auf sublexikalischer Ebene hat auch einen nicht zu vernachlässigenden motivationalen Vorteil, da es üblicherweise auch leseschwachen Kindern recht schnell gelingt, die drei bis vier Buchstaben umfassenden orthographischen Muster als Einheiten zu erkennen und automatisiert zu benennen.

5.3.4 Förderung des Leseverständnisses

Über die Worterkennung hinaus hängt das Leseverständnis von lexikalischen und syntaktisch-morphologischen Fähigkeiten sowie der Strategiekompetenz ab. Während lexikalische Fähigkeiten (Umfang und Differenziertheit des Wortschatzes) sowie grammatische Kompetenzen (z. B. im Bereich Kasusmorphologie, Passiv, Konjunktiv) insbesondere ein Verstehen auf Satzebene (lokale Kohärenz) ermöglichen, unterstützt der Einsatz von Verstehensstrategien (z. B. Zusammenfassen, Fragen an den Text stellen, mental imagery, Aktivieren von Vorwissen) die aktive Rekonstruktion des Gesamtbildes eines Textes (globale Kohärenz).

Die zentralen Probleme sprachentwicklungsgestörter Schulkinder sind auf der lexikalischen und der grammatischen Ebene angesiedelt. Aus diesem Grund benötigen sprachentwicklungsgestörte Kinder bereits spezifische Unterstützung bei der Herstellung lokaler Kohärenz.

Förderung lexikalischer Fähigkeiten

Ein zentrales Ziel des Unterrichts mit sprachlich beeinträchtigten Kindern besteht deshalb darin, deren Wortschatz quantitativ und qualitativ kontinuierlich zu erweitern. Die Wortschatzarbeit gilt als ein zentrales Prinzip eines sprachheilpädagogischen Unterrichts. Eine wesentliche Aufgabe besteht darin, Unterrichtsinhalte hinsichtlich potenziell unbekannter Wörter zu analysieren und deren Form und Bedeutung durch eine gezielte sprachheilpädagogisch akzentuierte Wortschatzarbeit zu vermitteln. Dabei sollten sich Lehrkräfte bewusst machen, dass es nicht immer komplexe Inhaltswörter, sondern oftmals kleine unscheinbare Wörter sein können, die das Verstehen eines Textes erschweren können (z. B. Präpositionen und Konjunktionen).

Wortschatzarbeit zeichnet sich durch eine qualitativ hochwertige intensive semantische und phonologische Elaboration aus. Den Kindern sollen sowohl möglichst viele Merkmale bewusstwerden, die die Bedeutung konstituieren, sie sollen aber auch die Phonologie des Wortes in möglichst präziser Form abspeichern. Durch die Anwendung einer spezifisch sprachheilpädagogisch akzentuierten Lehrer:innensprache (kurze Pause vor einem möglicherweise unbekannten Wort, besonders deutliche Betonung des Wortes) lenkt die Lehrkraft die Aufmerksamkeit auf potenziell unbekannte Wörter, bietet den Schüler:innen möglichst viele Bedeutungsmerkmale zu einem neuen Wort an und versucht die Bedeutung des Wortes durch seine Verwendung in unterschiedlichen Sätzen zu klären (semantische Elaboration). Da sprachlich beeinträchtigte Kinder aber nicht nur Schwierigkeiten mit der Bedeutung, sondern auch mit dem Speichern der Wortform haben, unterstützt die Lehrkraft durch vielfältige akustische Durchgliederungen (z. B. Silbenklatschen, Schneckensprache etc.) das Abspeichern einer detaillierten und differenzierten Wortform (phonologische Elaboration) (Mayer 2018).

Darüber hinaus stellt es ein wesentliches Prinzip der Wortschatzarbeit dar, das Identifizieren unbekannter Wörter und selbständige Versuche, deren Bedeutung zu klären, zu motivieren. Das Entdecken unbekannter Wörter in Texten oder der Sprache der Lehrkraft, das Nachfragen bei selbständig gefundenen lexikalischen Lücken soll von den Kindern als Erfolgserlebnis wahrgenommen und muss von der Lehrkraft positiv verstärkt werden (Motsch et al. 2022).

Da der Umfang und die Differenziertheit des Wortschatzes insbesondere ab dem späten Grundschulalter der beste Prädiktor für das Leseverstehen darstellen, handelt es sich bei der Erweiterung lexikalischer Fähigkeiten um eine Förderung des Leseverständnisses, auch wenn diese nicht zwingend in der schriftsprachlichen Modalität umgesetzt werden muss.

Förderung grammatischer Fähigkeiten in der rezeptiven Modalität

Probleme mit dem Verstehen von Sprache dürfen nicht auf die lexikalische Ebene reduziert werden. Bereits an einem einfachen Satz (z. B. »Dem Mann gibt die Frau einen Kuss«) wird deutlich, dass durch das Zusammenfügen von Wörtern zu einem Satz eine neue sprachliche Einheit entsteht, deren Bedeutung durch die Syntax und

Morphologie definiert wird, und nicht einfach als Summe der Wortbedeutungen aufgefasst werden kann. Um die Bedeutung eines Satzes verstehen zu können, müssen sowohl die einzelnen Wörter verstanden als auch die Grammatik – also die Syntax und Morphologie – dekodiert werden können. Sprachentwicklungsgestörte Kinder haben spezifische Schwierigkeiten mit dem Verstehen syntaktischer und morphologischer Regeln ihrer Familiensprache. Besonders betroffen sind dabei

- Passivkonstruktionen,
- das Verständnis für Kohäsionen (z. B.: Pronomen »Wenn der Hund und die Katze im Garten sind, jagt sie ihn«),
- die Kasusmorphologie, insbesondere wenn das zuerst genannte Nomen nicht die handelnde Person (Agens) darstellt (»Den Jungen küsst das Mädchen«),
- Relativsätze,
- subordinierte Nebensätze, insbesondere mit einleitenden Konjunktionen, die in der lautsprachlichen Kommunikation eher selten vorkommen (z. B. »obwohl«, »während« etc.).

Im Rahmen des Unterrichts bietet es sich an, die Semantik dieser grammatischen Strukturen in sprachfördernden Unterrichtssequenzen mit den Kindern explizit zu erarbeiten, indem den Schüler:innen bewusst gemacht wird, welche Bedeutung sich hinter einer Struktur verbirgt und wie der Satz zu interpretieren ist. Wenn eine Struktur kognitiv verstanden wurde, sollten die Kinder die Möglichkeit haben, diese in möglichst natürlichen Kommunikationssituationen zu verarbeiten, indem beispielsweise Sätze laut- oder schriftsprachlich präsentiert werden, die von den Schüler:innen ausagiert werden müssen (z. B. »Der Puppe werden von dem Mädchen die Zähne geputzt«). Eine ausgearbeitete exemplarische Fördereinheit, die dieser methodischen Herangehensweise folgt, findet sich bei Mayer und Civek (2021).

5.4 Schlusswort

Der Schriftspracherwerb stellt sprachentwicklungsgestörte Kinder vor besondere Herausforderungen. Aufgrund ihrer Schwierigkeiten im Bereich der phonologischen Informationsverarbeitung ist zu erwarten, dass sie beim Erwerb der Lesefertigkeit, insbesondere der automatisierten Worterkennung, besondere Unterstützung benötigen. Ihre lexikalischen und grammatischen Defizite, die sich meist nicht nur in der produktiven, sondern auch in der rezeptiven Modalität zeigen, müssen nahezu zwangsläufig zu Schwierigkeiten mit dem Leseverstehen führen. Aus diesem Grund muss der schriftsprachliche Anfangsunterricht in der Arbeit mit sprachentwicklungsgestörten Kindern spezifisch akzentuiert werden. Im vorliegenden Beitrag wurden einige Vorschläge skizziert, wie dies methodisch realisiert werden kann. Abschließend sei darauf hingewiesen, dass die hier fokussierten Teilaspekte des

Schriftspracherwerbs keine Garantie dafür darstellen, dass das übergeordnete Ziel des Leseunterrichts, das Verstehen altersangemessener Texte und Geschichten, erreicht werden kann. Insbesondere für ein adäquates Textverständnis (hierarchiehöhere Prozesse, Herstellung globaler Kohärenz) spielen aktiv-strategische Kompetenzen eine Rolle, mit deren Hilfe sich Schüler:innen eigenaktiv Textinhalte erschließen können.

Literaturverzeichnis

Aro, M.; Wimmer, H. (2003): Learning to read: English in comparison to six more regular orthographies. In: Applied Psycholinguistics 24 (4), S. 621–635. DOI: 10.1017/S0142716403000316.
Artelt, C.; Schiefele, U.; Schneider, W.; Stanat, P. (2002): Leseleistungen deutscher Schülerinnen und Schüler im internationalen Vergleich (PISA). Ergebnisse und Erklärungsansätze. In: Zeitschrift für Erziehungswissenschaft 5 (1), S. 6–27.
Baddeley, A. (2003): Working Memory: Looking back and Looking Forward. In: Nature Reviews Neuroscience 4 (10), S. 829–839.
Bishop, D. V. M.; Snowling, M. J. (2004): Developmental dyslexia and specific language impairment: same or different? In: Psychological bulletin 130 (6), S. 858–886.
Bowers, P. G.; Golden, J. O.; Kennedy, A.; Young, A. (1994): Limits upon orthographic knowledge due to processes indexed by naming speed. In: Virginia Wise Berninger (Hrsg.): The Varieties of Orthographic Knowledge. I: Theoretical and Developmental Issues. Dordrecht: Springer, S. 173–218.
Brimo, D.; Apel, K.; Fountain, T. (2017): Examining the contributions of syntactic awareness and syntactic knowledge to reading comprehension. In: Journal Research in Reading 40 (1), S. 57–74. DOI: 10.1111/1467-9817.12050.
Brinkmann, E. (2018): Der Spracherfahrungsansatz. Freies Schreiben von Anfang an. In: Grundschule 50 (6), S. 28–32. DOI: 10.25656/01:17331.
Catts, H.W.; Fey, M.E.; Tomblin, J.B.; Zhang, X. (2002): A Longitudinal Investigation of Reading Outcomes in Children With Language Impairments. In: Journal of Speech, Language, and Hearing Research 45 (6), S. 1142–1157.
Catts, H. W.; Fey, M. E.; Zhang, X.; Tomblin, J. (1999): Language Basis of Reading and Reading Disabilities: Evidence From a Longitudinal Investigation. In: Scientific Studies of Reading 3 (4), S. 331–361.
Chard, D. J.; Vaughn, S.; Tyler, B.-J. (2002): A synthesis of research on effective interventions for building reading fluency with elementary students with learning disabilities. In: Journal of Learning Disabilities 35 (5), S. 386–406.
Cromley, J.G.; Azevedo, R. (2007): Testing and Refining the Direct and Inferential Mediation Model of Reading Comprehension. In: Journal of Educational Psychology 99 (2), S. 311–325.
Deacon, S. H.; Kieffer, M. (2018): Understanding how syntactic awareness contributes to reading comprehension: Evidence from mediation and longitudinal models. In: Journal of Educational Psychology 110 (1), S. 72–86. DOI: 10.1037/edu0000198.
Dudenredaktion (2020): Die deutsche Rechtschreibung. Das umfassende Standardwerk auf der Grundlage der aktuellen amtlichen Regeln. 28. Aufl. Berlin: Dudenverlag (Duden – Deutsche Sprache in 12 Bänden, 1).
Dummer-Smoch, L.; Hackethal, R. (2021): Kieler Leseaufbau. Handbuch und Übungsmaterialien. 10. Aufl. Kiel: Veris.

Ehrlich, M. F.; Kurtz-Costes, B.; Loridant, C. (1993): Cognitive and Motivational Determinants of Reading Comprehension in good and poor readers. In: Journal of Reading Behavior 25, S. 365–381.

Fischer, M. Y.; Pfost, M. (2015): Wie effektiv sind Maßnahmen zur Förderung der phonologischen Bewusstheit? In: Zeitschrift für Entwicklungspsychologie und Pädagogische Psychologie 47 (1), S. 35–51.

Forster, M.; Martschinke, S. (2021): Leichter lesen und schreiben lernen mit der Hexe Susi. Übungen und Spiele zur Förderung der phonologischen Bewusstheit. 13. Aufl. Augsburg: Auer.

Frith, U.; Wimmer, H.; Landerl, K. (1998): Differences in Phonological Recoding in German- and English-Speaking Children. In: Scientific Studies of Reading 2 (1), S. 31–54. DOI: 10.1207/s1532799xssr0201_2.

Glück, C.W. (2000): Von Lautfindungsstörungen und vom Langsamlesen. In: Die Sprachheilarbeit 45 (2), S. 47–56.

Kauschke, C.; Lüke, C.; Dohmen, A.; Haid, A.; Leitinger, C.; Männel, C. et al. (2023): Delphi-Studie zur Definition und Terminologie von Sprachentwicklungsstörungen – eine interdisziplinäre Neubestimmung für den deutschsprachigen Raum. In: Logos 31 (1), S. 2–20.

Kiese-Himmel, C. (2022): Früherkennung primärer Sprachentwicklungsstörungen – zunehmende Relevanz durch Änderung der Diagnosekriterien? In: Bundesgesundheitsblatt, Gesundheitsforschung, Gesundheitsschutz 65 (9), S. 909–916. DOI: 10.1007/s00103-022-03571-6.

Korinth, S. P.; Nagler, T. (2021): Improving reading rates and comprehension? Benefits and limitations of the reading acceleration approach. In: Language and Linguistics Compass 15 (3), Artikel e12408. DOI: 10.1111/lnc3.12408.

Küspert, P.; Schneider, W. (2018): Hören, lauschen, lernen. Sprachspiele für Kinder im Vorschulalter/Würzburger Trainingsprogramm zur Vorbereitung auf den Erwerb der Schriftsprache. 7. Aufl. Göttingen: Vandenhoeck & Ruprecht.

LaBerge, D.; Samuels, S.J. (1974): Toward a Theory of Automatic Information Processing in Reading. In: Cognitive Psychology 6, S. 293–323.

Linkersdörfer, J. (2011): Neurokognitive Korrelate der Dyslexie. In: Kindheit und Entwicklung 20 (1), S. 4–12.

Lyon, G. R.; Shaywitz, S. E.; Shaywitz, B. E. (2003): Defining Dyslexia, Comorbidity, Defining Dyslexia, Comorbidity. Teachers' Knowledge of Language and Reading. A Definition of Dyslexia. In: Annals of Dyslexia 53 (1), S. 1–14.

Mayer, A. (2018): Sprachsensibler Unterricht aus der Perspektive der Sprachheilpädagogik. In: Joachim Kahlert (Hrsg.): Die Inklusionssensible Grundschule. Vom Anspruch zur Umsetzung. Stuttgart: Kohlhammer, S. 110–130.

Mayer, A. (2020): Der Einfluss (schrift-)sprachlicher und kognitiver Kompetenzen auf das Leseverständnis von Schülern mit sonderpädagogischem Förderbedarf. In: Praxis Sprache 65 (1), S. 5–18.

Mayer, A. (2021): Lese-Rechtschreibstörungen (LRS). 2. Aufl. München: Reinhardt.

Mayer, A. (2022): Blitzschnelle Worterkennung (BliWo). Grundlagen und Praxis. 4. Aufl. Dortmund: borgmann media.

Mayer, A.; Civek, S. (2021): Unterrichtsintegrierte Therapie des Satzverstehens. In: Sprachförderung und Sprachtherapie in Schule und Praxis 10 (4), S. 252–261.

Mayer, A.; Marks, D.-K. (2021): Effektivität einer strategieorientierten Förderung des Leseverständnisses bei Schülern mit sonderpädagogischem Förderbedarf. In: Praxis Sprache 65 (4), S. 229–241.

McArthur, G.M.; Hogben, J.H.; Edwards, V.T.; Heath, S.M.; Mengler, E.D. (2000): On the »specifics« of specific reading disability and specific language impairment. In: Journal of child psychology and psychiatry, and allied disciplines 41 (7), S. 869–874.

Mokhtari, K.; Niederhauser, D. S. (2013): Vocabulary and syntactic knowledge Factors in 5th Grade Students' Reading Comprehension. In: International Electronic Journal of Elementary Education 5 (2), S. 157–170.

Moll, K.; Landerl, K. (2014): SLRT-II. Weiterentwicklung des Salzburger Lese- und Rechtschreibtests (SLRT): Manual. 2. Aufl., Bern: Hogrefe.

Motsch, H.-J.; Marks, D.-K.; Ulrich, T. (2022): Wortschatzsammler. Evidenzbasierte Strategietherapie lexikalischer Störungen im Kindesalter. 4. überarb. Aufl. München: Reinhardt.

Nagler, T.; Korinth, S. P.; Linkersdörfer, J.; Lonnemann, J.; Rump, B.; Hasselhorn, M.; Lindberg, S. (2015): Text-fading based training leads to transfer effects on children's sentence reading fluency. In: Frontiers in psychology 6, S. 119. DOI: 10.3389/fpsyg.2015.00119.

Neumann, K.; Kiese-Himmel, C. (2022): Therapie von Sprachentwicklungsstörungen. Interdisziplinäre S3-Leitlinie. Online verfügbar unter https://register.awmf.org/de/leitlinien/detail/049-015, zuletzt geprüft am 09.02.2024.

Oslund, E. L.; Clemens, N. H.; Simmons, D. C.; Simmons, L. E. (2018): The direct and indirect effects of word reading and vocabulary on adolescents' reading comprehension: Comparing struggling and adequate comprehenders. In: Reading and Writing An Interdisciplinary Journal 31 (2), S. 355–379. DOI: 10.1007/s11145-017-9788-3.

Petermann, F. (2018). SET 5-10: Sprachstandserhebungstest für Kinder im Alter zwischen 5 und 10 Jahren. 3. Aufl. Göttingen: Hogrefe.

Petermann, F. (2016): Sprachentwicklungsstörungen. In: Kindheit und Entwicklung 25 (3), S. 131–134. DOI: 10.1026/0942-5403/a000196.

Ricketts, J.; Nation, K.; Bishop, D.V. M. (2007): Vocabulary Is Important for Some, but Not All Reading Skills. In: Scientific Studies of Reading 11 (3), S. 235–257. DOI: 10.1080/10888430701344306.

Rüsseler, J. (2006): Neurobiologische Grundlagen der Lese-Rechtschreib-Schwäche. In: Zeitschrift für Neuropsychologie 17 (2), S. 101–111.

Schäfer, H.; Leis, N. (2008): Lesen und Schreiben im Handumdrehen. München: Reinhardt.

Schnitzler, C.D. (2007): Phonologische Bewusstheit und Schriftspracherwerb. Stuttgart: Thieme.

Schulte-Körne, G. (2021): Verpasste Chancen: Die neuen diagnostischen Leitlinien zur Lese-, Rechtschreib- und Rechenstörung der ICD-11. In: Zeitschrift für Kinder- und Jugendpsychiatrie und Psychotherapie 49 (6), S. 463–467.

Serrano, F.; Defior, S. (2008): Dyslexia speed problems in a transparent orthography. In: Annals of Dyslexia 58 (1), S. 81–95. DOI: 10.1007/s11881-008-0013-6.

Tomblin, J. B.; Records, N. L.; Buckwalter, P.; Zhang, X.; Smith, E.; O'Brien, M. (1997): Prevalence of specific language impairment in kindergarten children. In: Journal of Speech, Language, and Hearing Research 40 (6), S. 1245–1260. DOI: 10.1044/jslhr.4006.1245.

Tressoldi, P. E.; Vio, C.; Iozzino, R. (2007): Efficacy of an intervention to improve fluency in children with developmental dyslexia in a regular orthography. In: Journal of Learning Disabilities 40 (3), S. 203–209. DOI: 10.1177/00222194070400030201.

van Steensel, R.; Oostdam, R.; van Gelderen, A.; van Schooten, E. (2016): The role of word decoding, vocabulary knowledge and meta-cognitive knowledge in monolingual and bilingual low-achieving adolescents' reading comprehension. In: Journal of Research in Reading 39 (3), S. 312–329.

Wagner, R. K.; Torgesen, J. K. (1987): The Nature of Phonological Processing and its causal role in the acquisition of reading skills. In: Psychological Bulletin 101 (2), S. 187–212.

Wimmer, H. (1993): Characteristics of developmental dyslexia in a regular writing system. In: Applied Psycholinguistics 14 (1), S. 1–33. DOI: 10.1017/S0142716400010122.

Wolf, K.; Schroeders, U.; Kriegbaum, K. (2016): Metaanalyse zur Wirksamkeit einer Förderung der phonologischen Bewusstheit in der deutschen Sprache. In: Zeitschrift für Pädagogische Psychologie 30 (1), S. 9–33.

6 Schriftspracherwerb – eine Perspektive des sonderpädagogischen Schwerpunkts Lernen

Lilli Flad, Annette Elsaesser & Birgit Werner

Der Beitrag referiert die fachlichen und fachdidaktischen Grundlagen sowie die Besonderheiten bei Schüler:innen im sonderpädagogischen Schwerpunkt Lernen. Generell ist davon auszugehen, dass bei diesen Schüler:innen der Schriftspracherwerb nach den gleichen Prinzipien und Gesetzmäßigkeiten wie bei Lernenden ohne Förderbedarf verläuft. Dennoch bringen vor allem sozialisationsbedingte Momente zahlreiche Risikofaktoren resp. Benachteiligungen mit sich, die diesen entscheidenden Lern- und Entwicklungsprozess negativ beeinflussen können. Die Lernentwicklung von Schüler:innen im sonderpädagogischen Schwerpunkt Lernen verläuft häufig deutlich verlangsamt und Lernhürden drohen ohne entsprechende Unterstützung persistent zu werden. Diese Befunde begründen die Überlegungen für eine fachdidaktisch fundierte und gleichzeitig zielgruppenspezifische Gestaltung des Schriftspracherwerbs.

6.1 Der Zusammenhang zwischen Schulerfolg und sozialer Herkunft als zentrale Herausforderung

Im deutschen Bildungssystem schneiden Kinder und Jugendliche aus benachteiligten Milieus und/oder mit Zuwanderungshintergrund signifikant schlechter ab als Gleichaltrige ohne diese Merkmale (PISA 2022). Die Ergebnisse zahlreicher vergleichender Bildungsstudien belegen zum wiederholten Male den engen Zusammenhang zwischen sozioökonomischem Status und/oder Zuwanderungshintergrund in Bezug auf den schulischen Lernerfolg. Sie unterstreichen die Bedeutung des Faktors des sozioökonomischen resp. beruflichen Status der Eltern und dem damit verbundenen Zugang zu sogenannten »Wohlstands- und Kulturgütern« (PISA 2022, 13), die Bildungsprozesse maßgeblich unterstützen können. Nach den aktuellen Ergebnissen ist im »internationalen Vergleich [...] sowohl der Effekt des Zuwanderungshintergrundes als auch der sozioökonomischen Herkunft in Deutschland überdurchschnittlich stark ausgeprägt« (PISA 2022, 24). Auch in der vergleichbaren IGLU-Studie 2021 zeigt sich ein hoher Zusammenhang von Lesekompetenz, sozialer Herkunft und Zuwanderungshintergrund (McElvany et al. 2023). Ergänzend wird hier die geringe Lesezeit im Unterricht als Risikofaktor benannt. Zu ähnlichen Befunden kommen auch die IQB-Bildungstrends 21 (Sachse et al. 2022), die zeigen, dass Schüler:innen aus benachteiligten Familien weiter signifikant schlechter abschneiden (weitere Ausführungen hierzu ▶ Kap. 1).

Welche Relevanz haben diese Befunde für die Thematik Schriftspracherwerb im sonderpädagogischen Schwerpunkt Lernen? Wenngleich in den oben referierten Untersuchungen diese Schüler:innengruppe nicht explizit Bestandteil war, lassen sich große Überschneidungen zu Befunden aus diesem Bereich feststellen und legitimieren den Rückgriff darauf.

6.2 Charakteristika des sonderpädagogischen Schwerpunkts Lernen

Im sonderpädagogischen Schwerpunkt Lernen ist die Differenzlinie Schulleistungen das zentrale Unterscheidungsmerkmal. Das heißt, die Lernleistungen dieser Schüler:innen liegen deutlich unter den curricular definierten, domänenspezifischen Leistungserwartungen der allgemeinen Schule. Bei Schüler:innen,

> »denen unter den gegebenen individuellen Voraussetzungen – auch bei Ausschöpfung aller Formen der pädagogischen und unterrichtsfachlichen Unterstützung – ein Erreichen der Mindeststandards und der Lernziele der allgemeinen Schule über einen längeren Zeitraum nicht oder nur in Ansätzen möglich ist, kann sonderpädagogischer Unterstützungsbedarf im Schwerpunkt Lernen festgestellt werden« (KMK 2019, 6).

Dieses schulische Phänomen lässt sich mehrheitlich nicht monokausal auf personenbezogene Faktoren zurückführen. Die Erklärungsmuster dafür sind vorrangig in dem Zusammenspiel von sozio-kulturellen, schulorganisatorischen sowie fachdidaktischen Faktoren zu suchen. In diesem multifaktoriellen Bedingungsgefüge gelingt es nicht, die Situation so zu gestalten, dass die Schüler:innen die erwarteten schulischen Kompetenzen erwerben (vgl. zusammenfassend Werning & Lütje-Klose 2016; Heimlich 2022).

6.3 Erwerb schriftsprachlicher Kompetenzen bei Schülerinnen und Schülern im sonderpädagogischen Schwerpunkt Lernen – Herausforderungen, Befunde und Konzepte

Grundsätzlich unterscheidet sich der Erwerbsprozess der Schriftsprache zwischen Schüler:innen mit und ohne Förderbedarf im Bereich des Lernens nicht voneinander (Valtin & Sasse 2020; Bentzinger et al. 2016). Der Schriftspracherwerb ist ein individueller Aneignungsprozess, in dessen Verlauf eine qualitative Umstrukturierung der (meta-)sprachlich-kognitiven Systeme erfolgt (Mayer 2022, 22). Kinder im sonderpädagogischen Schwerpunkt Lernen zeigen aber vermehrt Schwierigkeiten beim Lese- und Schreiberwerb (Valtin & Sasse 2020; Klicpera & Gasteiger-Klicpera 2014; Spörer et al. 2014; Greisbach 2014; Glaser 2014).

Im KOMET-Modell (▶ Kap. 1) werden verschiedene Teilbereiche des Schriftspracherwerbs aufgeschlüsselt. Die Faktoren *sozio-kulturelles Kapital der Familie*, *Early Literacy* und *Eintauchen in die Buch- und Schriftkultur* gelten hier als entscheidende Rahmenbedingungen für den Schriftspracherwerb. Diese Faktoren spielen bei Lernenden im sonderpädagogischen Schwerpunkt Lernen eine besondere Rolle, daher werden an dieser Stelle deren Lebenswelten und die damit einhergehenden *Sozialisationsbedingungen* näher skizziert.

Bereits *vor dem Eintritt in die Schule* werden wichtige Phasen des Schriftspracherwerbs durchlaufen. Grundlegend dafür sind vielfältige Schrift- und Leseerfahrungen. Die dabei erworbenen sogenannten Vorläuferfertigkeiten können sowohl internal als auch external verortet werden und dabei spezifisch, in Form von direkter Auswirkung auf den Schriftspracherwerb, oder unspezifisch, in Form von allgemeinen Fähigkeiten mit indirektem Einfluss auf den Schriftspracherwerb, wirken (Marx 2007). Die phonologische Bewusstheit im weiteren Sinne gilt nachgewiesenermaßen als eine substanzielle Vorläuferfertigkeit und somit als ein wichtiger Prädiktor für den Verlauf des späteren Schriftspracherwerbs (Melby-Lervåg et al. 2012; Valtin & Sasse 2020; Schneider & Küspert 2014). Kinder mit höherer vorschulischer phonologischer Bewusstheit weisen später deutlich bessere Lese- und Rechtschreibkompetenzen auf (Pfost 2017).

Schon in dieser Entwicklungsphase lassen sich zahlreiche Faktoren identifizieren, die sich negativ auf den Schriftspracherwerb der Schüler:innen auswirken können und nicht selten in den Sozialisationsbedingungen innerhalb der Familie liegen. Das familiäre Umfeld stellt schon vor dem Eintritt in die Schule die wichtigste Sozialisationsinstanz dar und hat daher entscheidenden Einfluss auf vorschulische Schrifterfahrungen. Bereits in früher Kindheit wird das spätere Lese- und Schreibverhalten eines Kindes nachhaltig beeinflusst (Philipp 2011). In einem Umfeld, in dem Lesen und Schreiben geringgeschätzt und selten praktiziert werden und die kulturelle Ausstattung (Besitz von resp. Zugang zu Büchern, Zeitschriften u. a. literalen Produkten) eingeschränkt ist, sind die Möglichkeiten, grundlegende Schrift- und Leseerfahrungen zu machen, deutlich reduziert. Gleichzeitig wird der Erwerbsprozess beeinträchtigt, wenn dem dialogischen oder interaktiven Vorlesen (zu) wenig Raum eingeräumt sowie wenig Wissen über Schrift vermittelt wird (Lenhard 2019).

Der Anteil der Schüler:innen aus sozial benachteiligten Milieus unter den Lernenden im sonderpädagogischen Schwerpunkt Lernen liegt bei rund 90 % (Koch 2007; Weiß 2010). Insgesamt ergibt sich daraus eine hohe Überschneidung zwischen der »Risikogruppe« nach PISA und IGLU mit dieser Schüler:innenschaft. Die Befunde lassen sich explizit auch auf die Lesekompetenz übertragen. Nach den aktuellen Ergebnissen der PISA-Studie (2022) ist die Lesekompetenz gegenüber den Werten von 2012 und 2018 bei allen Schüler:innen signifikant gesunken. Eine geringe Lesekompetenz ist eines der charakteristischen Merkmale der Schüler:-

innenschaft im sonderpädagogischen Schwerpunkt Lernen. Weit unterdurchschnittliche Leistungen im schriftsprachlichen und auch mathematischen Bereich führen dazu, dass ein Großteil der Absolvent:innen eines Sonderpädagogischen Bildungs- und Beratungszentrums Lernen die Schule ohne einen zertifizierten Schulabschluss (hier ESA – erster allgemeiner Schulabschluss, Hauptschulabschluss) verlassen. Rund 50 % der Jugendlichen, die ohne Schulabschluss die Schule verlassen, besuchten ein SBBZ (Statistisches Landesamt Baden-Württemberg 2022; Klemm 2023). Für beide Personengruppen – Schüler:innen mit gering ausgeprägter Lesekompetenz und Schüler:innen ohne Schulabschluss – ergeben sich geringere Chancen für die berufliche Zukunft (Bildungsbericht 2022). Eine Kumulation dieser Merkmale (weit unterdurchschnittliche Lesekompetenzen und fehlender Schulabschluss) ist bei Schüler:innen im sonderpädagogischem Schwerpunkt Lernen häufig zu beobachten.

Die SINUS-Studie 2020 – eine qualitative Untersuchung zur Lebenswelt von Jugendlichen von 14 bis 17 Jahren in Deutschland – gibt einen umfassenden Einblick in die aktuellen Lebenslagen und Lebenswelten von Jugendlichen (Bach 2020). In der Studie wird die Gesellschaft in verschiedene Milieus unterteilt, wobei die Schüler:innenschaft im sonderpädagogischen Schwerpunkt Lernen mehrheitlich den sogenannten *Prekären* zuzuordnen ist (Hechler 2013; Koch 2007; Weiß 2010; Schroeder 2015; Ellinger 2013). Zu den charakteristischen Merkmalen des prekären Milieus zählen ein niedriger Bildungsgrad der Eltern sowie das stark ausgeprägte Bedürfnis nach Absicherung, Affirmation und Anschluss, was in der Studie unter sogenannten universellen Wertvorstellungen subsumiert wird (Calmbach et al. 2020). Dies ist vor allem als Bedürfnis nach aktiver gesellschaftlicher Teilhabe zu verstehen. Die familiären Strukturen sind häufig von instabilen bzw. problematischen Verhältnissen sowie psychischen und physischen Gewalterfahrungen geprägt. Eine Verschränkung verschiedener Risikolagen wirkt kumulativ. So treten mehrere Aspekte wie beispielsweise ein bildungsfernes Elternhaus, die Erwerbslosigkeit der Eltern, ein Familieneinkommen an oder unterhalb der Armutsgrenze, schlechte Aussichten einen Schulabschluss zu erreichen, eine problematische Peergroup und auch (psychische) Krankheiten in Kombination auf.

In Bezug auf Teilhabe und nachschulische Anschlussmöglichkeiten zeigt sich in diesem Milieu ein starkes Bewusstsein für fehlende gesellschaftliche Fairness und Gerechtigkeit. Dies begründet und verstärkt sich u. a. durch langjährige (schulische) Misserfolgserfahrungen. Auf der anderen Seite steht das starke Bedürfnis dazuzugehören, wobei gleichzeitig kaum Möglichkeiten dafür gesehen werden, dies zu erreichen (ebd.). Diese engen Zusammenhänge zwischen dem sozioökonomischen und -kulturellen Status und der Literacy-Entwicklung zeigen sich besonders bei Kindern und Jugendlichen in diesem sonderpädagogischen Schwerpunkt (Euen et al. 2015).

Vor dem Hintergrund der Relevanz der Status- und Prozessmerkmale für den Erwerb schriftsprachlicher Kompetenzen (Lenhard 2019) innerhalb der Familien von Schüler:innen im sonderpädagogischen Schwerpunkt Lernen ist die Zugehörigkeit zum prekären Milieu als prägnanter Risikofaktor besonders in den Blick zu nehmen. Schon die vorschulischen Vorerfahrung der Schüler:innen im sonderpädagogischen Schwerpunkt Lernen unterscheiden sich u. a. aufgrund der Milieuzugehörigkeit deutlich von Schüler:innen ohne diese Merkmale. *Statusmerkmale* umfassen die Gegebenheiten einer Familie, wie den sozioökonomischen und sozioökologischen Status, die Milieuzugehörigkeit, das Bildungsniveau der Eltern, die Kinderzahl oder aber auch den Migrationshintergrund (Schaffner 2009; Lenhard 2019). *Prozessmerkmale* stellen hingegen konkrete Tätigkeiten bzw. Lebensbedingungen innerhalb der Familie dar, welche sich auf den Bereich der Bildung beziehen (z. B. Ressourcen kultureller und sozialer Art, Lesemotivation und -zeit der Eltern, Kommunikationsformen sowie die aktuelle Förderung in Elternhaus und Kindergarten) (Lenhard 2019). Während Prozessmerkmale unmittelbar auf die Entwicklung der Lesekompetenz und Lesefreude einwirken, beeinflussen die Statusmerkmale die Ausbildung der Lesekompetenz vermittelt über Erziehungsprozesse, sodass grundsätzlich trotz ungünstiger Statusmerkmale ein gelungener Lesekompetenzerwerb möglich ist. Im Zusammenspiel der beiden Faktoren werden das Leseinteresse und die Lesemotivation des Kindes und damit einhergehend auch die Voraussetzungen und Erfahrungen zur Ausbildung der Lesekompetenz beeinflusst. Ausgehend von den Unterschieden in den Status- und Prozessmerkmalen, insbesondere in Bezug auf die Lesemotivation und das Leseinteresse, lassen sich Unterschiede in den Vorläuferfähigkeiten bzw. in der allgemeinen Literalität der Kinder erklären (Marx 2007).

So zeigt sich im sonderpädagogischen Schwerpunkt Lernen nicht nur ein häufig damit verbundener Zusammenhang mit einem prekären Milieu, sondern auch eine Häufung schriftferner Familien und den damit verbundenen geringen Vorerfahrungen mit Schrift. Darüber hinaus gilt es auch den Faktor Migration und die damit einhergehende herkunftsbedingte Mehrsprachigkeit zu berücksichtigen. Diese tritt am SBBZ Lernen im Vergleich zu anderen Schulformen überdurchschnittlich häufig auf (Fereidooni 2011). Die Mehrsprachigkeit korreliert mit Auffälligkeiten im Bereich der Sprache (z. B. Wortschatz, grammatikalische Fähigkeiten, bereichsspezifisches Vorwissen) sowie der Lesekompetenz (Lenhard 2019).

Das Vorlesen gilt als eine wichtige Voraussetzung für den späteren schulischen Schriftspracherwerb (Vorlesemonitor 2021). Eltern mit formal geringerer Bildung lesen im Durchschnitt seltener vor, sodass das Risiko besteht, dass die Kinder allein dadurch schon vor Schuleintritt aufgrund dieser fehlenden Sozialisationserfahrung benachteiligt sind (Vorlesemonitor 2022). Kinder mit viel Vorleseerfahrung weisen im Schnitt einen größeren Wortschatz auf, lernen leichter lesen, erreichen bessere Leistungen in anderen Schulfächern und haben darüber hinaus auf lange Sicht bessere Bildungs- und Lebenschancen. Der Zusammenhang »zwischen Bildung der Eltern und Vorleseverhalten [ist] statistisch signifikant« (Vorlesemonitor 2021, 12). Eltern, denen selbst als Kind vorgelesen wurde, lesen häufiger den eigenen Kindern vor, und dies auch bei formal gering gebildeten Eltern (Vorlesemonitor 2022). Eltern, die vorlesen, verfügen nicht nur über mehr Bücher (für Kinder) im Haushalt, sondern nutzen auch elektronische Bücher bzw. Buch-Apps (Vorlesemonitor 2022). Schon die PARS-F-Studie belegte, dass die Anzahl der Bücher im Haushalt (als valider Indikator für kulturelles Kapital) bei Schüler:innen mit sonderpädagogischem Unterstützungsbedarf im Lernen in 40 % der betroffenen Haushalte bei weniger als 11 Büchern und bei beachtlichen 70,5 % bei weniger als 26 Büchern lag (Euen et al. 2015).

Neben diesen eher herkunftsbedingten Faktoren erscheinen die individuellen Dispositionen als äußerst bedeutsam dafür, wie gut der Schriftspracherwerb gelingt. In der Struktur des KOMET-Modells (▶ Kap. 1) finden sich diese Momente unter dem Aspekt *Individuumsbezogene Faktoren*. Darunter werden z. B. die Motivation, das Arbeitsgedächtnis aber auch die Aufmerksamkeit und die Konzentrationsfähigkeit des Kindes gefasst. Häufig werden diese eingeschränkten Lernpotenziale von Schwierigkeiten in der Metakognition, d. h. der Steuerung und Reflexion von Lernprozessen sowie beim Einsatz von Lernstrategien, begleitet (Lauth, Brunstein & Grünke 2014; Heimlich 2022).

Der Lese- und Schreiberwerb erfolgt durch die systematische Vermittlung von Kenntnissen und Fähigkeiten und erfordert Anstrengungsbereitschaft und Ausdauer. Schüler:innen im sonderpädagogischen Schwerpunkt Lernen haben oftmals aufgrund ihres andauernden Scheiterns vor allem im schulischen Lernen eine äußerst stabile Misserfolgserwartung ausgeprägt, die sich wiederum negativ auf die Auseinandersetzung mit der hochkomplexen Aufgabe des Schriftspracherwerbs niederschlägt (Hasselhorn & Gold 2006; Linderkamp 2014). Die kognitiven Grundfähigkeiten, der Wortschatz, die Dekodierfähigkeit, das individuelle Vorwissen, das Wissen über (Lese-)Strategien aber auch das Leseinteresse der Schüler:innen sind weitere relevante Einflussgrößen (Gold 2011). Eine wichtige Voraussetzung für den Erwerb ist neben den schreibmotorischen Kompetenzen die Anwendung der Graphem-Phonem-Zuordnung, die Anwendung von Rechtschreibregeln sowie die Erarbeitung und Anwendung domänenspezifischen und grammatikalischen Wissens (ebd.).

Herausfordernd für die Schüler:innen ist dabei zumeist, dass die deutsche Schrift kein perfektes Abbild der Lautschrift darstellt, sondern Mehrdeutigkeiten enthält. Während ein einziger Buchstabe durch eine Vielzahl an Lauten wiedergegeben werden kann, kann zugleich ein Laut durch mehrere Buchstaben abgebildet werden (▶ Kap. 1). Diese hohe Komplexität manifestiert sich häufig in orthographischen Fehlern oder auch Phänomenen wie Buchstabenverdrehen, -vertauschen, -auslassen oder -einfügen (Gold 2011). Abhängig von einem mehr oder weniger differenzierten Wortschatz werden zudem die Buchstaben- und Worterkennung sowie die Dekodierfähigkeit und damit einhergehend die Leseflüssigkeit auf der basalen Ebene beeinflusst.

So scheint es kaum verwunderlich, dass die Schwierigkeiten leseschwacher Schüler:innen in der Worterkennung, insbesondere bezüglich unbekannter Wörter, liegen. Das Rekodieren der einzelnen Wörter erfolgt meist sehr langsam und ungenau. Ursächlich hierfür sind i. d. R. Defizite in den Bereichen der phonologischen Bewusstheit, der automatisierten Buchstaben- und Worterkennung, des Wortschatzes, der grammatikalischen Fähigkeit, den prozessualen sowie strukturellen Bereichen des Arbeitsgedächtnisses, der Aufmerksamkeitsregulation und Defiziten in der zentralen Exekutive des Arbeitsgedächtnisses (Mayer 2022; Gold 2011). Hierarchiehohe Leseprozesse, die zum verstehenden Lesen führen, benötigen zugleich textinhalts- und textsortenspezifisches Vorwissen und Lesestrategien, um eine lokale und globale Kohärenz auf Satz- und Textebene zu bilden. Aufgrund der beschränkten Arbeitsgedächtniskapazität setzen diese jedoch eine Automatisierung der basalen Prozesse voraus, sodass leseschwache Schüler:innen meist auf der Ebene der Worterkennung verharren und Textverstehen somit nur eingeschränkt möglich ist.

Besonders bedeutsam für den Aufbau von Leseverständnis sind Wortschatz und Syntax (Lenhard 2019). Aufgrund des sozialisationsbedingten häufig restringierten Sprachcodes der Schüler:innen im Schwerpunkt Lernen mit wie ohne Zuwanderungshintergrund müssen diese Faktoren bei der Wortschatzerweiterung, aber auch bei Einsichten in die Syntax stets mitgedacht werden. Hier bietet es sich an, im Rahmen des dialogischen Lesens Wörter zu klären und auch Einsichten in den Aufbau der Sprache zu integrieren, die wiederum zu einem besseren Leseverständnis führen können. »Kinder mit besonderen Risiken für sprachliche und schriftsprachliche Beeinträchtigungen [...] [können] gut von einer Förderung gemeinsamer dialogischer Leseaktivitäten [...] profitieren« (Pfost 2017, S. 210). Hierbei kann auch systematisch die Bildung von Prä- und Suffixen sowie Wortstämmen vermittelt werden. Durch die Analyse der Bestandteile von Wörtern kann der Sinn unbekannter Wörter leichter erschlossen werden (Lenhard 2019, S. 120).

Neben der Einrichtung einer leseförderlichen Lernumgebung sind alle evidenzbasierten Maßnahmen zur Förderung früher schriftsprachlicher Kompetenzen zu empfehlen. Ausgehend von einer Diagnostik zum individuellen Entwicklungsstand schriftsprachlicher Kompetenzen (z. B. HSP – Hamburger Schreibprobe (May et al. 2018); DiLe-D – Differenzierter Lesetest Dekodieren (Paleczek et al. 2018); ELFE II (Schneider et al. 2017); IEL – Inventar zur Erfassung der Lesekompetenz im ersten Schuljahr) (Diehl & Hartke 2012), ZLT II – Züricher Lesetest (Petermann & Daseking 2019)) sind evidenzbasierte Konzepte wie Hören, Lauschen, Lernen 2 (Plume & Schneider 2004) u. a. sinnvoll und effektiv. Im Unterricht ist eine domänenspezifische Förderung mit vielfältigen Methoden und Aufgabenformaten zu den einzelnen Bereichen des Lese- und Schreiberwerbs, zunächst zur Laut-Buchstaben-Verknüpfung, zu empfehlen (Mayer 2022).

Zur Förderung der technischen Ebene des Lesens wurden in den letzten Jahren sogenannte Lautlese-Verfahren und gezielte Lesestrategietrainings entwickelt, deren Wirksamkeit auch für diese Gruppe von Lernenden empirisch belegt ist (Rosebrock & Nix 2008; Gold 2007). Doch die Förderung der Lesekompetenz darf gerade bei lernschwachen Schüler:innen nicht ausschließlich auf dieser technischen Ebene verharren, sondern muss das Lesen, im Sinne einer kulturellen Praxis, auch auf motivationaler Ebene und eingebettet in einen kommunikativen Handlungszusammenhang fördern (Hurrelmann 2002). In der Praxis kommen dafür Verfahren der Leseanimation und sogenannte Viellese-Verfahren häufig zum Einsatz (Rosebrock & Nix 2008).

Lehrwerke mit besonderer Relevanz für den sonderpädagogischen Schwerpunkt Lernen müssen besonders die Merkmale Motivation, Sprache, spezifische Vorläuferfertigkeiten, Kognition und Didaktik in den Blick nehmen (Bentzinger et al. 2016). Ein zielgruppengeeignetes Lehrwerk muss implizit die spezifischen Vorläuferfertigkeiten, d. h. die phonologische Informationsverarbeitung sowie das Wissen über die Funktion und den Aufbau von Schrift, vermitteln. Es muss vielfältige Lernmöglichkeiten für Phonem-Graphem-Beziehungen und die Lautanalyse enthalten sowie die Lesestrategien systematisch vermitteln. Die Lehrwerke sollten so weit wie möglich einfache Sprache nutzen und altersgerechte Abbildungen und

Inhalte sowie vielseitige multimodale Übungsformate enthalten. Zudem sollten die Lehrwerke einschließlich der Arbeits- und Übungsmaterialien vielfältige, angemessene Anlässe für sprachliches Handeln bieten. Eine klare Strukturierung sowie Kleinschrittigkeit im gemeinsamen Lehr- und Lernprozess, gekoppelt mit vielfältigen Übungs- und Differenzierungsmaßnahmen in selbstständigen Arbeitsphasen, erweisen sich als sinnvoll und effektiv. Die Texte müssen interessen-, alltags- und lebensweltorientiert sein und Möglichkeiten zum stillen Lesen, aber auch zum Vorlesen enthalten.

6.4 Fallspiel ›Orlando‹

Anhand des Fallbeispiels ›Orlando‹ werden die vielfältigen und mehrdimensional bedingten pädagogisch-didaktischen Herausforderungen im sonderpädagogischen Schwerpunkt Lernen konkretisiert. Diese Kumulation einzelner Risikofaktoren begründet die Hinweise zur Gestaltung des Anfangsunterrichts im Fach Deutsch, die die charakteristischen Lernbedarfe, -voraussetzungen und -möglichkeiten der Schüler:innen in diesem sonderpädagogischen Schwerpunkt in den Mittelpunkt rücken. Neben fachdidaktischen sowie sonderpädagogisch begründeten kompensatorischen Aspekten fließen auch Überlegungen zu system- bzw. schulbezogenen Momenten ein.

Orlando ist acht Jahre alt und einer von sieben Söhnen einer 35-jährigen, alleinerziehenden Mutter. Sie lebt in einem industriell geprägten Stadtteil in einer Großstadt, in dem es einzelne kleine Lebensmittelläden gibt, der aber ansonsten über keine Infrastruktur verfügt. Sie leben in einer Vierzimmerwohnung und finanzieren ihren Lebensunterhalt durch das Bürgergeld. Der Vater der Kinder kommt unregelmäßig vorbei und hilft bei schriftlichen Belangen, da die Mutter nur gering literalisiert ist und schriftsprachliche Anforderungen vermeidet. Orlando und seine Geschwister verbringen die Nachmittage mit Freunden auf dem einzigen Spielplatz im Viertel oder zu Hause vor dem TV-Gerät.

Diese zwar exemplarische, jedoch nicht untypische Bildungsbiografie illustriert, welche Momente der Lesesozialisation in benachteiligten Milieus teilweise keine oder eine nur sehr untergeordnete Rolle spielen können. Im familiären Alltag Orlandos ist Schriftsprache kaum präsent. Sein Zugang zu Büchern u. a. Printmedien ist sehr eingeschränkt, da kaum Bücher im Haushalt vorhanden sind. Orlando besuchte den Kindergarten nicht. Frühe Erfahrungen mit Schrift sowie Kontakt zu Literatur z. B. durch Vorlesen oder den eigenen Umgang mit Büchern konnte er nicht machen. Es ist davon auszugehen, dass seine schriftsprachlichen Vorläuferfertigkeiten nicht oder nur rudimentär ausgebildet wurden. Ein *Eintauchen in die Buch- und Schriftkultur* bleibt Orlando verwehrt.

Das *sozio-kulturelle Kapital* der Familie führt zusammen mit der eingeschränkten familiären Buch- und Schriftkultur zu einer Kumulation von Risikofaktoren. Die Mutter ist alleinerziehend, die Familie lebt in beengten Wohnverhältnissen an der

Armutsgrenze. Orlando stammt aus einem Haushalt, in dem die Schriftsprache einen geringen Stellenwert einnimmt. Die soziale Eingebundenheit der Familie innerhalb des Wohnortes ist gering. Keines der Kinder nimmt an institutionalisierten Freizeitangeboten teil.

Hier wäre zu überlegen (gewesen), ob und inwieweit familienunterstützende Dienste bzw. sozialpädagogische Familienhilfen als Hilfe zur Selbsthilfe der Familie Unterstützung und Entlastung hätten bieten können. Sinnvolle Unterstützungsmöglichkeiten lägen sicher auch in der Implementierung von Maßnahmen zur familiären Sprach- und Literalitätsförderung – family literacy (Nickel, 2005). Diese Konzepte zielen darauf ab, Familien mit negativen Schulerfahrungen und/oder einem geringen Maß formaler Bildung zu erreichen. Die Familie ist ein wichtiges Bindeglied zwischen gesellschaftlicher und individueller literaler Praxis. Die Programme richten sich als niedrigschwelliges Angebot an Eltern mit geringer formaler Bildung und/oder negativen Schulerfahrungen und beinhalten Angebote zur Veränderung der häuslichen Literacy-Aktivitäten. Diese beinhalten u. a. das Vorlesen, das gemeinsame Betrachten von Büchern, das Initiieren von Spielräumen für Anschlusskommunikation, das Ermöglichen von kreativen (Lese-)Spielen sowie gemeinsame Erzähl- und Gesprächsrunden.

Mit sechs Jahren wird Orlando ohne vorherigen Kindergartenbesuch in die Grundschule eingeschult und wiederholt die erste Klasse aufgrund mangelhafter Schulleistungen, vor allem in Deutsch. Da im Unterricht keine kompetenzorientierte Diagnostik realisiert wurde, konnten die spezifischen Schwierigkeiten bei Orlando auch nicht genauer identifiziert werden. Eine Lese-Rechtschreibstörung wird vom Kinderarzt früh diagnostiziert, es kommt jedoch nicht zu einer domänenspezifischen Förderung. Zu Beginn des zweiten Schulbesuchsjahrs wird die Überprüfung eines Anspruchs auf ein sonderpädagogisches Bildungs- und Beratungsangebot im Förderschwerpunkt Lernen angeregt, da er zwischenzeitlich neben den Lernschwierigkeiten in Deutsch auch gravierende Schwierigkeiten im Bereich Mathematik zeigt. Darüber hinaus berichtet die Lehrkraft von diversen Schwierigkeiten im Arbeits- und Sozialverhalten. Ein Anspruch auf ein sonderpädagogisches Bildungsangebot wird festgestellt und eine inklusive Beschulung mit zieldifferentem Bildungsangebot an der Grundschule zum neuen Schuljahr (drittes Schulbesuchsjahr) realisiert. Seine Leseleistungen zu Beginn der Klasse 3, erfasst mit dem ZLT-II (Petermann & Daseking 2019), sind weit unterdurchschnittlich. Es zeigen sich erhebliche Defizite sowohl in der automatischen, direkten Worterkennung als auch im synthetischen, lautierenden Lesen. Bezüglich der Rechtschreibleistung ist erkennbar, dass Orlando noch vorrangig die alphabetische Strategie nutzt und in der orthografischen und morphematischen Entwicklung große Lücken bestehen. Auch in Mathematik liegen seine Leistungen, geprüft mit dem DEMAT 2 (Krajewski et al. 2020), mit einem Prozentrang von 7 und einem T-Wert von 35 im weit unterdurchschnittlichen Bereich. Aus all jenen Informationen ergibt sich für Orlando der besondere Unterstützungsbedarf sowohl im Bereich des Schriftspracherwerbs als auch der mathematischen Kompetenzen.

Als weitere relevante *individuumsbezogene Aspekte* sind bei Orlando zu berücksichtigen:

- Orlando hat eine Sehschwäche, die durch das regelmäßige Tragen einer Brille kompensiert werden könnte. Jedoch vergisst Orlando häufig die Brille zu Hause und die Mutter fordert das regelmäßige Tragen der Brille nicht konsequent ein.
- Die gesundheitlichen Einschränkungen bzw. psychosozialen Belastungen der alleinerziehenden Mutter führen dazu, dass die Kinder sich zum Teil selbst versorgen müssen. Orlando übernimmt gemeinsam mit seinen älteren Brüdern die Betreuung seiner jüngeren Geschwister. Dieses Eingebundensein lässt ihm nicht ausreichend Raum, um sich mit Belangen der Schule zu beschäftigen. Außerdem ist es ihm deshalb nicht immer möglich, pünktlich in der Schule zu sein.

Bei Orlando bemüht sich die Schule derzeit um die Implementierung eines familienentlastenden Dienstes. In der Region wird dies über die AWO organisiert und es werden spezielle ambulante und wohnortnahe Unterstützungen für Familien bereitgestellt.

Zudem ist Orlandos schulisches Selbstkonzept gering ausgeprägt: »Lesen, Schreiben und Rechnen kann ich sowieso nicht, alle anderen sind ja doch besser als ich«, äußert Orlando regelmäßig. Schulbezogene Selbstkonzepte können leistungsbezogenes Verhalten erklären, vorhersagen und, vermittelt über motivationale Variablen, Lernprozesse im jeweiligen Lernbereich fördern oder auch hemmen (Möller & Trautwein 2015). So zeigen gute Leser:innen eine höhere Ausprägung in ihrem Leseselbstkonzept, ihrer Lesemotivation, ihrem Leseverhalten und letztlich auch in ihrer Lesekompetenz (Goy et al. 2017). Um seine motivationalen und verhaltensbezogenen Variablen zu stärken sowie die Sozialisationsdefizite zu kompensieren, ist eine leseförderliche Lernumgebung zu empfehlen. Dazu gehören beispielsweise gemütliche Leseecken im Klassenraum, ritualisierte Vorlese- und Lesesituationen im Schulalltag, ein breites Angebot an alters- und kompetenzangemessenen Kinder-, Sach-, Bilderbüchern, Zeitschriften, Lexika und Comics, aber auch an digitalen Medien. Besuche in der Bibliothek sowie das Aufsuchen von Leseanlässen in der unmittelbaren Umgebung können Orlandos Leseinteresse anregen und fördern (Dehn 2020).

Orlandos Auseinandersetzung mit Schriftsprache ist mit vielfältigen Aktivitäten zu verknüpfen, z. B. einfache Briefe lesen und schreiben, zu Bildern und Texten erzählen, Fragen zu Büchern, Erzählungen oder Hörbüchern stellen, nacherzählen, nachspielen usw. Maßnahmen lernförderlichen Feedbacks, begleitet von Tokenprogrammen (verhaltenstherapeutisch angelegte Verstärkerprogramme für erwünschtes Lern- und Sozialverhalten), könnten seine Begegnung mit Literatur positiv unterstützen.

6.5 Zielgruppenspezifischer Literaturunterricht als Antwort auf erschwerten Erwerb von Lesekompetenz?

Wie am obigen Fallbeispiel herausgearbeitet, spielt bei Schüler:innen im sonderpädagogischen Schwerpunkt Lernen der erschwerte Erwerb schriftsprachlicher Kompetenzen eine wesentliche Rolle. Gepaart mit zahlreichen Misserfolgserfahrungen und einem daraus resultierenden negativen domänenspezifischen Selbstkonzept führt dies dazu, dass diese Schüler:innen häufig sehr schnell die anfängliche Motivation, ihre Kompetenzen im Lesen und Schreiben zu vertiefen und zu erweitern, verlieren.

Gerade um diesen »Teufelskreis« der Lernstörung zu unterbrechen, bietet sich ein Literaturunterricht an, der auf einen produktiven und kommunikativen Auseinandersetzungsprozess mit schulischer und außerschulischer Literatur zielt. Neben der Notwendigkeit einer individuellen und strukturierten Förderung auf der Prozessebene soll an dieser Stelle ein Plädoyer für die Ermöglichung literarästhetischer Erfahrung ausgesprochen werden, auch wenn die Schüler:innen noch nicht über die ausreichende Lesekompetenz verfügen. Im Schulalltag wird gegenwärtig der Literaturunterricht häufig hinter der Förderung der Lese- und Schreibkompetenz angestellt. Dabei wird übersehen, welche Potenziale sich hier sowohl in Bezug auf die Prozessebene als auch auf die Anstrengungsbereitschaft der Kinder und das Selbstkonzept verbergen. Gerade für einen erfolgreichen Schriftspracherwerb sind beide Aspekte, d. h. die systematische Vermittlung prozessbezogener Kompetenzen wie Lesefertigkeiten und Leseverstehen und Schrift- und Textproduktion einerseits sowie das Eintauchen und in eine Buch- und Schriftkultur andererseits, in gleichwertig verlaufende Lernangebote zu implementieren.

Dem Unterricht im Fach Deutsch kommt gerade im sonderpädagogischen Schwerpunkt Lernen neben der Vermittlung basaler schriftsprachlicher Kompetenzen eine emanzipatorische und identitätsfördernde Bedeutung zu: »Die Inhalte und Methoden des Deutschunterrichts zielen neben kompetenter Bewältigung der Lebenswirklichkeit auf den Erwerb sozialer Kompetenzen durch den kommunikativen Anteil des Faches und nicht zuletzt auf die Stärkung der Identität der Schülerinnen und Schüler« (Bildungsplan Lernen Baden-Württemberg 2022, S. 3).

Das Mehrebenenmodell von Rosebrock und Nix (2020) bietet vielfältige Anknüpfungspunkte für eine adressatenorientierte und kompensatorische Leseförderung. Das Modell unterscheidet drei Ebenen: die *Prozessebene*, die sich der zuvor genannten ›technischen‹ Seite des Lesens widmet, die *Subjektebene* und die *soziale* Ebene. Gerade aufgrund der differenten Sozialisationserfahrungen dieser Schüler:innengruppe gilt es, die Subjektebene und die soziale Ebene verstärkt in den Blick zu nehmen. Literaturunterricht kann hier als Erfahrungsraum die Freude am Lesen wecken. Der Unterricht soll »Freude im Umgang mit Sprache und Schriftsprache in allen Erscheinungsformen« (Bildungsplan Lernen 2022, S. 2) fördern und es den Schüler:innen ermöglichen, sich »ausgehend vom jeweiligen Lernstand als kompetent und erfolgreich [zu] erleben und ihre individuellen Potenziale entfalten [zu] können« (Bildungsplan Lernen 2022, 2). Lesen wird als wichtiger Faktor für die Persönlichkeitsentwicklung beschrieben, was unter dem Aspekt der Vorbereitung und Befähigung der Schüler:innen im sonderpädagogischen Schwerpunkt Lernen zur größtmöglichen aktiven Teilhabe an gesellschaftlichem Leben von besonderer Bedeutung ist (Bildungsplan Lernen 2022; Wiprächtiger-Geppert 2015). Die »Freude an vorgelesenen Texten und zunehmend an selbst Gelesenem, […] [stellt] die wichtigste Voraussetzung für die Weiterentwicklung der Lesefähigkeit« (Bildungsplan Lernen 2022, S. 33) dar.

Im Folgenden wird ein Projekt zum Bilderbuch *Für Hund und Katz ist auch noch Platz* von Julia Donaldson mit Illustrationen von Axel Scheffler (2012) vorgestellt, das von Studierenden im Rahmen eines Masterseminars zum Literaturunterricht im sonderpädagogischen Schwerpunkt Lernen entwickelt und erprobt wurde. Das Buch handelt von einer Hexe, die immer wieder hilfsbereiten und freundlichen Tieren begegnet, mit deren Hilfe sie ihr Leben voller Gefahren und Unglücken meistert. Ausgehend vom KOMET-Modell kann hier der Bezug zu den Bereichen *Eintauchen in die Buch- und Schriftkultur, individuumsbezogene Voraussetzungen* und *Early Literacy* hergestellt werden.

In Anlehnung an das von Spinner vorgeschlagene Vorlesegespräch (2004) bzw. das dialogische Vorlesen (Lenhard 2019; Volz 2016) und mit Unterstützung des Bilderbuches sowie Bildkarten in einem Kamishibai (Erzähltheater) wird das Buch gemeinsam im Unterricht einer zweiten Klasse gelesen. Den Schüler:innen wird Raum gegeben, eigene Vorstellungen zu entwickeln und gemeinsam über die Geschichte ins Gespräch zu kommen. Hier wäre auch eine Adaption des literarischen Unterrichtsgesprächs möglich (Härle & Steinbrenner 2004). Gerade der interaktive Charakter der Methoden bietet zahlreiche Möglichkeiten, fehlende Vorleseerfahrungen zu kompensieren. Die Reimstruktur des Textes lässt zudem z. B. die Thematisierung von Aspekten der phonologischen Bewusstheit im weiteren Sinne zu. Es bietet sich auch an, das Buch in ausgewählte Herkunftssprachen der Schüler:innen zu übersetzen. Dazu eignen sich gerade bei geringen Textmengen inzwischen auch digitale Übersetzungsdienste sowie die Nutzung der jeweiligen Sprachausgabe. Gerade der Einsatz von herkunftssprachlichen Ausgaben bietet vielfältige Anschlussmöglichkeiten für das wiederholende, gemeinsame Lesen zu Hause. Bei dem hier vorgestellten Buchprojekt kam dies jedoch nicht in Frage, da durch die Übersetzung die charakteristische Reimstruktur des Buches verloren gegangen wäre. Generell aber ist zu empfehlen, die jeweiligen verlagsseitigen Übersetzungen ergänzend zu nutzen, auch wenn manche Ausdrücke anders sind.

In die Planung und Umsetzung flossen verschiedene Formate des handlungs- und produktionsorientierten Literaturunterrichts ein (Haas et al. 1994). Dieses Konzept bietet sich als Form »des Umgestaltens, des Ergänzens, des Umsetzens in andere Medien« (ebd., S. 17) an dieser Stelle an, u. a. weil dieser die klassische Textanalyse und -interpretation ergänzt. Die Schüler:innen können auf diese Weise »auch in ihrer Sinnlichkeit, ihren Gefühlen, ihrer Phantasie, ihrem Tätigkeitsdrang angesprochen werden« (ebd.). In dem Projekt wurden, in Anlehnung an diesen Ansatz, mit den Schüler:innen gemäß der *szenischen Gestaltung* Standbilder erarbeitet, die fotografiert und anschließend zu einem eigenen Bilderbuch verarbeitet wurden. Dies bot die Möglichkeit, auch im Sinne der Differenzierung, Schüler:innen einzelne Wörter oder Sätze selbst verschriftlichen zu lassen. In diesem Zusammenhang wäre es auch möglich, in Anlehnung an die Reimform des Originaltextes eigene Reime zu finden und zu verschriftlichen. Darüber hinaus wurden im Rahmen der *visuellen Gestaltung* eigene Bilder oder Collagen erstellt sowie Wörter und Sätze selbst gedruckt. Die Studierenden entwickelten mit den Schüler:innen eine *akustische Gestaltung*, die in wiederholenden Vorlesesituationen von den Schüler:innen umgesetzt wurden.

Die hier nur exemplarisch aufgezeigten Möglichkeiten zeigen, dass der handlungs- und produktionsorientierte Literaturunterricht zahlreiche Möglichkeiten des Zugangs zu Literatur, der Förderung der Lesemotivation und auch Lesefertigkeit sowie der Förderung von Vorläuferfertigkeiten, dem Erwerb der alphabetischen Strategie, des Textverstehens etc. bietet. Darüber hinaus sind im Rahmen eines solchen Projekts auch Lernangebote zu anderen Lern- und Entwicklungsbereichen (z. B. Konzentration, Sprache, Sozialverhalten) denkbar.

6.6 Fazit

Das Lesenlernen erfordert hohe kognitive Leistungen von den Lernenden. Es wird davon ausgegangen, dass sich der Schriftspracherwerb von Kindern mit und ohne Förderbedarf im »Lernen« nicht grundlegend voneinander unterscheidet. Zu berücksichtigen ist aber, dass gerade Schüler:innen im sonderpädagogischen Schwerpunkt Lernen, die häufig aus schriftfernen Familien kommen, oft nur geringe Vorerfahrungen mit Schrift haben und intensive Unterstützung, differenziertes Lehrmaterial sowie individualisierte Methoden benötigen. Die sehr unterschiedlichen soziokulturell und sozioökonomisch geprägten, hochverdichteten und komplexen Problemlagen verlangen ein gruppenspezifisch sensibles Vorgehen. Die alleinige Anwendung einheitlicher standardisierter Verfahren resp. Trainingsverfahren ist trotz der nachweisbaren Effekte vor allem im Bereich der Fertigkeiten nicht zu empfehlen. Deren Einsatz ist in den konkreten Unterrichtsablauf sinnvoll zu integrieren, um den notwendigen Transfer auf literal-soziale Situationen zu provozieren. Präferiert wird ein situativer Ansatz, der gemeinsam mit den Schüler:innen individuell bedeutsame Lernanlässe sucht und diese – passend zu dem domänenspezifischen Vorwissen – didaktisch aufbereitet. Darüber hinaus müssen im Sinne einer ganzheitlichen Förderung Angebote sowohl auf der Prozessebene als auch auf der Subjekt- und sozialen Ebene gestaltet werden. Literaturunterricht kann gerade dazu ein wichtiger Baustein sein.

Die Triangulation aus fachdidaktischen, linguistischen, sozialisationstheoretischen sowie lern- und kognitionspsychologischen Elementen zum Schriftspracherwerb vermag die Risiken, die sich über Herkunftsmerkmale (soziale Benachteiligung, Zuwanderungshintergrund, Bildungsniveau, Berufsstatus der Eltern) sowie individuelle Kovarianzen (Geschlecht, kognitive Fähigkeiten) identifizieren lassen, zu mindern oder auch zu überwinden. Dabei ist konsequent von den Lernbedürfnissen und -bedarfen der Schüler:innen auszugehen und es sind deren lebenswelt- und lebenslagenbezogene Lerninteressen als Ausgangspunkt für Bildungsangebote zu sehen.

Insbesondere für die Gestaltung inklusiver Settings sind daher Diagnose- und Differenzierungsmöglichkeiten von besonderer Bedeutung. Dabei müssen, um den charakteristischen Lernbedarfen dieser Zielgruppe gerecht zu werden, drei Momente berücksichtigt werden:

- Passung zwischen Lernangeboten und individuellen Voraussetzungen herstellen
- subjektive Sinnhaftigkeit bzw. Bedeutung des Lerngegenstandes sichern
- lernbiografisch begründete Widerstände und Blockaden erkennen, minimieren bzw. thematisieren (Iben et al. 2010; Schroeder 2015; Werner 2020)

Eine umfassende Förderung schriftsprachlicher Kompetenzen darf nicht allein an einem einzelnen Merkmal ansetzen. Erst die Synthese aller Aspekte vermag die Passung der Unterrichtsangebote an die (bildungs-)biografischen, sozialen und soziokulturellen Erfahrungen und individuellen Lernmöglichkeiten zu sichern.

Literaturverzeichnis

Autor:innengruppe Bildungsberichterstattung (2022): Bildung in Deutschland 2022. Ein indikatorengestützter Bericht mit einer Analyse zum Bildungspersonal. Online verfügbar unter: https://www.bildungsbericht.de/de/bildungsberichte-seit-2006/bildungsbericht-2022/pdf-dateien-2022/bildungsbericht-2022.pdf, zuletzt geprüft am 22.02.2024.

Bentzinger, S.; Werner, B.; Drinhaus-Lang, M. (2016): Was ist eine gute Fibel? Eine exemplarische Analyse aktueller Fibeln für den Einsatz im Förderschwerpunkt Lernen. In: Zeitschrift für Heilpädagogik 67 (8), S. 352–366.

Ministerium für Kultus, Jugend und Sport Baden-Württemberg (2022): Bildungsplan Förderschwerpunkt Lernen. Online verfügbar unter: https://www.bildungsplaene-bw.de/,Lde/10359561, zuletzt geprüft am 15.02.2024.

Calmbach, M.; Flaig, B.; Schleer, C.; Edwards, J.; Möller-Slawinski, H. (2020): Sinus-Jugendstudie 2020. Wie ticken Jugendliche? Lebenswelten von Jugendlichen im Alter von 14–17. Berlin: Bundeszentrale für politische Bildung.

Dehn, M. (2020): Kinder & Lesen und Schreiben. Was Erwachsene wissen sollten. 6., aktual. Aufl. Hannover: Kallmeyer.

Diehl, K.; Hartke, B. (2012): IEL-Inventar zur Erfassung der Lesekompetenz. Ein curriculumbasiertes Verfahren zur Abbildung des Lernfortschritts. Göttingen: Hogrefe.

Donaldson, J.; Scheffler, A. (2001): Für Hund und Katz ist auch noch Platz. Weinheim: Beltz & Gelberg.

Ellinger, S. (2013): Förderung bei sozialer Benachteiligung. Stuttgart: Kohlhammer.

Euen, B.; Vaskova, A.; Walzebug, A.; Bos, F. (2015): Armutsgefährdete Schülerinnen und Schüler mit einem Förderbedarf im Förderschwerpunkt Lernen am Beispiel von PARS-F und KESS-7-F. In: Poldi Kuhl; Petra Stanat; Birgit Lütje-Klose; Cornelia Gresch; Hans Anand Pant; Manfred Prenzel (Hrsg.): Inklusion von Schülerinnen und Schülern mit sonderpädagogischem Förderbedarf in Schulleistungserhebungen. Wiesbaden: Springer VS, S. 101–128.

Fereidooni, K. (2011): Schule – Migration – Diskriminierung: Ursachen der Benachteiligung von Kindern mit Migrationshintergrund im deutschen Schulwesen. Wiesbaden: Springer VS.

Glaser, C. (2014): Förderung der Schreibkompetenz. In: Gerhard W. Lauth; Matthias Grünke; Joachim C. Brunstein (Hrsg.): Interventionen bei Lernstörungen. Göttingen: Hogrefe, S. 188–198.

Gold, A. (2007): Lesen kann man lernen. Lesestrategien für das 5. und 6. Schuljahr. Göttingen: Vandenhoeck & Ruprecht.

Gold, A. (2011): Lernschwierigkeiten: Ursachen, Diagnostik, Intervention. Stuttgart: Kohlhammer.

Goy, M.; Valtin, R.; Hußmann, A. (2017): Leseselbstkonzept, Lesemotivation, Leseverhalten und Lesekompetenz. In: Anke Hußmann; Heike Wendt; Wilfried Bos; Albert Bremerich-Vos; Daniel Kasper; Eva-Maria Lankes; Nele Mcelvany; Tobias C. Stubbe; Renate Valtin (Hrsg.): IGLU 2016. Lesekompetenzen von Grundschulkindern in Deutschland im internationalen Vergleich. Münster: Waxmann, S. 143–175.

Greisbach, M. (2014): Aufbau von Rechtschreibkenntnissen. In: Gerhard W. Lauth; Matthias Grünke; Joachim C. Brunstein (Hrsg.): Interventionen bei Lernstörungen. Göttingen: Hogrefe, S. 176–186.

Haas, G.; Menzel, W.; Spinner, K. (1994): Handlungs- und produktionsorientierter Literaturunterricht. In: Praxis Deutsch 123, S. 17–25.

Härle, G.; Steinbrenner, M. (Hrsg.) (2004): Kein endgültiges Wort. Die Wiederentdeckung des Gesprächs im Literaturunterricht. Baltmannsweiler: Schneider Hohengehren.

Hasselhorn, M.; Gold, A. (2006): Pädagogische Psychologie. Stuttgart: Kohlhammer.

Hechler, O. (2013): Sozialisationsbedingungen des Lernens und der Persönlichkeitsentwicklung. In: Christine Einhellinger; Oliver Hechler; Edwin Ullmann; Stephan Ellinger; Anette Köhler (Hrsg.): Studienbuch Lernbeeinträchtigungen. Oberhausen: Athena (Grundlagen, Band 1), S. 157–179.

Heimlich, U. (2022): Pädagogik bei Lernschwierigkeiten. Bad Heilbrunn: Klinkhardt.

Hurrelmann, B. (2002): Leseleistung – Lesekompetenz. Folgerungen aus PISA, mit einem Plädoyer für ein didaktisches Konzept des Lesens als kulturelle Praxis. In: Praxis Deutsch 176, S. 6–18.

Iben, G.; Katzenbach, D.; Rössel, D. (2010): Soziale Benachteiligung, Analphabetismus und Medienkompetenz. In: Gerd Iben; Dieter Katzenbach (Hrsg.): Schriftspracherwerb in schwierigen Lernsituationen. Stuttgart: Kohlhammer, S. 9–62.

Klemm, K. (2023): Jugendliche ohne Hauptschulabschluss. Bertelsmann-Stiftung. Online verfügbar unter: https://www.bertelsmann-stiftung.de/de/publikationen/publikation/did/jugendliche-ohne-hauptschulabschluss-1, zuletzt geprüft am 22.02.2024.

Klicpera, C.; Gasteiger-Klicpera, B. (2014): Aufbau von Lesefertigkeiten. In: Gerhard W. Lauth; Matthias Grünke; Joachim C. Brunstein (Hrsg.): Interventionen bei Lernstörungen. Göttingen: Hogrefe, S. 150–160.

KMK (Ständige Konferenz der Kultusminister der Länder in der Bundesrepublik Deutschland) (2019): Empfehlungen zur schulischen Bildung, Beratung und Unterstützung von Kindern und Jugendlichen im sonderpädagogischen Schwerpunkt LERNEN. Online verfügbar unter: https://www.kmk.org/fileadmin/Dateien/veroeffentlichungen_beschluesse/2019/2019_03_14-FS-Lernen.pdf, zuletzt geprüft am 15.02.2024.

Koch, K. (2007): Soziokulturelle Benachteiligung. In: Jürgen Walther; Franz B. Wember (Hrsg.): Sonderpädagogik des Lernens. Göttingen: Hogrefe (Handbuch Sonderpädagogik, Band 2), S. 104–116.

Krajewski, K.; Dix, S.; Schneider, W. (2020): Deutscher Mathematiktest für zweite Klassen. Göttingen: Hogrefe.

Lauth, G.; Grünke, M.; J. Brunstein (Hrsg.) (2014): Interventionen bei Lernstörungen. Göttingen: Hogrefe.

Lenhard, W. (2019): Leseverständnis und Lesekompetenz. Grundlagen – Diagnostik – Förderung (2., aktual. Aufl.). Stuttgart: Kohlhammer.

Linderkamp, F. (2014): Motivierung durch operante Verstärkung. In: Gerhard W. Lauth; Matthias Grünke; Joachim C. Brunstein (Hrsg.): Interventionen bei Lernstörungen. Göttingen: Hogrefe, S. 231–242.
Marx, P. (2007): Lese- und Rechtschreiberwerb. Stuttgart: UTB Schöningh.
May, P.; Malitzky, V.; Vieluf, U. (2018): Hamburger Schreibprobe (HSP) 5–10 B. Stuttgart: Ernst Klett (vpm).
Mayer, A. (2022): Gezielte Förderung bei Lese- und Rechtschreibstörungen. 4., aktual. Aufl. München: Reinhardt.
McElvany, N.; Lorenz, R.; Frey, A.; Goldhammer, F.; Schilcher, A.; Stubbe, T. C. (2023): IGLU 2021. Lesekompetenz von Grundschulkindern im internationalen Vergleich und im Trend über 20 Jahre. Münster: Waxmann.
Melby-Lervåg, M.; Lyster, S.-A. H.; Hulme, C. (2012): Phonological skills and their role in learning to read: A meta-analytic review. In: Psychological Bulletin 138 (2), S. 322–352.
Möller, J.; Trautwein, U. (2015): Selbstkonzept. In: Elke Wild; Jens Möller (Hrsg.): Pädagogische Psychologie. 2., aktual. Aufl. Berlin: Springer, S. 177–199.
Nickel, S. (2005): Family Literacy – Sprach- und Literalitätsförderung in der Familie. Online verfügbar unter: http://www.eundc.de/pdf/36019.pdf, zuletzt geprüft am 15.02.2024.
Paleczek, L.; Seifert, S.; Obendrauf, T.; Schwab, S.; Gasteiger-Klicpera, B. (2018): DiLe-D. Differenzierter Lesetest – Dekodieren. Göttingen: Hogrefe.
Petermann, F.; Daseking, M. (2019): Zürcher Lesetest II. Weiterentwicklung des Zürcher Lesetests (ZLT). 4., vollständig überarb. Aufl. Göttingen: Hogrefe.
Pfost, M. (2017): Förderung der Vorläuferfähigkeiten des Lesens und Rechtschreibens. In: Maik Philipp (Hrsg.): Handbuch. Schriftspracherwerb und weiterführendes Lesen und Schreiben. Weinheim, Basel: Beltz/Juventa, S. 199–215.
Philipp, M. (2011): Lesesozialisation in Kindheit und Jugend. Lesemotivation, Leseverhalten und Lesekompetenz in Familie, Schule und Peer-Beziehungen. Stuttgart: Kohlhammer.
Lewalter, D.; Diedrich, J.; Goldammer, F.; Köller, O.; Reiss, K. (Hrsg.) (2023): PISA 2022 – Analyse der Bildungsergebnisse in Deutschland. Münster; New York: Waxmann. Online verfügbar unter: https://www.pisa.tum.de/pisa/pisa-2022/, zuletzt geprüft am 30.01.2024.
Plume, E.; Schneider, W. (2004): Hören, lauschen, lernen 2 – Anleitung; Spiele mit Buchstaben und Lauten für Kinder im Vorschulalter, Würzburger Buchstaben-Laut-Training. Göttingen: Vandenhoeck & Ruprecht.
Rosebrock, C.; Nix, D. (2008): Grundlagen der Lesedidaktik und der systematischen schulischen Leseförderung. Baltmannsweiler: Schneider Hohengehren.
Rosebrock, C.; Nix, D. (2020): Grundlagen der Lesedidaktik und der systematischen schulischen Leseförderung. 9., aktual. Neuaufl. Baltmannsweiler: Schneider Hohengehren.
Sachse, K.; Jindra, C.; Schumann, K.; Schipolowski, S. (2022): Soziale Disparitäten. In: Petra Stanat; Stefan Schipolowski; Rebecca Schneider; Karoline A. Sachse; Sebastian Weirich; Sofie Henschel (Hrsg.): IQB-Bildungstrends. Kompetenzen in den Fächern Deutsch und Mathematik am Ende der 4. Jahrgangsstufe im dritten Ländervergleich. Münster: Waxmann, S. 151–177.
Schaffner, E. (2009): Determinanten des Leseverstehens. In: Wolfgang Lenhard; Wolfgang Schneider (Hrsg.): Diagnostik des Leseverständnisses. Göttingen: Hogrefe (Tests und Trends, Band 7), S. 19–47.
Schneider, W.; Küspert, P. (2014): Förderung der phonologischen Bewusstheit. In: Gerhard W. Lauth; Matthias Grünke; Joachim C. Brunstein (Hrsg.): Interventionen bei Lernstörungen. Göttingen: Hogrefe, S. 139–149.
Schneider, W.; Lenhard, A.; Lenhard, W. (2017): ELFE II. Ein Leseverständnistest für Erst- bis Siebtklässler – Version II. Göttingen: Hogrefe.
Schroeder, J. (2015): Pädagogik bei Beeinträchtigungen des Lernens. Stuttgart: Kohlhammer.
Spinner, K. H. (2004): Gesprächseinlagen beim Vorlesen. In: Gerhard Härle; Marcus Steinbrenner (Hrsg.): Kein endgültiges Wort. Die Wiederentdeckung des Gesprächs im Literaturunterricht. Baltmannsweiler: Schneider Hohengehren, S. 291–308.
Spörer, N.; Demmerich, A.; Brunstein, J. (2014): Förderung des Leseverständnisses durch »Reziprokes Lehren«. In: Gerhard W. Lauth; Matthias Grünke; Joachim C. Brunstein (Hrsg.): Interventionen bei Lernstörungen. Göttingen: Hogrefe, S. 162–275.

Statistisches Landesamt Baden-Württemberg (2023): Rund 100 000 Schulabschlüsse an allgemeinbildenden Schulen im Jahr 2022. Online verfügbar unter: https://www.statistik-bw.de/Presse/Pressemitteilungen/2023176, zuletzt geprüft am 22.02.2024.

Valtin, R.; Sasse, A. (2020): Schriftspracherwerb. In: Ulrich Heimlich; Franz B. Wember (Hrsg.): Didaktik des Unterrichts bei Lernschwierigkeiten. Stuttgart: Kohlhammer, S. 197–209.

Vorlesemonitor (2021): Vorlesemonitor. Stiftung Lesen. Online verfügbar unter: https://www.stiftunglesen.de/ueber-uns/forschung/studien/vorlesemonitor, zuletzt geprüft am 15.02.2024.

Vorlesemonitor (2022): Vorlesemonitor. Stiftung lesen. Online verfügbar unter: https://www.stiftunglesen.de/ueber-uns/forschung/studien/vorlesemonitor, zuletzt geprüft am 17.02.2024.

Volz, S. (2016): Literarisches Lernen für alle – literarästhetisch anspruchsvolle Texte im inklusiven Unterricht: eine Problemskizze. In: Daniela A. Frickel; Andre Kagelmann (Hrsg.): Der inklusive Blick. Die Literaturdidaktik und ein neues Paradigma. Frankfurt am Main: Lang, S. 229–243.

Volz, S.; Wiprächtiger-Geppert, M. (2014): Literarisches Lernen für alle – literarästhetisch anspruchsvolle Bilderbücher im inklusiven Unterricht. In: Silke Trumpa; Stefanie Seifried; Eva Franz; Theo Klauß (Hrsg.): Inklusive Bildung: Erkenntnisse und Konzepte aus Fachdidaktik und Sonderpädagogik. Weinheim; Basel: Juventa, S. 220–233.

Weiß, H. (2010): Kinder in Armut – eine Herausforderung inklusiver Bildung und Erziehung. Online verfügbar unter: https://www.familienhandbuch.de/babys-kinder/behinderung/arten/Lernbehinderung.php, zuletzt geprüft am 25.02.2024.

Werner, B. (2020): Empfehlungen zur schulischen Bildung, Beratung und Unterstützung von Kindern und Jugendlichen im sonderpädagogischen Schwerpunkt LERNEN – pädagogische und didaktische Implikationen. In: Sonderpädagogische Förderung heute 65 (2), Weinheim: Beltz, S. 149–160.

Werning, R.; Lütje-Klose, B. (2016): Einführung in die Pädagogik bei Lernbeeinträchtigungen. München: Reinhardt.

Wiprächtiger-Geppert, M. (2015): Überlegungen zum Literaturunterricht an der Grundschule aus inklusiver Perspektive. In: Sonderpädagogische Förderung heute 60 (4), Weinheim: Beltz, S. 381–394.

Wiprächtiger-Geppert, M. (2009): Literarisches Lernen in der Förderschule. Baltmannsweiler: Schneider Hohengehren.

7 Hochbegabung und sprachlicher Anfangsunterricht

Katarina Farkas

In den folgenden Ausführungen wird eine Gruppe von Lernenden im sprachlichen Anfangsunterricht fokussiert, die in der Vergangenheit oft vergessen wurde, wenn die Forschung die Vielfalt der Herausforderungen bestimmter Gruppen im Fokus hatte. Die Bedürfnisse dieser Kinder, die schnell und leicht lernen, und die Herausforderungen an ihre Lehrpersonen stehen in den folgenden Überlegungen im Fokus.

7.1 Mythen und Fakten zu Hochbegabung

In der soziologischen Forschung werden unterschiedliche Perspektiven auf die Rolle von hochbegabten Menschen fokussiert. So stehen Bedenken im Hinblick auf eine Elitenförderung Überlegungen zur Förderung aller – auch der Leistungsstarken – gegenüber, damit aktuelle und vor allem auch künftige gesellschaftliche Herausforderungen gemeistert werden können. Die Präsidentin der Kultusministerkonferenz, Stefanie Hubig, formulierte 2020 den Bedarf nach Menschen, die Verantwortung übernehmen, wie folgt.

> »Das [dass alle Kinder und Jugendlichen ihr Potenzial bestmöglich ausschöpfen können, Anm. der Verfasserin] ist unsere Verpflichtung mit Blick auf die einzelnen Schülerinnen und Schüler und mit Blick auf unsere Gesellschaft als Ganzes. Denn für die immer komplexeren Probleme unserer Welt brauchen wir Menschen, die mit hoher Kompetenz, wacher Intelligenz und sozialer Verantwortung zu denken und zu arbeiten gelernt haben. Sie sind die Fach- und Führungskräfte, die den Wohlstand unseres Landes auch in Zukunft sichern« (Hubig 2020, S. 11).

Verschiedene pädagogisch-didaktische Zugänge fokussieren die Herausforderungen, mit denen sich hochbegabte Lernende konfrontiert sehen. Der bewusste Umgang mit den Herausforderungen ist eine Grundlage dafür, dass das Potenzial, welches diese Lernenden für die Gesellschaft haben, sich entwickeln und entfalten kann. Viele fühlen sich in der Schule unterfordert, verlieren die Motivation, erleben das Ausgeschlossensein von Peers oder scheitern an ihrer Arbeitsorganisation (Heller 2008; Hoyningen Süess 1998; Weigand et al. 2020; Preckel & Vock 2021). All diese Herausforderungen verhindern einen geglückten Lernprozess. Die Schule muss sich also bereits im Anfangsunterricht auf die Bedürfnisse aller, auch der schnell Lernenden, ausrichten.

7.1.1 Definitionen von Hochbegabung

Es gibt vielerlei Definitionen zu Hochbegabung, die auf unterschiedlichen Modellvorstellungen basieren. Heller (2008) trägt die Veränderungen über Dekaden zusammen. Gnas et al. (2023) zeigen die Zusammenhänge zwischen Intelligenz, Kreativität und Hochbegabung auf. Der Begriff *Hochbegabung* wird oft synonym mit Begabung, hoher Begabung, potenziell hoher Leistungsfähigkeit, Talent verwendet u. ä. (Weigand et al. 2020; Ziegler 2019):

> »Mit diesen Erkenntnisfortschritten ist das Feld rund um das Phänomen Hochbegabung komplexer geworden. Eine gewisse Unübersichtlichkeit wird zudem durch die Verwendung unterschiedlicher Begrifflichkeiten verursacht: So wird neben ›Hochbegabung‹ von ›besonderen Begabungen‹, ›speziellen Begabungen‹, ›überdurchschnittlichen Fähigkeiten‹ oder auch ›Talenten‹ gesprochen, ohne dass hinreichend klar wird, inwieweit auch tatsächlich ein inhaltlicher Unterschied besteht« (Brunner et al. 2005, S. 12).

Die Verwendung dieser unterschiedlichen Begriffe scheint mitunter damit zusammenzuhängen, dass der Begriff Hochbegabung einen elitären Beigeschmack hat, von dem sich einige Autor:innen distanzieren möchten, indem sie andere Begriffe verwenden. Für eine Annäherung an das Konstrukt der Hochbegabung scheint eine Orientierung an den fünf Kriterien zur Beurteilung von Hochbegabung von Sternberg und Zhang (2004) sinnvoll, die von Preckel und Vock zusammenfassend dargestellt werden. Diese sind (vgl. Preckel & Vock 2013, S. 13):

- *Exzellenzkriterium:* Eine Person zeigt im Vergleich zu ihren Peers eine deutliche Überlegenheit in einem oder mehreren Bereichen.
- *Seltenheitskriterium:* Eine Person weist eine hohe Ausprägung eines Attributes auf, welches im Vergleich zu ihren Peers selten ist.
- *Produktivitätskriterium:* Die Begabung muss oder wird wahrscheinlich zu Produktivität führen, die Person also zur Herstellung besonderer Produkte oder zu besonderen Handlungen befähigen (dieses Kriterium erklärt z. B., warum Gewinner:innen eines Schönheitswettbewerbs i. d. R. nicht als hochbegabt bezeichnet werden).
- *Beweisbarkeitskriterium:* Die besondere Leistungsstärke in einem oder mehreren Bereichen muss durch gültige Prüfverfahren (z. B. Leistungstests) nachweisbar sein.
- *Wertkriterium:* Eine Person zeigt außergewöhnliches Potenzial in einem Bereich, der in ihrer Umgebung oder Kultur wertgeschätzt wird.

Diese Kriterien helfen beim Erkennen von hochbegabten Lernenden, setzen aber auch voraus, dass die beobachtende Person über entsprechende Diagnosekompetenzen verfügt. Für die Schule ist zudem zu beachten, dass das Beweisbarkeitskriterium Aspekte nicht erfassen kann, die außerhalb von standardisierten Tests liegen; damit setzt sich Acker (2010) bei sprachlichen Kompetenzen auseinander. Bei den Forschenden zu Begabungs- und Begabtenförderung ist darum der Begriff der pädagogischen Diagnose im Vordergrund (Fischer et al. 2022).

Festgestellt werden kann, dass gemäß übereinstimmender Einschätzungen eine Hochbegabung heute als dynamischer Prozess verstanden wird. Eine grundsätzliche

Disposition braucht eine anregende und unterstützende Umgebung in Schule und im Privaten, damit sie sich entfalten kann (Weigand et al. 2022).

7.1.2 Sprachliche Hochbegabung

Sprachliche Hochbegabung zeigt sich in Anlehnung an die gerade dargestellten Kriterien von Preckel und Vock (2013) in verschiedenen Facetten. Im Modell *Sprachkommode* (Farkas 2014a) stehen die Lernenden mit hohen sprachlichen Fähigkeiten im Fokus. Das Modell bildet unterschiedliche Lerntypen ab und zeigt, wie Fördermaßnahmen für die jeweiligen Kompetenzbereiche aussehen können.

So werden Lernende mit besonderen sprachlichen Begabungen als Gruppen mit jeweils eigenen Persönlichkeits- und Interessensmerkmalen abgebildet. Ausführliche Erläuterungen zum Modell Sprachkommode und zu den Aufgabenstellungen, die Studierende der PH Zug entwickelt haben, auch für Lernende im sprachlichen Anfangsunterricht finden sich bei Farkas (2014a; 2017) und sind auf der Homepage der PH Zug gemeinsam mit weiteren Informationen zur Sprachkommode frei zugänglich.[1]

Im Hinblick auf eine Annäherung an sprachliche Hochbegabung werden im Modell drei unterschiedliche Lerntypen unterschieden. Bei den folgenden Beispielen werden Bereiche genannt, die vor allem in der ersten und zweiten Klasse vorkommen könnten. Es gibt die analytisch experimentierenden, die sich z. B. mit der Herkunft von Wörtern oder mit interessanten sprachlichen Phänomenen wie den Unterschieden von Dialekt und Standardsprache beschäftigen (»Ich gang do poschte« → »Ich gehe einkaufen«). Weiter gibt es die kreativ-produktiven, die in der Mündlichkeit über großen Sprachwitz verfügen oder gerne lustige Geschichten erfinden (und vielleicht vorlesen). Die dritte Gruppe sind die künstlerisch-kulturellen, die beispielsweise Tagebuch oder Romane schreiben.

Ein wichtiges Merkmal für die Diagnose von sprachlicher Hochbegabung ist die Kreativität sprachlicher Produkte. Kreativität ist integraler Bestandteil vieler Begabungsmodelle (Gnas et al. 2023). Sprachliche Produkte von hoher Qualität zeichnen sich meist durch einen hohen Anteil an Kreativität aus. Zu diesen Produkten gehören nicht nur literarische Texte, sondern auch geniale Wortkreationen oder anregende Gedankenanstöße. Ein interdisziplinäres Forschungsfeld ist demnach Kreativität und Sprache (Farkas 2020). Diese Forschungsdomäne hinterfragt den Begriff vom kreativen Schreiben, wie er von Böttcher (2019) beschrieben wird. Vielmehr geht es beim Herstellen kreativer sprachlicher Produkte um einen komplexen, arbeitsintensiven Prozess, der von kundigen Lehrpersonen angeleitet werden muss, damit herausragende Produkte entstehen. Eine kreative Leistung kann sich auch beim Literarischen Lesen zeigen (Farkas 2018a). Es gilt, die Vorstellungskraft und das Ausfüllen von Leerstellen in die Beobachtung miteinzubeziehen. Das bedeutet, dass Kreativität kein einfaches Feld ist. Vielmehr kristallisieren sich wichtige Fragen heraus. Es stellen sich hohe Ansprüche an das Produkt und ebenso

---

1 https://cdn2.me-qr.com/pdf/19005881.pdf

hohe an die Begleitung der Entstehung sowie an die Beurteilung. All das braucht hohes domänenspezifisches Fachwissen.

Ideen für die Förderung leistungsstarker Kinder finden sich auch im Projekt *Leistung macht Schule* (LemaS; Weigand et al. 2020; Weigand et al. 2022)[2]. Dessen Ziel ist es, allen Lernenden in der Schule zu ermöglichen, ihre Stärken und Begabungen weiterzuentwickeln und damit den potenziell Leistungsstarken auch die Chancen zu bieten, adäquat gefördert zu werden. Ein weiteres Ziel besteht zudem darin, die Unterrichtsqualität an deutschen Schulen zu fördern. Das LemaS-Projekt legt großen Wert auf die Verbindung von Forschung und Unterrichtspraxis. Im Projekt werden neben psychologischen und pädagogischen auch fachdidaktische Forschungs- und Entwicklungsprojekte umgesetzt, darunter vier sprachdidaktische Projekte.

7.2 Schriftspracherwerb von Hochbegabten

Sauerborn und Köb haben das KOMET-Modell entwickelt, das die Komplexität des Schriftspracherwerbs sehr umfassend abbildet (▶ Kap. 1). Basierend auf den Ausführungen zur Sprachkommode im vorherigen Abschnitt kann festgehalten werden, dass bei Fragen rund um hochbegabte Kinder im sprachlichen Anfangsunterricht fast alle Teilbereiche des KOMET-Modells von Bedeutung bei Diagnose und Förderung sind. Einige dieser Bereiche fallen dabei besonders ins Gewicht (▶ Abb. 7.1).

7.2.1 Externale Faktoren: Eltern

Kinder mit Hochbegabung erhalten bestenfalls bereits im familiären Umfeld viele Anregungen: Eltern reagieren beim Brettspiel auf das Interesse ihres Kindes für Zahlen, sie besuchen als Familie Museen, Konzerte, Ballettaufführungen usw. Interessen entwickeln sich meist dann, wenn man Begegnungen mit neuen Domänen macht und in Dialog mit Interessierten tritt (Stamm 2005). Unbestritten ist, dass hier immenses Potenzial für Bildungsungleichheiten sichtbar wird (Böker & Horvath 2018; Preckel & Vock 2021), dem adäquat begegnet werden muss. Wem diese familiäre Unterstützung fehlt, braucht andere Orte, wo Interessen geweckt und entwickelt werden können. Eine wichtige Aufgabe übernimmt dabei auch die Schule.

Gesellschaftlich und auch institutionell unterscheiden sich jedoch Meinungen über frühe Förderung je nach Domäne: Eine gezielte frühe Förderung von Kindern mit sportlichem Potenzial ist weitgehend unumstritten, das Gleiche gilt i. d. R. für Kinder mit musikalischen Begabungen. Anders sieht es aus, wenn Kinder früh eine

---

2 www.leistung-macht-schule.de

7.2 Schriftspracherwerb von Hochbegabten

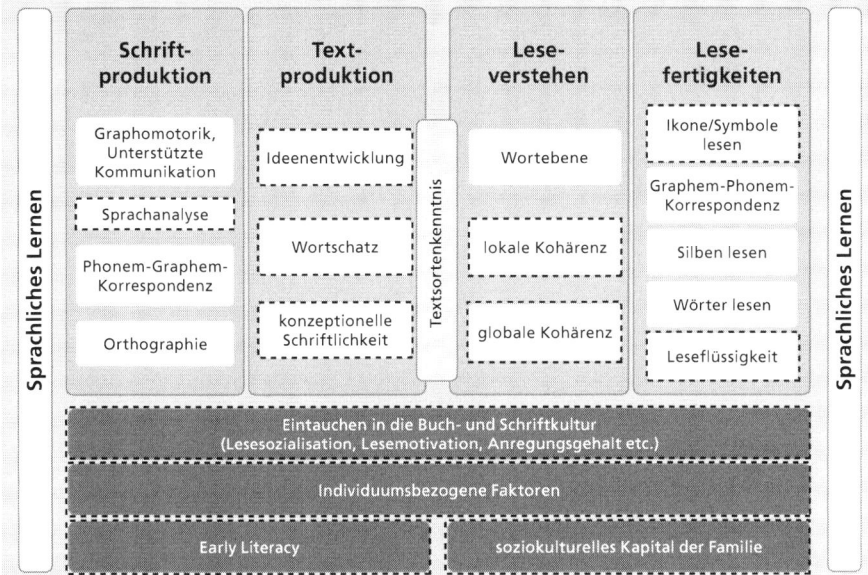

Abb. 7.1: Foki beim Arbeiten mit Hochbegabten im Anfangsunterricht aufgezeigt am KOMET-Modell von Sauerborn und Köb (▶ Kap. 1)

mathematische oder (fremd-)sprachliche Begabung zeigen und die Eltern dies fördern. In Zug, wo die PH Zug ansässig ist, gibt es einige Kurse bereits für Vorschulkinder, z. B. in den Sprachen Englisch, Russisch oder Mandarin. Hinter diesen Kindern, die solche Kurse besuchen, werden zuweilen ehrgeizige Eltern vermutet, die aus ihren Sprößlingen Wunderkinder machen wollen. Forschung deutet eher darauf hin, dass es in den Familien mit Hochbegabten grundsätzlich keine Besonderheiten gibt und dass es nur vereinzelt in den Familien zu Stress kommt, wenn diese Kinder als Herausforderung erlebt werden (Preckel & Vock 2021). In der Regel lässt sich beobachten, dass der Wunsch, sich vertieft mit einem bestimmten Thema auseinandersetzen zu dürfen, proaktiv von den Kindern geäußert wird. Darauf reagieren aufmerksame Eltern.

Lange war die Hochbegabungsforschung eine Domäne der Psychologie und der Pädagogik (vgl. Heller 2008; Preckel & Vock 2021). In diesen Forschungsbeiträgen waren zwar Einblicke in Kompetenzen bestimmter Domänen oder Fächer abgebildet, so wurden Schachspielende ebenso untersucht wie mathematisch begabte Lernende. Allerdings brauchte es einige Zeit, bis die Fachdidaktiken sich als eigenständige Disziplinen zur Hochbegabungsthematik einbrachten und somit zum interdisziplinären Diskurs beitrugen (Farkas 2013). Ein Überblick über die Forschung in Mathematik, Englisch als Fremdsprache und Deutsch findet sich bei Farkas, Käpnick und Wagner (2024). In der Deutschdidaktik gibt es seit einiger Zeit Forschungsprojekte und Publikationen zum Thema der sprachlich hochbegabten Lernenden (Laudenberg 2013; Laudenberg & Spiegel 2020; Weigand et al. 2020). Diese fokussieren sowohl Themen der Diagnose als auch der Fördermöglichkeiten.

Noch fehlen größere empirische Studien, Grundlagen dafür sind gelegt. So werden im Rahmen des LemaS-Projekts in den vier sprachlichen Teilprojekten empirische Untersuchungen durchgeführt und ausgewertet (vgl. Weigand et al. 2022).

7.2.2 Unterschiedliche Entwicklungsverläufe: Schrift- und Texproduktion, Leseverstehen und -fertigkeit

Anzumerken gilt mit Blick auf sprachlich hochbegabte Lernende, dass sich gewisse Teilbereiche aus dem KOMET-Modell (▶ Abb. 7.1) bei den einzelnen Kindern unterschiedlich schnell entwickeln, wie aus den weiteren Ausführungen dieses Artikels hervorgeht. Die Interessen und die Persönlichkeitsmerkmale der hochbegabten Kinder im Anfangsunterricht unterscheiden sich stark voneinander. In der Sprachkommode (Farkas 2014a, s. o.) wird dies deutlich. Entsprechend sind für die hochbegabten Lernenden die Bereiche im KOMET-Modell von Sauerborn und Köb (▶ Kap. 1) unterschiedlich zu gewichten. Einige Bezüge zwischen der Sprachkommode und dem KOMET-Modell werden in der Folge verdeutlicht.

Im KOMET-Modell werden die Felder *Eintauchen in die Buch- und Schriftkultur, soziokulturelles Kapital der Familie, Early Literacy* und *individuumsbezogene Faktoren* genannt. Aus Sicht der sprachlichen Hochbegabung kann man Unterschiede zwischen verschiedenen sprachlich hochbegabten Lernenden mittels des Modells Sprachkommode gut verdeutlichen. Dazu eignet sich das folgende Beispiel: Manche hochbegabten Kinder zeigen bereits am Anfang der ersten Klasse eine stark ausgeprägte Kompetenz im Eintauchen in die Buchkultur. Sie lesen Bücher selbstständig. Die einen verschlingen beispielsweise einen Roman wie King-Kong (Boie 2004), andere beschäftigen sich lieber, aber ebenso intensiv mit Sachtexten, z. B. über das Gehirn (Wienbreyer 2010). Viele hochbegabte Kinder haben eine große Affinität zu Büchern, i. d. R. haben sie zuhause einige zur Verfügung und besuchen regelmäßig eine öffentliche Bibliothek. Wenn ein Kind jedoch keine hohe Affinität zur Buchkultur hat, bedeutet das nicht, dass es nicht hochbegabt sein kann. Es hat vielleicht seinen Schwerpunkt in der mündlichen Sprachproduktion, in der Sprachkommode ein kreativ-produktiver Typ (Farkas 2014a). Dies ist ein Indiz dafür, dass Checklisten zu sprachlichen Hochbegabungen schwierig sind, weil sie dazu verleiten, bestimmte sprachliche Teilkompetenzen zu einseitig zu gewichten.

Unterschiede zwischen hochbegabten Lernenden gibt es auch in anderen Teilbereichen des KOMET-Modells. Zur Schriftproduktion gilt festzuhalten, dass es hochbegabte Kinder mit gut oder weniger ausgeprägten motorischen Fähigkeiten gibt. Ihre Kompetenzen im Bereich Phonem-Graphem-Korrespondenz und Orthografie unterscheiden sich. Der Bereich *Sprachanalyse* hingegen dürfte bei allen stark ausgeprägt sein. Beim Leseverstehen sind es die beiden Teilbereiche lokale und globale Kohärenz, die bei sprachlich Hochbegabten im Anfangsunterricht deutlich stärker ausgeprägt sind als bei Gleichaltrigen. Sprachlich hochbegabte Lernende zeigen beim Zuhören und Sprechen einen besonders elaborierten Wortschatz und verfügen über ausgeprägte Kompetenzen bei der lokalen und globalen Kohärenzbildung (Spiegel & Winterscheid 2020). Ebenso beim Leseverstehen können hochbegabte Kinder Texte bzw. Textausschnitte lesen oder hören, zu denen sie sich

Gedanken machen. Ihre Überlegungen werden sie dann entweder medial mündlich als auch schriftlich produzieren. Das heißt, die Wahlfreiheit ermöglicht es den Kindern, besser zu zeigen, was sie können. Die Beobachtung der Leistung erfordert von der Lehrperson eine gewisse Toleranz bei der Darstellungsform.

Bisher gibt es kaum wissenschaftlich fundierte empirischen Studien zu diesen Beobachtungen aus der Praxis mit dem Fokus zu den hochbegabten Lernenden, wohl aber zu den heterogenen Produkten Lernender in der gleichen Jahrgangsklasse (z. B. Füssenich und Löffler 2018). Zu beachten ist außerdem in diesem Kontext, dass Kinder, deren Erstsprache nicht Deutsch ist, möglicherweise eher in ihrer Erstsprache einen sehr elaborierten Wortschatz haben und das Leseverstehen im Deutschen entsprechend eingeschränkt sein könnte. Dem ist bei der Beobachtung Rechnung zu tragen. Gegebenenfalls hilft der Austausch mit einer der jeweilig Erstsprache mächtigen Person, die das Kind beobachtet.

Im Bereich Textproduktion sind die hochbegabten Lernenden in allen Teilbereichen des KOMET-Modells stark. Allerdings kann es aufgrund von besonderen Persönlichkeitsmerkmalen so sein, dass besonders zurückhaltende Kinder ihre Produkte ungern medial mündlich präsentieren. Dies gilt es zu respektieren. Die Inhalte unterscheiden sich, je nach Lerntyp (vgl. Farkas 2014a). Die Vergleichbarkeit der Produkte ist daher bei der Beurteilung eine Herausforderung. Wenn ein Kind sprachanalytisch Dialekte vergleicht und ein anderes Witze erfindet, ist die Beurteilung mit dem gleichen Kriterienraster schwierig. Bei den Lesefertigkeiten sind bei den hochbegabten Lernenden die Bereiche Ikone/Symbole lesen und Leseflüssigkeit besonders ausgeprägt. Auch hier gilt zu beachten, dass die einen sich für Embleme von Automarken interessieren, während andere die Gefieder von Vögeln gut kennen und wieder andere ein hohes Interesse an Flaggen haben. Falls man also allen die gleiche Aufgabe gibt, wird man je nach Domäne unterschiedliche Kompetenzen messen, die jedoch nichts mit der Kompetenz des Erkennens von Symbolen bei diesen Kindern aussagen.

7.2.3 Individuumsbezogene Kompetenzen

Bei den individuumsbezogenen Kompetenzen ist festzuhalten, dass der Arbeitseifer und die Selbstregulation in allen Bereichen, auch im Schriftspracherwerb, nicht automatisch bei allen gleich ausgeprägt sind, sondern je nach Individuum sehr unterschiedlich in Erscheinung treten können (Preckel & Vock 2021). Was diese Lernenden gut können, werden sie vertieft tun. Damit werden sie in dem Teilbereich immer besser, während sie an anderen Teilbereichen weniger interessiert sind, in denen sie Anleitung und didaktische Unterstützung brauchen, um sich weiterzuentwickeln. Wenig sinnvoll ist, aus einer Defizitorientierung heraus von den Kindern zu verlangen, nur noch in jenen Teilbereichen zu arbeiten, in denen sie noch nicht gleich stark sind wie in ihren sprachlichen herausragenden Fähigkeiten. Damit würde die Motivation stark sinken. Wenn ein Kind beispielsweise wunderbare Geschichten erfindet und es aufgefordert wird, diese in »Schönschrift« abzuschreiben, sinkt wahrscheinlich die Motivation, weiterhin lange Geschichten zu schreiben. Stärkenorientiert würde hier sogar bedeuten, dass dieses Kind eine Geschichte diktiert, die später von einer erwachsenen Person abgetippt wird. An diesem Text weiterzuarbeiten, und zwar inhaltlich, ist viel motivierender. Diese Tatsachen sind nicht allen pädagogischen Fachkräften bewusst. Das macht es den betroffenen Kindern und deren Eltern im (Schul-)Alltag angesichts gängiger Erwartungen an Hochbegabte zuweilen schwer (Brunner et al. 2005). Diese Kinder sind ein Abbild der Gesamtkohorte von Kindern ihrer Altersgruppe, sie sind äußerst heterogen, haben aber auch gemeinsame Merkmale, auf die im Folgenden eingegangen wird.

Zusammenfassend kann festgehalten werden, dass die Gruppe sprachlich hochbegabter Lernender aus unterschiedlichen sozio-kulturellen familiären Kontexten kommen und daher unterschiedliches Vorwissen mitbringen (Stamm 2007; Stamm 2014; Preckel & Vock 2021). Auch die bereits erfolgte Förderung der einzelnen Kinder kann durch Institutionen in der Vorschulzeit divers sein. Implizit wird dies bei Füssenich und Löffler (2018) deutlich, welche die heterogenen Leistungsvoraussetzungen von Kindern im ersten Schuljahr festhalten und daraus Konsequenzen für die gezielte Förderung ableiten. Die Qualität auch institutioneller vorschulischer Förderung unterscheidet sich mitunter stark. Zudem haben die hochbegabten Kinder je eigene Persönlichkeiten und unterschiedliche Interessen. Mit Blick auf den Anfangsunterricht mit diesen Kindern lässt sich weiter feststellen, dass die einen lieber schreiben, die anderen lieber lesen (Farkas 2019), also sind auch hier generelle Aussagen schwierig. Dies hat Konsequenzen für die Diagnose ihrer Kompetenzen.

7.2.4 Anfangsunterricht für potenziell leistungsstarke Lernende

Durch die Resultate zu den Lesefähigkeiten der Jugendlichen im achten Schuljahr im Rahmen der großen OECD-Studie PISA (EDK 2010) hat die Deutschdidaktik (auch in der Schweiz) zu Recht den Fokus auf die schwächeren Lernenden und deren Förderbedarf gelegt. Wenig Beachtung fanden in der Folge jedoch Fragen nach dem Förderbedarf von potenziell leistungsfähigen Lernenden in leistungsheterogenen Klassen. Die integrative Förderung von leistungsstarken Lernenden ist möglich und sinnvoll, wenn bestimmte Grundsätze des Lehrens und Lernens umgesetzt werden. So brauchen Hochbegabte ebenso viel Anregung, Unterstützung und Aufmerksamkeit durch die Lehrperson wie alle anderen Lernenden in der Klasse. Das Augenmerk vieler Schulen richtet sich begreiflicherweise auf schwächere Lernende, die notwendige Leistungen nicht erbringen können. Das ist mit Blick auf deren Schullaufbahn gut nachvollziehbar. Dennoch ist es notwendig, sich auch mit den hochbegabten Lernenden zu beschäftigen, weil sich Unterforderung bzw. Langeweile mitunter in auffälligem Verhalten oder in Depressionen zeigen kann (Preckel & Vock 2021, S. 123 ff., S. 181 ff.). Adaptive Fördermaßnahmen, die auf professionellen Beobachtungen basieren, können diesen Problemen gezielt vorbeugen bzw. das Auftreten reduzieren.

7.3 Begabungs- und Begabtenförderung?

Beobachtungen in Weiterbildungen mit Lehrpersonen und mit Personen in der Öffentlichkeit führen zu der Feststellung, dass die Diskussion um Hochbegabung oft emotional geführt wird. Empirische Studien gibt es keine dazu. Der Gründe dafür sind viele. Die einen fürchten sich vor einer sich entfremdenden Elite, andere sehen sich mit Neid konfrontiert, weil auch sie gerne zu den intellektuellen Überflieger:innen gehören möchten oder in ihrem familiären Umfeld solche Menschen hätten. All das ist verständlich. Sinnvoller wäre jedoch, die Diskussionen um Begabungs- und Begabtenförderung bzw. Hochbegabung im jeweiligen Kontext zu verorten. Die Frage nach Elitebildung (Böker & Horvath 2018) ist eine ganz andere als jene um die adäquate Förderung der Lernenden, die unter der Unterforderung leiden (Stamm 2005; Stamm 2007; Preckel & Vock 2021). Wieder anders gestaltet sich der Diskurs, wenn es um den künftigen Fachkräftemangel und die Herausforderungen in der Gesellschaft geht (Hubig 2020). Kontextualisierte und mehrperspektivische Diskussionen zum Thema Hochbegabung entspannen den Zugang zum Thema. Sie ermöglichen einen Blick auf die Bedürfnisse des Individuums und einer demokratischen Gesellschaft. Sie braucht den Einsatz aller Mitglieder mit all dem, was sie einbringen können. Zudem braucht die Diskussion Grundlagen aus anderen Forschungsdomänen, namentlich der Fachdidaktiken, um die Fragen interdisziplinär angehen zu können.

In der Schule begegnet man neben großer Offenheit manchmal auch domänenspezifisch einer gewissen Skepsis gegenüber früh ausgeprägten Begabungen. Wenig verbreitet ist die Annahme, dass eine frühe sprachliche Förderung für hochbegabte Lernende angeboten werden soll. Bisher fehlen zu diesen fachdidaktischen Annahmen sowie zu deutschdidaktischen Fragestellungen rund um Hochbegabung weitgehend die empirischen Befunde (vgl. Hallet 2022, S. 319; Käpnick et al. 2024). Eine Nichtförderung der jeweiligen Lernenden kann jedoch fatale Folgen haben für die Individuen: z. B. Rückzug, Depression oder auffälliges Verhalten (Preckel & Vock 2021). Die Folgen einer unterlassenen Förderung untersuchte auch Stamm (2005), indem sie die Bildungsverläufe von Oberstufenschüler:innen erforscht hat, die mit überdurchschnittlich hohen sprachlichen und mathematischen Fähigkeiten in die erste Klasse eingetreten waren. Probleme, die aus einer unterlassenen Förderung und einer Unterforderung resultieren, können gravierend sein. Es gibt eine Gruppe hochbegabter Lernender, die trotz großem Potenzial Schulversager:innen werden und bleiben. In der Langzeitstudie von Stamm sind es 9,1 % (ebd., S. 266).

Für die Schule kann die Heterogenität der Lerngruppe eine Chance sein, wenn alle im Unterricht gefördert werden. Wie alle Lerngruppen hat auch diese spezielle Bedürfnisse, denen man mit pädagogischen und fachdidaktischen Konzepten begegnen muss (Preckel & Vock 2021; Käpnick et al. 2024). Die Lernenden, denen das Lernen leichtfällt, wurden bisher in der deutschdidaktischen Forschung wenig beachtet (Käpnick et al. 2024). Hochbegabte Kinder kommen jedoch oft mit vielen Kompetenzen in die Schule, deren Erwerb im Verlauf der ersten Klasse vorgesehen wäre (Moser et al. 2005; Farkas 2009).

Komplex ist die Situation zusätzlich, weil Hochbegabung nicht nur bei Kindern aus bildungsnahen Familien vorkommt, sondern auch bei Kindern aus ganz unterschiedlichen familiären Kontexten. Ebenso einig ist sich die Forschung, dass die Persönlichkeitsmerkmale oder bestimmte Kompetenzen hochbegabter Kinder sehr unterschiedlich sein können (Preckel & Vock 2021). Das heißt, die Heterogenität dieser Gruppe ist groß. Stamm (2007a) hat darauf aufmerksam gemacht, dass gängige Erwartungen zu Hochbegabten zur Folge haben können, dass Hochbegabte aus Randgruppen oft nicht als solche erkannt werden. Zu diesen Randgruppen gehören Lernende, deren Erstsprache nicht Deutsch ist, oder Lernende, die aufgrund ihres sozioökonomischen Hintergrunds auf wichtige Unterstützung verzichten müssen. Ebenso zählt Stamm Lernende mit körperlichen Einschränkungen zu diesen Randgruppen. Ein besonderes Augenmerk richtet Stamm auch auf das unterschiedliche Verhalten zwischen Mädchen und Jungen, das zur Folge haben kann, dass hochbegabte Mädchen eher übersehen werden (Stamm 2007b).

Zuweilen vergisst man im Regelunterricht auch die Kinder, denen das Lernen leichtfällt, und geht davon aus, dass sie keine Unterstützung brauchen. Wie in den obigen Kapiteln dargelegt, wünschen sich die Kinder (und deren Eltern) einen anderen Umgang. Auch hier braucht es Aufmerksamkeit und geschicktes pädagogisch-didaktisches Vorgehen. Kinder, die schnell lernen, möchten in der Schule wie alle Lernenden ihrer Klasse gefordert und gefördert werden. Die integrative Förderung von leistungsstarken Lernenden ist möglich und sinnvoll, wenn bestimmte Grundsätze des Lehrens und Lernens umgesetzt werden. So brauchen Hochbegabte ebenso viel Anregung, Unterstützung und Aufmerksamkeit durch die Lehrperson wie alle anderen Lernenden in der Klasse. Dafür ist es jedoch unerlässlich, hochbegabte Kinder zu identifizieren.

7.4 Hinweise zur Diagnose von hohen Begabungen auch im sprachlichen Anfangsunterricht – pädagogisch-fachdidaktische Diagnostik

Standardisierte Verfahren können einen Einblick in die sprachliche Leistungsfähigkeit der getesteten Kinder geben. Sicherlich ist ein IQ-Testverfahren in besonderen Fällen angezeigt (Preckel & Vock 2021, S. 147 ff.), insbesondere, wenn große Unsicherheiten bestehen, ob wirklich eine intellektuelle Unterforderung, meist gekoppelt mit einer Minderleistung, vorliegt. Allerdings zeigt sich bereits hier eine Herausforderung: Wenn jemand die Leistung grundsätzlich verweigert, kann die Person auch den Einsatz bei einem IQ-Testverfahren verweigern. Dieses Beispiel macht deutlich, dass aus verschiedenen Gründen neben den psychometrischen Verfahren wie dem IQ-Test weitere Verfahren zur Erkennung besonderer sprachlicher Begabungen zum Einsatz kommen. Oft ist es zudem nicht möglich, alle potenziell leistungsfähigen Kinder mit einem psychometrischen Verfahren zu testen, da diese sehr zeitaufwändig sind.

Gründe für andere Testverfahren sind auch, dass sprachliche Begabungen allein mittels eines standardisierten Verfahrens nicht umfassend diagnostiziert werden können. Acker (2001) hat gezeigt, dass psychometrische Verfahren ganz bestimmte Kompetenzen messen können, beispielsweise die Kenntnis von Über- und Unterbegriffen oder Zuordnung von Begriffen zueinander. Dagegen ist es nicht möglich, individuell verfasste Texte oder eigene Überlegungen zu Gelesenem mit standardisierten Methoden zeitökonomisch zu erfassen. Genau in diesen Produkten zeigt sich jedoch oft die außerordentliche sprachliche Begabung.

7.4.1 Grenzen standardisierter Tests

ufgrund der Zeit, die für die Durchführung und Auswertung differenzierter, standardisierter Tests aufgewendet werden muss, wird klar, dass auch weniger aufwändige Tests im sprachlichen Anfangsunterricht Anwendung finden sollten, die mit der ganzen Klasse gleichzeitig durchgeführt werden können. Einfach ist z. B. folgendes Setting für den sprachlichen Anfangsunterricht: Am ersten oder zweiten Schultag der ersten Klasse werden alle Lernenden aufgefordert, Dinge im Schulzimmer mit Zetteln zu versehen, auf die Kinder deren Bezeichnungen notieren, sofern sie diese kennen. Sie werden von der Lehrperson explizit darauf aufmerksam gemacht, dass man den Gegenstand auch zeichnen, mit einzelnen Buchstaben oder ganzen Wörtern darstellen kann. Selbstverständlich kann dies auch in der jeweiligen Erstsprache erfolgen, falls dies den Kindern leichter fällt. Nach der Durchführung bzw. der Auswertung dieser Aufgabe kann eine geübte Lehrperson schnell erkennen, welche Kinder die Schriftsprache bereits in einem größeren Umfang beherrschen, als es zu erwarten wäre (Moser et al. 2005).

Eine weitere Möglichkeit ist das Beobachten einzelner Lernender im Rahmen von schreibfreundlichen Spielsituationen, z. B. der Besuch auf dem Markt oder in der Arztpraxis (Sörensen 2009). Falls eine Lehrperson sich dafür entscheidet, bei einigen Kindern nicht nur die Kompetenz der Wortschreibung zu erheben, sondern auch die Kompetenz der Textproduktion insgesamt zu erfassen, sind folgende Hinweise hilfreich. Da im Anfangsunterricht die Motorik das Schreiben oft mühsam macht, können diktierte Texte einen vertiefteren Einblick in die Textfähigkeiten von Lernenden geben. Ideen dazu sind bei Merklinger (2011) und auch bei Farkas (2011) nachzulesen.

7.4.2 Erfassung sprachlicher Hochbegabung im Anfangsunterricht: Eine komplexe Angelegenheit

Das Erfassen von mathematischen Begabungen fällt im Gegensatz zu sprachlichen zuweilen leichter, wie folgendes Beispiel zeigen mag. Ein Kind aus der ersten Klasse, Christoph, sechs Jahre alt, notiert im Rahmen einer offenen Mathe-Aufgabe eine recht anspruchsvolle Rechnung. Die Vorlage war eine leere Zahlenmauer, das System der Zahlenmauer war dem Schüler bekannt.

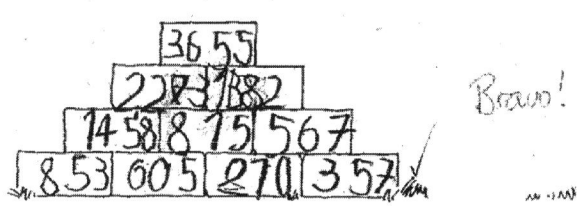

Abb. 7.2: Leere Zahlenmauer von der Lehrerin abgegeben, ausgefüllt von Junge, sechs Jahre, erste Klasse (Dokument aus der Sammlung der Autorin)

Das Resultat in Abbildung 7.2 spricht für sich. Die Leistung des Jungen ist auf einen Blick zu erkennen, er löst im Kopf Rechnungen im Tausenderraum.

Außerordentliche sprachliche Produkte entstehen in unterschiedlichen Kontexten, zuweilen ohne Vorgaben. In offenen Unterrichtssettings zeigen leistungsstarke Lernende mit großer Wahrscheinlichkeit öfter, wozu sie fähig sind. Neben dem Umfang eines Produkts sind weitere Merkmale zu beobachten, die in der Tiefenstruktur von Texten liegen. Das unten abgedruckte Beispiel stammt von einem Schweizer Vorschulkind im Alter von fünf Jahren. Das Kind hat dieses Rätsel während der freien Spielzeit geschrieben und der Kindergarten-Lehrerin gezeigt.

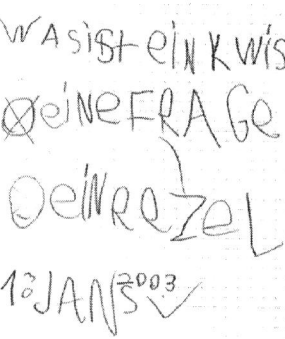

Abb. 7.3: Notizzettel aus einem Kindergarten, Mädchen fünf Jahre alt (Dokument aus der Sammlung der Autorin)

Das Dokument in Abbildung 7.3 verlangt nach einer differenzierten Analyse, um es richtig einordnen zu können und die Beobachtung auf die Tiefenstruktur zu lenken. Mit Blick auf das Schreiben darf Umfang und bei der Schriftproduktion sprachformale Korrektheit nicht das erste oder gar einzige Merkmal sein, das beobachtet wird, obwohl es oft das ist, was zuerst ins Auge springt. In diesem Text fallen mangelnde Rechtschreibkompetenz und motorisch ungelenkes Schreiben auf.

Hinsichtlich der Textproduktion hingegen lässt sich erkennen, wie außerordentlich die Kompetenzen des Mädchens sind.

- Semantik: Sie hat die drei sehr nahe beieinanderliegenden Begriffe Rätsel, Quiz und Frage richtig erfasst.
- Textsortenkenntnis: Sie verfügt über die Textsorte Rätsel als Konzept.
- Darstellungsform: Der Text ist als Rätsel dargestellt. Es gibt einen Titel bzw. eine Eingangsfrage und anschließend eine Möglichkeit, die richtige Antwort anzukreuzen.
- Besondere Merkmale: Sie weiß bereits, welches Datum der Tag der Produktion hat. Dieses wird richtig notiert, auch die zweistellige Zahl wird richtig abgebildet.

Dieses Dokument macht deutlich, dass gewisse Lernende von sich aus Texte produzieren, die auf eine sprachliche Hochbegabung hinweisen, die durch standardisierte Tests nur schwer zu erfassen wären (Acker 2001). Eine zentrale Rolle beim Erfassen der Einzigartigkeit spielt demnach die Diagnosekompetenz der Lehrperson. Die Einzigartigkeit ist ein Merkmal aus der Kreativitätsforschung und spielt bei der Diagnose von Kreativität eine wichtige Rolle (Gnas et al. 2023). Ein gutes Beispiel zur Erläuterung ist die in Pelz gehüllte Tasse der Schweizer Surrealistin Meret Oppenheims (Déjeuner en fourrure, 1936): Die Tasse ist einzigartig. Wenn nun viele Menschen andere Gegenstände in Pelz hüllen, gilt dies als Nachahmung, ist interessant, aber nicht einzigartig. Für die Diagnose von Einzigartigkeit bedeutet dies also, dass die Lehrperson einen Überblick über das haben muss, was den Schüler:innen vermutlich bereits begegnet ist. Einzigartigkeit betrifft überdies nicht zwingend die Form (Lyrik zu produzieren ist grundsätzlich nicht einzigartig), sondern in erster Linie den Inhalt (der Inhalt eines lyrischen Texts kann einzigartig sein).

Die Beurteilung sprachlicher Produkte erfordert differenzierte Wahrnehmungsfähigkeiten, wie oben erläutert (▶ Kap. 7.4.1), und auch ein entsprechendes Fachwissen. Es gilt daher, die Lehrpersonen adäquat auch auf diese Diagnoseaufgabe vorzubereiten. Vermutlich ist ein zentraler Aspekt die Selbsterfahrung in der Produktion sprachlicher Produkte. Lehramtsstudierende und Lehrpersonen müssten in Aus- und Weiterbildung Erfahrungen mit der Produktion von Texten machen können, insbesondere mit Texten, die sie von ihren Schüler:innen erwarten, etwa Geschichten bzw. literarische Texte. So mindestens legt es die Untersuchung von Abraham (2021) nahe: Wer das Handlungsfeld verstehen will, in dem Förderung erfolgen soll, muss darin selbst lernend tätig werden und die Herausforderungen erleben, welche die Produktion von Texten beinhaltet. Abraham schließt dies aus einer Studie mit Lehrpersonen, die literarische Texte produzierten und dadurch für die Herausforderungen der Lernenden ihrer Klassen sensibilisiert wurden.

7.4.3 Das Wissen und Können der Lehrperson als zentrales Element für die Diagnose

Wie gezeigt werden konnte, kommt der Lehrperson beim Beurteilen und Fördern aller Leistungsbereiche und aller Kompetenzniveaus im Unterricht eine zentrale

Rolle zu. Die Beobachtungskompetenz ist eine zentrale Fähigkeit der Lehrperson (Hanke 2019; Fischer & Fischer-Ontrup 2020). Dies ist eine enorm komplexe Aufgabe. Bei hochbegabten Kindern braucht es vielleicht manchmal mehr Bewusstsein für einen vertieften fachlichen Blick und manchmal auch eine kritische Reflexion der eigenen Annahmen bzw. der Erwartungen an diese Kinder. Aufgrund dieser Komplexität, die oft neben unterschiedlichen sprachlichen Kompetenzbereichen auch das Wissen um die Bedeutung von Kreativität, dem Potenzial eines Produkts, das noch nicht ganz ausgereift ist oder Aspekte wie den individuumsbezogenen Faktoren, ist das Wissen und Können der Lehrperson gerade auch mit Blick auf die Hochbegabten zu schärfen (Laudenberg 2013; Farkas 2014b; Keimerl & Hess 2023).

Für Lehrpersonen im Anfangsunterricht ist es nicht immer einfach nachvollziehbar, wie schwierig es für ihre Lernenden ist, Texte zu lesen und zu schreiben. Mögliche Aufgaben für Lehramtsstudierende und Lehrpersonen wären etwa, Texte aus erfundenen Zeichen zu produzieren, die in einer Anlauttabelle stehen. Die Erfahrungen würden ihnen zu realistischeren Erwartungen verhelfen. Gleiches gilt für die Textproduktion: Wenn (angehende) Lehrpersonen einen Text über Freundschaft verfassen müssen, realisieren einige von ihnen, wie anspruchsvoll eine vermeintlich einfache Aufgabe ist. Dieser Aufwand, den es Lehrpersonen kostet, es selbst zu tun, lohnt sich nicht nur im Hinblick auf Textproduktion. Wer aufgefordert wird, Texte selbst zu verfassen, erlebt unter anderem, dass auch Kreativität ein anstrengender Prozess ist, in dem die Teamarbeit und die Unterstützung durch Fachpersonen zentral ist. Diese Einsicht ist sowohl für die Diagnose als auch für die Förderung von Lernenden für Lehrpersonen wichtig.

Die adaptive Förderung findet bei sprachlichen Produkten bzw. deren Überarbeitung im Idealfall im Dialog zwischen Lehrperson und Lernenden statt (Farkas 2020). Gleichzeitig sollen Lehrpersonen angesichts dieser komplexen Herausforderungen, die das Fördern von hochbegabten Kindern bedeutet, nicht überfordert werden. Um Lehrpersonen vor dieser Art der Überforderung zu schützen, hat Bögl (2023) ein Konzept entworfen: Sie hat mit »mBET« konkrete Ideen und Ratschläge für Lehrpersonen entwickelt, wie Lehrpersonen Innovation ins Klassenzimmer bringen können, ohne sich damit zu überfordern. Entlastend kann auch ein Austausch unter Fachpersonen, z. B. weiteren Fachlehrpersonen oder schulischen Heilpädagog:innen, sein.

7.5 Förderung sprachlich leistungsfähiger Kinder im Anfangsunterricht

Leistungsheterogene Lerngruppen im Anfangsunterricht

Studien mit Schweizer Kindern zeigen, dass 15% der Lernenden beim Eintritt in die Schule bereits die Ziele, die es nach einem Jahr im Lesen zu erreichen gilt, beherrschen. Beim Rechnen sind es sogar 21 % (Moser et al. 2005, S. 49 und S. 87 f.). Auch verschiedene weitere Autor:innen weisen auf die heterogenen Leistungsvoraussetzungen beim Eintritt in die Schule hin (Merklinger 2011; Dehn 2013). Bei Dehn (2013) finden sich viele Beispiele von Schriftprodukten aus dem ersten Schuljahr, welche die Heterogenität der Kompetenzen im sprachlichen Anfangsunterricht abbilden bzw. deutlich machen. Eine zeitgemäße Pädagogik verlangt nach einer Förderung aller Lernenden, auch im inklusiven Unterricht. Das bedeutet, auch jene Kinder, die im Vergleich mit Gleichaltrigen bereits über eine höhere Lese- bzw. Schreibkompetenz verfügen, adaptiv zu fördern. Diese Förderung ist neben der Deutschdidaktik auch aus Sicht der Pädagogik und der Psychologie bzw. der Klassenführung sinnvoll (▶ Kap. 7.3). Allen Kindern, auch den leistungsstarken, soll ermöglicht werden, sich von ihrem Lernstand aus weiterzuentwickeln und zu entfalten.

Hohe Kompetenzen im Bereich der Textrezeption

Sprachlich hochbegabte Kinder bringen meist hohe Kompetenzen im Bereich der Textrezeption mit (Farkas 2011), empirisch untersucht sind die Kompetenzen dieser leistungsstarken Kinder von Laudenberg & Spiegel (2020) und im Rahmen des LemaS-Projekts (Weigand et al. 2022).

Texte produzieren

Mündliche und schriftliche Texte zu produzieren ist eine komplexe Herausforderung (Sturm 2023). Bei sprachlich hochbegabten Kindern ist diese Kompetenz meist stärker ausgeprägt als bei Gleichaltrigen. Erhebungen zu den unterschiedlichen Bereichen der Textkompetenz im schriftlichen Bereich aller Kinder in einer ersten Klasse gibt bereits Vorschläge (Dehn et al. 2011; Dehn 2013; Füssenich & Löffler 2019). Lernende mit überdurchschnittlichen Kompetenzen sind in diesen jedoch kaum im Fokus. Die Aufmerksamkeit der Lehrperson wäre jedoch sehr wichtig, sie unterstützt die leistungsstarken Kinder bei der Weiterentwicklung (Farkas 2014b) und sollte im Dialog mit den Lernenden erfolgen (Farkas 2020). Zusätzliche Aufgaben speziell für Leistungsstarke sind angebracht, sie können die Lehrperson entlasten. Diese Aufgaben ersetzen jedoch nicht den regelmäßigen Dialog zwischen Lehrperson und Lernenden zu inhaltlichen Fragen rund um Sprache, zu Methoden und zu Zwischenresultaten. In diesen Gesprächen werden Feedback und Hilfestellungen gegeben, so dass eine adaptive Förderung möglich wird. Dies trägt zur Entwicklung der Potenziale bei und verhindert herausfordernde Situationen (▶ Kap. 7.3).

Diskrepanz zwischen sprachformaler Korrektheit und Fähigkeit, gute Texte zu produzieren

Im Kontext verschiedener Untersuchungen ist der Fokus einiger Studien zum Schreiben zu Recht auch auf den Orthografieerwerb gelegt worden (z. B. Bangel & Rautenberg 2023; Sturm 2023). Im Kontext der sprachlich hochbegabten Kinder muss angemerkt werden, dass auch sie einer adaptiven und systematischen Förderung in diesem Bereich bedürfen. Bei der Beurteilung schriftlich produzierter Texte aller Kinder im sprachlichen Anfangsunterricht, auch der hochbegabten Lernenden, ist der Fokus auf die Tiefenstruktur eines Texts jedoch stärker zu gewichten, wenn es um die Erfassung der Textkompetenz geht. Die Förderung sprachformaler Korrektheit, die beim Schreiben von Texten eine wichtige Rolle spielt (Sturm 2023), muss immer altersgerecht und in einem sinnvollen Kontext erfolgen, in dem möglichst viele Aspekte von Sprache ihrer jeweiligen Bedeutung nach gewichtet werden. Sonst besteht die Gefahr, dass Schreiben keine Freude macht, weil Lernende diese sprachformale Korrektheit nicht beherrschen (ebd.).

Weitere Fördermaterialien für den sprachlichen Anfangsunterricht

Zwar findet sich auf dem Markt viel Material zur Förderung hochbegabter Kinder im Anfangsunterricht, zu wenig untersucht ist jedoch, ob dieses Material sich an den Kompetenzen des jeweiligen Lehrplans orientiert und die Betroffenen adaptiv fördert. Im Modell Sprachkommode (Farkas 2014a; Farkas 2015a) wird dargestellt, wie hohe sprachliche Leistungen sichtbar werden und lehrplangestützt gefördert werden können. Auf Grundlage dieses Modells wurden Aufgabenstellungen entwickelt, die für die Arbeit mit dieser spezifischen Lerngruppe eingesetzt werden können. Auch im LemaS-Projekt (siehe oben) finden sich künftig Materialien zur sprachlichen Förderung, die über die Homepage abrufbar sein werden.

Integration hochbegabter Kinder durch Kinderliteratur mit hochbegabten Protagonist:innen

Ein gewinnbringendes Konzept als Beitrag für gelingende Integration und die Erhöhung des gegenseitigen Verständnisses sind Kinder- bzw. Bilderbücher mit hochbegabten Figuren. Die fiktionalen Texte – hier ist bewusst nicht von Sachtexten zum Thema Hochbegabung die Rede – bieten Lernenden eine Chance, sich mit eigenen Kompetenzen und jenen der anderen auseinanderzusetzen (Bertschi-Kaufmann 2010; Abraham 2010; Laudenberg & Spiegel 2020; Farkas & Rott 2020). Dies trägt zum gegenseitigen Verständnis und zur Toleranz bei, welche grundlegende Anliegen der Gesellschaft sind, die sich in Erwartungen an die Schule spiegeln (EDK 2014; Weigand et al. 2020).

In der Klasse werden Bücher vorgelesen und diskutiert, etwa die preisgekrönte Serie von Andreas Steinhöfel über Oskar und Rico (ebd. 2008; 2013; 2014; 2017), die

Geschichten von Kirsten Boie über Jan-Arne und sein Meerschweinchen King-Kong (ebd. 2004) oder das Buch *Der Traumdenker* von Suzanne Buis (2019). Weitere Lesetipps mit didaktischen Umsetzungsvorschlägen finden sich auf der Homepage Begabung in Literatur und Medien.[3]

Zur Bearbeitung dieser Romane eignen sich Methoden, die Kinder handelnd (Abraham & Brendel-Perpina 2015) und sprechend in Austausch kommen lassen. Diese Methoden gehen Texte nicht analytisch an, sondern beschäftigen sich werkimmanent mit den Produkten. Das ermöglicht allen Kindern der Klasse, sich mit den Themen »Was sind meine Stärken« oder »Wie ist es, besonders begabt zu sein?« zu beschäftigen, indem sie ihre Gedanken visualisieren, z. B. mit Standbildern, oder ein (fiktives) Interview mit den Hauptfiguren führen. Für die hochbegabten Kinder ist es unter Umständen entlastend, selbst weitere Geschichten mit hochbegabten Hauptfiguren zu lesen oder als Hörbücher zu rezipieren. Die Identifikation mit der Figur kann zum Selbst- und Fremdverstehen beitragen (EDK 2014; Farkas et al. 2018; Rott & Farkas 2018).

7.6 Fazit

Ein zeitgemäßer sprachlicher Anfangsunterricht richtet sich nach den individuellen Voraussetzungen heterogener Lerngruppen. Im Modell Sprachkommode (Farkas 2014a) z. B. wird vorgeschlagen, Kindern zum Bereich Lesen unterschiedliche Angebote zu geben, je nachdem, ob sie eher der analytisch-experimentierenden, kreativ-kommunikativen oder kulturell-künstlerischen Gruppe zugehörig sind. Die heterogenen Lerngruppen umfassen auch Kinder, denen das Lernen leichtfällt. Lehrpersonen müssen sich bewusst sein, dass die Leistungsstarken keine homogene Gruppe sind. Die dieser Gruppe zugehörigen Kinder bringen im Schriftspracherwerb unterschiedliche Vorlieben und Voraussetzungen mit. Sie können sich aufgrund ihrer Persönlichkeitsmerkmale unterschiedlich gut motivieren bzw. mit Frustration umgehen. Das differenzierte Wissen der Lehrperson sowohl zu psychologisch-pädagogischen Elementen als auch zu fach- bzw. deutschdidaktischen Erkenntnissen ist eine Schlüsselqualifikation, die Arbeit mit hochbegabten Lernenden interessant macht und erfolgreich werden lässt.

---

[3] www.begalum.de

Literaturverzeichnis

Abraham, U. (2010): Lesedidaktik und ästhetische Erfahrung: Lesen und Verstehen literarischer Texte. In: Volker Frederking; Hans-Werner Huneke; Axel Krommer; Christel Meier (Hrsg.): Taschenbuch des Deutschunterrichts: Literatur und Mediendidaktik. Baltmannsweiler: Schneider Hohengehren, S. 137–158.

Abraham, U. (2021): Literarisches Schreiben. Didaktische Grundlagen für den Unterricht. Stuttgart: Reclam.

Abraham, U.; Brendel-Perpina, I. (2015): Literarisches Schreiben im Deutschunterricht: Produktionsorientierte Literaturpädagogik in der Aus- und Weiterbildung. Seelze: Klett Kallmeyer.

Acker, B. (2001): Sprachverständnis und Sprachbegabung: Von der Analyse vorhandener Verfahren zu einem neuen Test. Landau: Verlag Empirische Pädagogik.

Amrhein, B. (2016): Inklusion als Mehrebenenkonstellation – Anmerkungen zu Rekontextualisierungstendenzen in inklusiven Bildungsreformen. In: Bettina Amrhein (Hrsg.): Diagnostik im Kontext inklusiver Bildung: Theorien, Ambivalenzen, Akteure, Konzepte. Bad Heilbrunn: Klinkhardt, S. 17–36.

Bangel, M.; Rautenberg I. (Hrsg.) (2023): Lesen- und Schreibenlernen im Spannungsfeld zwischen Wissen und Können. Hohengehren: Schneider.

Baudson, T. G. (2011): Kreativität – Zufall oder harte Arbeit? Ein programmatischer Beitrag. In: Christine Koop; Olaf Steenbuck (Hrsg.): Kreativität: Zufall oder harte Arbeit? Frankfurt am Main: Karg-Stiftung, S. 9–17.

Bertschi-Kaufmann, A. (2010): Leseunterricht und seine Orientierungen nach der PISA-Studie. In: Revue suisse des sciences de l'éducation 32 (3). Fribourg: Academic Press, S. 100–200.

Böker, A.; Horvath, K. (Hrsg.) (2018): Begabung und Gesellschaft: Sozialwissenschaftliche Perspektiven auf Begabung und Begabtenförderung. Wiesbaden: Springer.

Bögl, E. (2023): mBET-excellence-Handbuch: Mein Weg zu individuellem Wohlbefinden & zu meiner persönlichen Nische als Lehrperson. Salzburg: Pädagogische Hochschule Salzburg Stefan Zweig.

Böttcher, I. (Hrsg.) (2019): Kreatives Schreiben. 9. Aufl. Berlin: Cornelsen.

Brinkmann, E.; Brügelmann, H. (2021): Wie Kinder sprechen, lesen und schreiben lernen – und wie wir sie dabei fördern können. Baar: Klett & Balmer.

Brunner, E.; Gyseler, D.; Lienhard, P. (2005): Hochbegabung – kein Problem? Handbuch zur interdisziplinären Begabungs- und Begabtenförderung. Zug: Klett und Balmer.

D-EDK Deutschschweizer Erziehungsdirektorenkonferenz (2013): Lehrplan 21: Einleitung: Konsultationsfassung. Luzern: Eigenverlag. Online verfügbar unter: https://www.lehrplan.ch, zuletzt geprüft am 23.12.2023.

D-EDK Deutschschweizer Erziehungsdirektorenkonferenz (2016): Lehrplan 21: Gesamtausgabe: Bereinigte Fassung. Luzern: Eigenverlag. Online verfügbar unter: https://www.v-ef.lehrplan.ch/container/V_EF_DE_Gesamtausgabe.pdf, zuletzt geprüft am 23.12.2023.

Dehn, M.; Merklinger, D.; Schüler L. (2011): Texte und Kontexte. Schreiben als kulturelle Tätigkeit in der Grundschule. Seelze: Kallmeyer.

Dehn, M. (2013): Zeit für die Schrift-Lesen und Schreiben im Anfangsunterricht. Berlin: Cornelsen Scriptor.

EDK Eidgenössische Erziehungsdirektoren-Konferenz (2010): PISA 2009. Schweizerische Schülerinnen und Schüler im internationalen Vergleich. Erste Ergebnisse. Online verfügbar unter: https://www.fachportal-paedagogik.de/literatur/vollanzeige.html?FId=3293983b, zuletzt geprüft am 09.10.2024.

Farkas, K. (2009): Frühes Schreiben im Kindergarten. In: Schulinfo Zug (10), S. 19.

Farkas, K. (2011): Texte hochbegabter Kinder zwischen Mündlichkeit und Schriftlichkeit. In: Ulrike Behrens; Birgit Eriksson (Hrsg.): Sprachliches Lernen zwischen Mündlichkeit und Schriftlichkeit. Bern: hep, S. 75–95.

Farkas, K. (2013): (Hoch)Begabung und Deutschunterricht: Der Versuch, zwei Wissenschaftsgebiete einander näher zu bringen. In: News and Science -Begabungsförderung und Begabungsforschung (2), S. 13–18.

Farkas, K. (2014a): Die Sprachkommode: Ein Fördermodell für sprachlich Begabte. Poster. Online verfügbar unter: https://www.zg.ch/behoerden/direktion-fur-bildung-und-kultur/phzg/forschung/offene-forschung/projekte/sprachkommode, zuletzt geprüft am 23.12. 2023.

Farkas, K. (2014b): Fachdidaktik Deutsch I: Sprachdidaktik: Auf der Suche nach Sprachgenies – und der besten Lehrperson. In: IPEGE International Panel of Experts for the Gifted Education: Professionelle Begabtenförderung: Fachdidaktik und Begabtenförderung. Salzburg: Österreichisches Zentrum für Begabungs- und Begabtenförderung, S. 79–99. Online verfügbar unter: https://www.oezbf.net/ipege/tl_files/inhalt/Dokumente/Publikationen_iPEGE/iPEGE_4%20komplett_neu.pdf, zuletzt geprüft am: 23.12.2023.

Farkas, K. (2015a): Die Sprachkommode: Ein Konzept zur Förderung sprachlich sehr begabter Schülerinnen und Schüler aller Stufen. In: Journal für Begabungs- und Begabtenförderung (2), S. 39–49.

Farkas, K. (2015b): Sprachförderung für (Hoch-)Begabte in MINT-Domänen. Poster. Online verfügbar unter: https://www.zg.ch/behoerden/direktion-fur-bildung-und-kultur/phzg/kontakte/farkas-katarina, zuletzt geprüft am 23.12.2023.

Farkas, K. (2017): Hochbegabtenförderung im Fach Deutsch: Die Sprachkommode. In: Christian Fischer; Christiane Fischer Ontrup; Friedhelm Käpnick; Franz-Josef Mönks; Nils Neuber; Claudia Solzbacher (Hrsg.): Potentialentwicklung. Begabungsförderung: Bildung der Vielfalt. Münster: Waxmann (Beiträge aus der Begabungsforschung, Band 4), S. 57–72.

Farkas, K. (2018a): Begabungsförderndes Lesen unter dem Aspekt von Kreativität. In: Carmen Spiegel; Beate Laudenberg (Hrsg.): Begabte und Leistungsstarke im Deutschunterricht. Schneider Hohengehren (Primarstufe, Band 1), S. 60–72.

Farkas, K. (2018b): Was heisst kompetenzorientiert im Fach Deutsch? In: Infonium der PH Zug (3), S. 6–7.

Farkas, K. (2019): Sprachkommode – Begabtenförderung im Deutschunterricht. In: Schulblatt Nidwalden (2), S. 12–13.

Farkas, K. (2020): Kreativität und Deutschunterricht: Was fördern, wie fördern, wozu fördern? In: Christian Fischer; Christiane Fischer-Ontrup; Friedhelm Käpnick; Nils Neuber; Claudia Solzbacher; Pienie Zwitserlood (Hrsg.): Begabungsförderung, Leistungsentwicklung, Bildungsgerechtigkeit – für alle! Münster: Waxmann (Beiträge aus der Begabungsförderung, Band 10), S. 143–154.

Farkas, K. unter Mitarbeit von Bättig, N.; Gut, Ch.; Huwyler, St. (2018): Kinder- und Jugendliteratur über (Hoch-)Begabte – Einsatzmöglichkeiten im Unterricht. In: Journal für Begabungs- und Begabtenförderung: Domänenspezifische Begabungs- und Leistungsförderung: Sprache – Kunst – Kultur, (1), S. 37–41.

Farkas, K.; Rott, D. (2020): Potentialentfaltung inklusive: Begabung als Thema in der Kinder- und Jugendliteratur. In: Daniela A. Frickel; Andre Kagelmann; Andreas Seidel; Gabriele von Glasenapp (Hrsg.): Kinder- und Jugendmedien im inklusiven Blick: Analytische und didaktische Perspektiven. Berlin: Peter Lang, S. 375–394.

Fischer, C.; Fischer-Ontrup, C. (2020): Diagnosebasierte Individuelle Begabungsförderung und Talententwicklung. In: Christian Fischer; Christiane Fischer-Ontrup; Friedhelm Käpnick; Nils Neuber; Claudia Solzbacher; Pienie Zwitserlood (Hrsg.): Begabungsförderung, Leistungsentwicklung, Bildungsgerechtigkeit – für alle! Münster: Waxmann (Beiträge aus der Begabungsförderung, Band 9), S. 223–239.

Fischer C.; Gnas J.; Preckel, F. (2022): Diagnosebasierte Förderung. In: Gabriele Weigand; Christian Fischer; Friedhelm Käpnick; Christoph Perleth; Franzis Preckel; Miriam Vock; Heinz-Werner Wollersheim (Hrsg.): Dimensionen der Begabungs- und Begabtenförderung in der Schule. Weinheim: Beltz, S. 19–38.

Frickel, D.; Bock, B.; Dannecker, W.; Groß-Kunkel, A.; Mischo, S.; Ziemen, K. (2021): Kohärenz in der Lehrer*innenbildung? Fachdidaktische und sonderpädagogische Wissensbestände von Lehramtsstudierenden im Fach Deutsch zur Förderung sprachlich-literarischen Lernens. In: k:ON – Kölner Online Journal für Lehrer*innenbildung, 1(3), 22–50.

Füssenich, I.; Löffler C. (2019): Schriftspracherwerb. Einschulung, erstes und zweites Schuljahr. 3., aktual. Aufl. München: Reinhardt.
Gnas, J.; Mack, E.; Matthes; J.; Preckel, F. (2023): Intelligenz, Kreativität und Hochbegabung. Paderborn: Schönigh UTB.
Hallet, W. (2022). Begabungserkennung und Begabungsförderung in den sprachlichen Fächern. In: Gabriele Weigand; Christian Fischer; Friedhelm Käpnick; Christoph Perleth; Franzis Preckel; Miriam Vock; Heinz-Werner Wollersheim (Hrsg.): Dimensionen der Begabungs- und Begabtenförderung in der Schule. Weinheim: Beltz, S. 319–325.
Hanke, P. (2019): Anfangsunterricht. Leben und Lernen in der Schuleingangsphase. 3. Aufl. Weinheim: Beltz.
Heller, K. A. (2008): Von der Aktivierung der Begabungsreserven zur Hochbegabtenförderung: Forschungsergebnisse aus vier Dekaden. Berlin: LIT.
Hoyningen-Süess, U. (1998): Hochbegabung als sonderpädagogisches Problem? In: Ursula Hoyningen-Süess; Peter Lienhard (Hrsg.): Hochbegabung als Sonderpädagogisches Problem. Luzern: Edition SZH/SPC, S. 11–20.
Hubig, S. (2020): Vorwort. In: Gabriele Weigand; Christian Fischer; Friedhelm Käpnick; Christoph Perleth; Franzis Preckel; Miriam Vock; Heinz-Werner Wollersheim (Hrsg.): Dimensionen der Begabungs- und Begabtenförderung in der Schule. Weinheim: Beltz, S. 11 f.
ICBF Internationales Centrum für Begabungs- und Begabtenforschung (2023): Bildungskongress im Dialog Teil IV. Online verfügbar unter: https://icbf.de/news/bildungskongress-im-dialog-teil-iv-zum-thema-noch-luft-nach-oben-foerderung-von-spitzenleistungen-an-unseren-schulen-aktuelle-befunde-des-iqb-bildungstrends/, zuletzt geprüft am 14.12.2023.
Käpnick, F., Farkas, K.; Wagner, T. (2024). Aktuelle Chancen und Herausforderungen einer fachdidaktischen Begabungsforschung. Zeitschrift für Begabungsforschung und Talententwicklung, 1(1), S. 37–65.
Keimerl, V.; Hess, M. (2023): Hochbegabung und Hochleistung fördern: ein Lehr-/Forschungskonzept mit Praxisverzahnung für angehende Grundschullehrkräfte. In: Michael Haider; Richard Böhme; Susanne Gebauer; Christian Gößinger; Meike Munser-Kiefer; Astrid Rank (Hrsg.): Nachhaltige Bildung in der Grundschule. Bad Heilbrunn: Klinkhardt (Jahrbuch Grundschulforschung, S. 369–372.
Laudenberg, B. (2013): Hochbegabung: (k)ein Thema der Deutschdidaktik und des Deutschunterrichts. In: Volker Frederkring; Axel Krommer (Hrsg.): Aktuelle Fragen der Deutschdidaktik. Baltmannsweiler: Schneider Hohengehren (Taschenbuch des Deutschunterrichts, Band 3), S. 704–721.
Laudenberg, B.; Spiegel, C. (2020): Jenseits des Normalen? – Zur Förderung sprachlicher und sprachästhetischer Begabungen. In: Christian Fischer; Christiane Fischer-Ontrup; Friedhelm Käpnick; Nils Neuber; Claudia Solzbacher; Pienie Zwitserlood (Hrsg.): Begabungsförderung, Leistungsentwicklung, Bildungsgerechtigkeit – für alle! Münster: Waxmann (Beiträge aus der Begabungsförderung, Band 10), S. 57–71.
Merklinger, D. (2011): Frühe Zugänge zur Schriftlichkeit: Eine explorative Studie zum Diktieren. Freiburg i. Br.: Fillibach.
Moser, U., Stamm, M.; Hollenweger, J. (2005): Für die Schule bereit? Lesen, Wortschatz Mathematik und soziale Kompetenzen beim Schuleintritt. Oberentfelden: Sauerländer.
PH Zug (o. J.): Sprachaufgaben und Unterrichtsmaterial. Online verfügbar unter: https://www.zg.ch/behoerden/direktion-fur-bildung-und-kultur/phzg/forschung/offene-forschung/projekte/sprachkommode/material, zuletzt geprüft am 14.12.2023.
Preckel, F.; Vock, M. (2013): Hochbegabung: Ein Lehrbuch zu Grundlagen, Diagnostik und Fördermöglichkeiten. Göttingen: Hogrefe.
Preckel, F.; Vock, M. (2021): Hochbegabung: Ein Lehrbuch zu Grundlagen, Diagnostik und Fördermöglichkeiten. 2., überarb. Aufl. Göttingen: Hogrefe.
Preckel, F.; Golle J.; Grabner, R.; Jarvin L.; Kozbelt A.; Müllensiefen, D.; Olszewski-Kubilius, P.; Schneider, W.; Subotnik, R.; Vock, M.; Worrell, F. C. (2020): Talent Development in Achievement Domains: A Psychological Framework for Within- and Cross-Domain. In: Research Perspectives on Psychological Science 15 (3), S. 691–722. DOI: 10.1177/1745691619895030, www.psychologicalscience.org/PPS, zuletzt geprüft am: 14.12.2023.

Rott, D.; Farkas, K. (2018): Begabte Figuren in der Kinder- und Jugendliteratur. Ein Beitrag zur Beschäftigung mit schulischer Heterogenität im Unterricht? In: Schulverwaltung NRW (29), S. 312–314.
Sörensen, B. (2009). Kinder erforschen die Schriftkultur: ein Tor zur Welt der Symbole, Buchstaben und Texte. Spiel- und Lernumgebungen für Kinder von 4 bis 8. 2. Aufl. Weisslingen: Kg CH.
Spiegel, C.; Winterscheid, J. (2020): Sprachlich rhetorische Kompetenzen im Deutschunterricht fördern. In: Gabriele Weigand; Christian Fischer; Friedhelm Käpnick; Christoph Perleth; Franzis Preckel; Miriam Vock; Heinz-Werner Wollersheim (Hrsg.): Leistung macht Schule: Förderung leistungsstarker und potenziell besonders leistungsfähiger Schülerinnen und Schüler. Weinheim: Beltz, S. 176–182.
Stamm, M. (2005): Zwischen Exzellenz und Versagen: Frühleser und Frührechnerinnen werden erwachsen. Chur: Rüegger.
Stamm, M. (2007a): Unterfordert, unerkannt, genial: Randgruppen unserer Gesellschaft. Chur: Rüegger.
Stamm, M. (2007b): Begabung, Leistung und Geschlecht: Neue Dimensionen im Lichte eines alten erziehungswissenschaftlichen Diskurses. In: International review of education 53 (4), S. 417–437.
Stamm, M. (Hrsg.) (2014): Handbuch Talententwicklung: Theorien, Methoden und Praxis in Psychologie und Pädagogik. Bern: Hans Huber.
Sturm, A.; Bildungsdirektion Kanton Zürich Volksschulamt (Hrsg.) (2023): Schreiben wirksam fördern. Lernarrangements und Unterrichtsentwicklung für alle Stufen. Bern: hep.
Vock, M.; Weigand, G.; Preckel, F.; Fischer, Ch.; Käpnick, F.; Perleth, Ch.; Wollersheim, H.-W. (2020): Wissenschaftlicher Hintergrund des LemaS-Projekts: Forschungsstand zur Förderung leistungsstarker und potenziell besonders leistungsfähiger Schülerinnen und Schüler. In: Gabriele Weigand; Christian Fischer; Friedhelm Käpnick; Christoph Perleth; Franzis Preckel; Miriam Vock; Heinz-Werner Wollersheim (Hrsg.): Leistung macht Schule: Förderung leistungsstarker und potenziell besonders leistungsfähiger Schülerinnen und Schüler. Weinheim: Beltz, S. 23–30.
Weigand, G.; Preckel F.; Fischer Chr. (2022). Personorientierte Begabungsentwicklung in Lernumwelten als interdisziplinär. In: Gabriele Weigand; Christian Fischer; Friedhelm Käpnick; Christoph Perleth; Franzis Preckel; Miriam Vock; Heinz-Werner Wollersheim (Hrsg.): Dimensionen der Begabungs- und Begabtenförderung in der Schule. Weinheim: Beltz, S. 19–38.
Weigand, G.; Fischer, C.; Käpnick, F.; Perleth, C.; Preckel, F.; Vock, M.; Wollersheim, H.-W. (Hrsg.) (2020): Leistung macht Schule: Förderung leistungsstarker und potenziell besonders leistungsfähiger Schülerinnen und Schüler. Weinheim: Beltz.
Weigand, G.; Fischer, C.; Käpnick, F.; Perleth, C.; Preckel, F.; Vock, M.; Wollersheim, H.-W. (Hrsg.) (2022): Dimensionen der Begabungs- und Begabtenförderung in der Schule. Leistung macht Schule, Band 2. Bielefeld: wbv.
Ziegler, A. (2008): Hochbegabung. München: Reinhardt.

Primärliteratur

Boie, K. (2004): Kingkong – Allerhand und mehr. Mit Illustrationen von Silke Brix. Hamburg: Friedrich Öttinger.
Buis, S. (2019): Der Traumdenker – Lese- und Arbeitsbuch über Hochbegabung, Hochsensibilität und Bilderdenken. Übersetzt von Ramon Brüll (De Droomdenker – Lees- en werkboek over hochbegaafdheid, hoogsensibilität en beelddenken). Illustriert von Mark Baars. Frankfurt am Main: Info3 Verlag. (Erschienen im Original 2017).
Steinhöfel, A. (2008): Rico, Oskar und die Tieferschatten. Hamburg: Carlsen.
Steinhöfel, A. (2013): Rico, Oskar und das Herzgebreche. Hamburg: Carlsen.
Steinhöfel, A. (2014): Rico, Oskar und der Diebstahlstein. Hamburg: Carlsen.
Steinhöfel, A. (2017): Rico, Oskar und das Vomhimmelhoch. Hamburg: Carlsen.

Wienbreyer, R. (2010): Das Gehirn: So denken wir. Reihe »Benny Blue«. Regensburg: Kinderleicht Wissen.

Abbildungs- und Tabellenverzeichnis

Abbildungen

Abb. 1.1:	Vier Schreibvarianten des Wortes *Esel* von vier Kindern (Klasse 1 nach vier Monaten Schule; Vorlage gezeichnet von Manuela Ostadal)	12
Abb. 1.2:	Schreibung des Wortes *Kühe* (Ende Klasse 1; Datenerhebung Annika Greiss, Datenauswertung Lea Hartmann; beide Masterstudentinnen an der Pädagogischen Hochschule in Heidelberg 2024)	12
Abb. 1.3:	Eigenständige Schreibung mit Reduktionssilbe einer Schülerin mit dem Förderschwerpunkt Lernen, Ende Klasse 1 (Vorlage gezeichnet von Manuela Ostadal)	13
Abb. 1.4:	Eigenständige Schreibung des Wortes *Biene* (Junge, sieben Jahre, Herkunftssprache Türkisch) Mitte Klasse 1	13
Abb. 1.5:	Eigenständige Schreibung des Wortes *Füße* (Junge, sieben Jahre alt, Herkunftssprache Albanisch) Ende Klasse 1	14
Abb. 1.6:	Einordnung von Schreibungen eines Kindes in das Stufenmodell von Valtin (1997), Darstellung von Marie Müller, Masterstudentin an der Pädagogischen Hochschule in Heidelberg (WS 2023/24)	14
Abb. 1.7:	Schreibung weiterer Wörter zum Messzeitpunkt T3	15
Abb. 1.8:	Kombiniertes Modell zum Erwerb schriftsprachlicher Kompetenzen (KOMET-Modell, aufbauend auf Sauerborn 2023, S. 51)	17
Abb. 1.9:	(a) Scheren-, (b) Pinzetten- und (c) Zangengriff im Vergleich	24
Abb. 1.10:	Verschiedene Ausgangsschriften	24
Abb. 1.11:	Grundschrift als unverbundene Erstschrift zum Ausbau einer verbundenen Handschrift	25
Abb. 1.12:	Schreibung von Wörtern mit Kurzvokal /i/ (Sauerborn 2023, S. 54)	28
Abb. 1.13:	Unterschiedliche Ansätze beim Schriftspracherwerb	29
Abb. 1.14:	Lautorientierte Schreibung bei nicht prototypischen deutschen Wörtern	29
Abb. 1.15:	Lautorientierte Schreibung des Wortes Bär (Anfang Klasse 2)	29
Abb. 1.16:	Graphematischer Ansatz (Vorlage gezeichnet von Manuela Ostadal)	30
Abb. 1.17:	Text aus freier Schreibzeit von Junge, sieben Jahre alt, Anfang Klasse 2	35
Abb. 1.18:	Zwei-Wege-Modell des Wortlesens nach Scheerer-Neumann 2023 und Coltheart 2005	38
Abb. 1.19:	Direkter und indirekter Leseweg	39

Abb. 1.20:	Wörterburg zur Visualisierung des trochäischen Zweisilbers (Vorlage gezeichnet von Manuela Ostadal)	44
Abb. 1.21:	Reduktionssilben automatisiert lesen (Vorlage gezeichnet von Manuela Ostadal)	44
Abb. 2.1:	KOMET-Modell (▶ Kap. 1), mögliche Besonderheiten für mehrsprachige Lernende hervorgehoben	61
Abb. 2.2:	Unter 25-Jährige mit geringem elterlichen Bildungsstand (ISCED < 3) nach Migrationsgenerationen 2017 (in %) (Gnuschke 2020, S. 39)	62
Abb. 2.3:	Schreibung Theater (eigentlich Kino) von Jungen, acht Jahre alt (Herkunftssprache Albanisch, Sprachkontaktzeit zum Deutschen fünf Jahre) (Sauerborn 2023, S. 53)	67
Abb. 2.4:	Schreibung Licht (eigentlich Lampe) von Jungen, acht Jahre alt (Herkunftssprache Albanisch, Sprachkontaktzeit zum Deutschen fünf Jahre) (Sauerborn 2023, S. 53)	67
Abb. 2.5:	Schreibungen eines syrischen Kindes (Alphabetisierung Arabisch und Englisch), das erst wenige Wochen in Deutschland zur Schule geht	69
Abb. 2.6:	Schreibungen in zwei Alphabetsystemen am Anfang von Klasse 1	70
Abb. 2.7:	Schreibung der Wörter *Eis*, *Fisch* und *Sonne* (Mädchen, sieben Jahre alt, zweite Hälfte des ersten Schuljahres; Vorlagen gezeichnet von Manuela Ostadal)	70
Abb. 2.8:	Kurze Geschichte eines Jungen, acht Jahre alt (Sprachkontaktzeit zwei Jahre), Anfang Klasse 2	78
Abb. 3.1:	Anordnung der sechs Punkte in der Grundform der Brailleschrift	89
Abb. 3.2:	Klein- und Großbuchstaben in Computerbraille (Eurobraille)	90
Abb. 3.3:	Punktschrift-Schreibmaschine	91
Abb. 3.4:	Laptop mit Braillezeile	92
Abb. 3.5:	Detailaufnahme einer Braillezeile	92
Abb. 3.6:	Wesentliche Voraussetzungen für den Schriftspracherwerb (Lang 2022, S. 38)	93
Abb. 3.7:	Anordnung der Braillepunkte und zugeordnete Tasten an einer Braille-Schreibmaschine (8-Punkt-Computerbraille)	96
Abb. 3.8:	Struktur des Wortes »Arbeit« in verschiedenen Braillesystemen	97
Abb. 3.9:	Lese-Arbeitsplatz eines blinden Kindes	98
Abb. 3.10:	Schreib-Arbeitsplatz eines blinden Kindes	98
Abb. 3.11:	Beispielseiten aus »Auf der Taststraße zur Punktschrift«	99
Abb. 3.12:	Beispielseite aus »Punkt für Punkt: Alex und Lilani entdecken die Welt der Buchstaben	100
Abb. 3.13:	Visuelle Darstellung von Punktschrift und Schwarzschrift	101
Abb. 3.14:	Vergrößerte Darstellung von Punktschrift, Magnettafel	102
Abb. 3.15:	Buchstabenkarte zum Buchstaben L: taktiles Bild: Leiter, Braillebuchstabe (oben in der Ecke der Karte) und Schreibweise (unten, in grün: Brailleeingabetastatur mit Punktmarkierung derjenigen Tasten, die beim Schreiben des Buchstabens gedrückt werden müssen)	102

Abb. 3.16:	Taktiler Schwarzschriftbuchstabe	103
Abb. 3.17:	Gemeinsames Üben eines neuen Buchstabens in Punktschrift	104
Abb. 3.18:	Schwarzschriftbuchstaben aus Holz zum Ertasten	104
Abb. 3.19:	Braille- und Schwarzschriftbuchstaben, die sich haptisch und visuell gut unterscheiden	105
Abb. 3.20:	Magnetische Buchstabenplättchen	106
Abb. 3.21:	Inklusive, taktile Anlauttabelle	107
Abb. 3.22:	Die Darstellung der »Schreibweise« des Braille-Buchstabens ist mit Punkten aus zwei taktil verschiedenen Materialien aufgeklebt (für das Drücken oder Nichtdrücken der Taste auf der Schreibmaschine) und entspricht in ihrer Größe den Tasten der Braille-Tastatur.	107
Abb. 3.23:	Beispiele von zueinander ähnlichen Punktschriftzeichen	108
Abb. 3.24:	Beispiel für einen Schreibfehler (Tippfehler) in Punktschrift	109
Abb. 3.25:	Geschlossene Schwingzelle zeigt die Anordnung der Punkte im Buchstaben	109
Abb. 3.26:	Offene Schwingzelle zeigt die Schreibweise	110
Abb. 3.27:	Vergleich von Groß- und Kleinbuchstaben in Computerbraille (Eurobraille) und in Schwarzschrift	110
Abb. 4.1:	Im Beitrag fokussierte Teilbereiche des KOMET-Modells	114
Abb. 7.1:	Foki beim Arbeiten mit Hochbegabten im Anfangsunterricht aufgezeigt am KOMET-Modell von Sauerborn und Köb	181
Abb. 7.2:	Leere Zahlenmauer von der Lehrerin abgegeben, ausgefüllt von Christoph, sechs Jahre, erste Klasse (Dokument aus der Sammlung der Autorin)	188
Abb. 7.3:	Notizzettel aus einem Kindergarten, Mädchen fünf Jahre alt (Dokument aus der Sammlung der Autorin)	188

Tabellen

Tab. 1.1:	Internale Faktoren unterschieden in eher spezifisch und eher unspezifisch in Anlehnung an Marx (2007) mit Erweiterungen der Autorinnen	19
Tab. 1.2:	Aspekte der Early Literacy (Sauerborn 2015a, mit Modifikationen durch die Autorinnen)	21
Tab. 1.3:	Darstellung von Kompetenzen und aktuellen Lernbereichen eines Kindes	35
Tab. 1.4:	Wörter, Wortvorformen und Aussprache	39
Tab. 1.5:	Verschiedene Arten von Sichtwortschätzen	43
Tab. 2.1:	Mögliche verschiedene Sprachumgebungen	57
Tab. 2.2:	Typologie zur Spracherwerbssituation an der relativen Quantität des Inputs orientiert (Reich 2010, S. 16)	58

Tab. 2.3: IQB-Bildungstrend 2021, Kompetenzen in den Fächern Deutsch und Mathematik am Ende der 4. Jahrgangsstufe im dritten Ländervergleich (Henschel et al. 2022, S. 190) 60
Tab. 2.4: Diktierte Bildergeschichten von Arafat, sieben Jahre alt; Sprachkontakt zum Deutschen seit acht Monaten (Sauerborn 2022, 20 f.) 75
Tab. 2.5: Diktierte Bildergeschichten von Amir, 6,11 Jahre alt; Sprachkontakt zum Deutschen seit dem Alter von drei Jahren; Datenerhebung von Philomena Weber, Masterstudentin PH Heidelberg 2024/2024 76
Tab. 5.1: Silbenteppich (Dummer-Smoch/Hackethal 2021) 151

Autor:innenverzeichnis

Annette Elsaesser, Akademische Rätin und Sonderschullehrerin, Institut für Sonderpädagogik, Pädagogische Hochschule Heidelberg
a.elsaesser@ph-heidelberg.de

Prof. Dr. Katarina Farkas, Professorin für Hochbegabung und Sprache, Pädagogische Hochschule Zug (Schweiz)

Lilli Flad, Sonderschullehrerin, Heidelberg
lilliflad@icloud.com

Dr. Stefanie Köb, Akademische Rätin im Bereich Didaktik und Pädagogik im Kontext einer kognitiven Beeinträchtigung, Institut für Sonderpädagogik, Pädagogische Hochschule Heidelberg
koeb@ph-heidelberg.de

Prof. Dr. Markus Lang, Professor für Blinden- und Sehbehindertenpädagogik, Institut für Sonderpädagogik, Pädagogische Hochschule Heidelberg
lang@ph-heidelberg.de

Prof. Dr. Andreas Mayer, Professor für Sprachheilpädagogik, Department Pädagogik und Rehabilitation, Ludwigs-Maximilian-Universität München
andreas.mayer@edu.lmu.de

Prof. Dr. Hanna Sauerborn, Professorin für deutsche Sprache und ihre Didaktik, Institut für deutsche Sprache und Literatur, Pädagogische Hochschule Heidelberg
sauerborn@ph-heidelberg.de

Prof. Dr. Karin Terfloth, Professorin für Pädagogik bei schwerer geistiger und mehrfacher Behinderung und Inklusionspädagogik, Institut für Sonderpädagogik, Pädagogische Hochschule Heidelberg
terfloth@ph-heidelberg.de

Agnes Unterstab, Sonderschullehrerin, Nikolauspflege Stuttgart
Agnes.Unterstab@nikolauspflege.de